子どもとお金

おこづかいの文化発達心理学

高橋 登／山本登志哉——［編］

東京大学出版会

Money as a Cultural Tool for East Asian Children:
Cultural Developmental Psychology of "Pocket Money"
Noboru Takahashi and Toshiya Yamamoto, Editors
University of Tokyo Press, 2016
ISBN 978-4-13-051334-0

目　次

序　章　　　　　　　　　　　　　　　　　　　　　　　　　　　　高橋　登
なぜ文化を比較するのか──子どもにとってのお金の意味　　　　　1

  1. はじめに　　1
  2. 文化的道具としてのお金　　2
  3. 文化をどう理解するのか　　6
  4. 私たちの方法論：差の文化心理学　　8
  5. 本書の概要　　13

第1部　人間関係の中のお金──現象から立ち上がる子どもの姿

第1章　　　　　　　　　　　　　　　　　　　　　　　　　片　成　男
　　　　　　　　　　　　　　　　　　　　　　　　　　　　（ペン　チエン　ナン）
消費社会を生きる子どもたち　　　　　　　　　　　　　　　　　23

  1. 消費社会と子ども　　25
  2. 子どもたちが手に入れるお金　　27
  3. 子どもたちの消費の仕方　　35
  4. 正しいお金の使い方　　41
  5. おわりに　　46

i

目次

第2章 竹尾和子
大人になることの意味と親子関係の構造 49

1. はじめに　49
2. 日本の子どもにとっての「大人になることの意味」　50
3. ベトナムの子どもにとっての「大人になることの意味」
　――調査データから考えられること　55
4. 韓国の子どもにとっての「大人になることの意味」　62
5. 中国の子どもにとっての「大人になることの意味」　64
6. おわりに　69

第3章 呉 宣兒（オ ソンア）
お金を媒介にする友だち関係の構造 73

1. はじめに：おごる友だち関係と割り勘する友だち関係　73
2. 質問紙のデータから見える「お金をめぐる友だち関係」の全体的傾向　74
3. インタビューから見えるお金をめぐる友だち関係の具体的な状況・意味づけ　79
4. 状況によって異なるおごり・割り勘のパターン　87
5. 自己限定型友だち関係と相互交換型友だち関係の異なる論理・背景　90
6. おわりに　93

第2部　日韓中越・子どものおこづかい――文化内在的視点から読み解く

第4章 崔順子（チェ スンジャ），金順子（キム スンジャ）
韓国の子どものお金をめぐる生活世界 95

1. はじめに　99
2. 調査地域の特性と調査内訳　101
　2-1　韓国の概況　101
　2-2　調査内容　101

3. 消費主体として生きる韓国の子ども　102
　　　3-1　韓国の子どもにとってお金の意味　102
　　　3-2　韓国の子どものお金のもらい方　103
　　　3-3　韓国の子どものお金の使い方　106
  4. おこづかいを通してみた韓国における親子関係　108
　　　4-1　包含関係の韓国の親子関係　108
　　　4-2　親の都合　109
  5. おこづかいを通して見た韓国の子どもの友だち関係　110
　　　5-1　相互互恵的な韓国の友だち関係　110
　　　5-2　平等な関係の韓国の友だち関係　112
  6. おわりに　113

第5章　　　　　　　　　　　　　　　　　　　　周　念　麗（ジョウ　ニエン　リ）
中国の都市部の子どもとお金の智恵　　　　　　　　　　　　115

  1. はじめに　115
  2. おこづかいに反映された中国都市部の子どもたちの財産と富についての智恵　117
　　　2-1　おこづかいに反映された財産と富についての観念　117
　　　2-2　おこづかいに表れる財産と富に関する行為　120
　　　2-3　親の教育観について　127
  3. 金銭教育に関する提言　129

第6章　　　　　　　　　　　ファン・ティ・マイ・フォン，グエン・ティ・ホア
ベトナムの子どもとおこづかい　　　　　　　　　　　　　　133

  1. はじめに　133
  2. 調査地域の概要　134
  3. ベトナムの子どもたちのおこづかいのもらい方　134
　　　3-1　おこづかいをもらう頻度　134
　　　3-2　月ごとにもらうお金の総額　135
  4. おこづかいの使い方　139
　　　4-1　消費社会への参加　139

4-2　お金の使い方についての子どもたちの考え方　140
　5. おこづかいをめぐる親子関係　144
　　5-1　おこづかいは誰のものか　144
　　5-2　親子関係における「要求と付与」の原則　145
　6. お金をめぐる友人関係　147
　　6-1　友人関係の中でのお金の貸借の原理　147
　　6-2　友だちにおごり・おごられること：おごり合いについての
　　　　一般的な見方　151
　7. 結論と将来への示唆　152

第7章　　　　　　　　　　　　　　　　　　　　　　　　　　　　　　高橋　登
日本の子どもたちにとってのお金──発達の生態学的分析から　　155

　1. 日本の概要　155
　2. 日本の子どもたちにとってのお金：4か国比較から見えてくるもの　155
　3. 買い物場面の観察に現れる日本の子どもたちとお金の関わり　157
　　3-1　方　法　157
　　3-2　結　果　160
　4. 買い物研究から見えてくるもの　170
　　4-1　環境と子どもの発達の相互的な構成作用　170
　　4-2　子どもにとってのものを買うことの意味　171
　　4-3　行動観察と質問紙のギャップをどう見るか　172

第3部　おこづかい研究から理論を立ち上げる

第8章　　　　　　　　　　　　　　　　　　　　　　　　　　　　　　片　成男
おこづかいの意味づけの中に親子関係の両義性をみる　　173

　1. はじめに　177
　2. 子どもから見たおこづかい　178

2-1 「子どものお金」としてのおこづかい　178
　　2-2 おこづかい認識における文化的多様性　180
　　2-3 おこづかいと媒介　182
　3. 関係性から捉えるおこづかい　184
　　3-1 人間存在の関係性の問題　184
　　3-2 子どもと親との間のお金　185
　　3-3 関係の中でのおこづかい使用　187
　　3-4 自由にならない「私のお金」　189
　　3-5 親子関係の変容　190
　4. 親子関係を超えて　192
　　4-1 おこづかいと友だち関係　193
　　4-2 研究という場における関係性の問題　194
　5. 物語としての子どものおこづかい　196

第9章　　　　　　　　　　　　　　　　　　　　　　　サトウタツヤ

おこづかい研究とTEAの誕生――時間の流れを理論化する　199

　1. 2001年：ある本の出版とおこづかい研究チームの発足が
　　同じ年に起きていた。　199
　2. 2002年：おこづかい研究チーム，韓国での調査　201
　3. 2003年：シンポジウム準備からTEMへ　203
　4. 2004年：最初の事例発表から怒濤の発展へ　206
　5. 付記　212

第10章　　　　　　　　　　　　　　　　　　　　　　　呉　宣　児

文化差が立ち現れる時・それを乗り越える時　213

　1. はじめに　213
　2. 研究者コミュニティにおいて偶然・必然に現れる対の構造と差　217
　　2-1 不愉快を伴う葛藤　217
　　2-2 必死に正当性を探し，ますます韓国人になっていく私（筆者）　218
　　2-3 因子名をめぐる議論に立ち現れる差・文化　219
　3. インタビュー場面における意図せぬ対の構造と差の現れ　221

3-1　インタビュー場面は他者（調査者）と出会う場面　221
　　3-2　他者と対の構造の中での揺れと安定　222
　　3-3　インタビュー場面で答える・語るということはどういうことか？　225
4. データによって，対の構造の中で安定的にまとめられた日韓の論理　226
　　4-1　データによってまとめられる論理（韓国編）　227
　　4-2　データによってまとめられる論理（日本編）　229
　　4-3　対の構造における日韓のおごり・割り勘の論理　232
5. 意図的に対の構造を持ち込み，多声性を演出する
　　　──研究成果発表・授業の場　232
　　5-1　韓国におけるおごりデータに対する日本人の反応　233
　　5-2　日本における割り勘データに対する韓国人の反応　235
6. 変化する身体・行動：「おごりで割り勘」という行為の発現　235
7. 対の構造での多声性の有効性と弊害　236

第4部　おこづかい研究を振り返る──新しい文化の心理学に向けて

終　章　　　　　　　　　　　　　　　　　　　　　　　　　　山本登志哉
おこづかい研究と差の文化心理学　243

1. はじめに　243
2. おこづかいとは何か　247
　　2-1　おこづかいの歴史　247
　　2-2　資源としてのおこづかい　250
　　2-3　法社会学における媒介構造としての所有関係と子ども　252
　　2-4　貨幣という交換媒体と贈与的関係の中のおこづかい　253
3. おこづかいとEMS　255
　　3-1　文化的道具と精神の媒介構造　255
　　3-2　人の所有行動を可能とする媒介構造の発生過程　256
　　3-3　拡張された媒介構造（EMS）と文化的道具としての貨幣　258
4. 文化とEMS　260

  4-1 文化の本質的な曖昧さと実体性の矛盾　260
  4-2 EMS 概念の特徴と，差の文化心理学の視点　262
  4-3 文化の立ち現れと機能的実体化を EMS で説明する　264
  4-4 文化の客観性　266
  4-5 研究者の位置　268
  4-6 文化的実践行為としての文化研究と EMS　270
 5. 本書の各論文と EMS　273
  5-1 研究の出発点　273
  5-2 異質な共同性との出会い　274
  5-3 文化対比軸としての「集団主義 vs. 個人主義」の相対化　276
  5-4 文化的ディスコミュニケーションに向き合う　278
 6. まとめ　279

補　章　　　　　　　　　　　　　　　　　　　　　　　　　　　渡辺忠温
調査の概要と結果の要約，そして伴走者によるコメント　　　　　291

 1. はじめに　291
 2. 調査の概要　292
  2-1 インタビュー調査　292
  2-2 観察調査　294
  2-3 質問紙調査　295
 3. 本書論文へのコメント　297
  3-1 子どものお金をめぐる行動の規範と逸脱　299
  3-2 お金に関連した子どもたちの行動から見えてくるもの　301
  3-3 対話を通した比較文化的研究と文化を語ること　303
  3-4 本書の議論から実践的な教育場面への応用　305

付　録　　　　　　　　　　　　　　　　　　　　　　　　　　　渡辺忠温
質問紙調査結果　　　　　　　　　　　　　　　　　　　　　　309

 (1) 入手頻度
  付録表 1　「入手頻度」各項目　4 都市・各学年段階ごとの平均・標準偏差　310

付録表2　「入手頻度」探索的因子分析結果（主因子法，バリマックス回転）　311
　　　付録表2（参考）「入手経路」探索的因子分析結果（主因子法，バリマックス回転）　311
　(2) 子どもの買いたいもの
　　　付録表3　子どもの買いたいもの：各都市別項目と割合　312
　(3) 善悪の認識・許容度の認識
　　　付録表4　善悪の認識　探索的因子分析結果（主因子法，バリマックス回転）　313
　　　付録表5　許容度の認識　探索的因子分析結果（主因子法，バリマックス回転）　314
　　　付録表6　善悪の認識／許容度の認識　探索的因子分析結果まとめ　315
　(4) 支出経験と支出者
　　　付録表7　支出経験なし　各都市各学年段階別割合（友だち関連項目のみ）　316
　　　付録表8　クラスター分析　各国・各学校段階別各クラスターの割合　317
　(5) 親子関係
　　　付録表9　親子関係尺度　探索的因子分析結果（主因子法，バリマックス回転）　318

執筆者紹介　309
索　　引　311

= 序　章 =

なぜ文化を比較するのか
子どもにとってのお金の意味

高　橋　　登

1. はじめに

　市場経済社会において，お金は，交換価値の等しいいかなるものとも交換可能な，もの同士の交換を制度的に保証する物差しとしての役割を担っている。私たちにとってそれは当たり前のことであり，100円のジュースと100円のボールペンは，お金という物差しで測れば等しい価値を持つと考えることに違和感はない。子どもとお金の関係に関する発達心理学研究も，このような市場交換の原理に基づく経済概念の理解や，お金の使用方法に対する子どもの理解に焦点が当てられてきた。

　幼児でも，お金でものを買うことができる（お金をものと交換できる）ことは比較的早い時期から理解しているが，十円玉3枚の方が百円玉1枚よりも価値が高いと考えたり，紙幣より硬貨の方が価値が高いと考えるなど，物差しとしてのお金の役割（価値尺度としてのお金）と，お金という物自体の価値（子どもたちが物としてのお金に付与している価値）とを混同することも多く，学童期にならなければ両者を区別することは難しい（Berti & Bombi, 1988; Strauss, 1952など）。さらに，ものの値段がどのようにして決まるのか，つまり，個別具体的なものの値段の背後にある社会の仕組みを理解するのは容易ではなく，それが可能になるのは小学校高学年以降のことであり，それでもまだ十分正確

な理解ができるというわけではない（藤村，2002; Furth, 1980; Leiser, 1983; Takahashi & Hatano, 1994 などを参照）。

　一方，新聞やテレビでは，おこづかいやお年玉をどう与えるべきか，子どもに使い方をどう教えるべきかという話題が繰り返し取り上げられ，子どもを持つ親や教師にとっては，関心の高い話題であることは間違いない。そこで言われていることは，多額のこづかいは与えない，無駄遣いをせず，きちんと管理することを教える，与えられるお金は労働の対価であることを教える，といったことが中心であり，さらには投資の意義を教えることの必要性が語られることもある（藍，2014; 藤沢，2003; たけや，2009; 八木，2007 など）。

　こうした研究や言説のもとにあるのは，現在の市場経済社会を自明の前提とし，そこで適応的に生きて行けるようになることが望ましい子どもの発達であると考える視点である。本書は子どもとお金の関係についての文化・発達心理学研究であるが，私たちはこうした前提とはだいぶ遠い地点に立っている。

2. 文化的道具としてのお金

　お金がものどうしの交換を容易にする，物差しとしての役割を担っているということは，お金が一種の記号であり，物差しとしての意味を持つことが社会的に共有されていることを意味している。けれどもお金は同時に，どのような使い方が望ましく，どの様な使い方は望ましくないのかという，規範的な意味も担っている。たとえば今の日本の親は，子どもが友だちにアイスクリームを買い与える（おごる）ような使い方を望ましいとは通常考えないし，子どもにそうした使い方を奨励することもない。一方で，韓国の親にとっては，子どもが自分のためだけにお金を使うことは利己的な行為であり，わが子が友だちと遊びに行く際には，友だちの分もおやつが買えるよう，多めにおこづかいを渡すこともめずらしくない。

　私たちは，お金をひとつの強力な文化的道具と考えている。子どもがお金の使い方を学ぶということは，道具としてのお金の，その文化で望ましいとされる仕方での使用法を学ぶことなのである。もちろんその中には，これまでの研究が取り組んできた，市場経済社会における物差しとしてのお金の理解も含ま

れているのは言うまでもない。私たちはお金を「記号」ではなく，文化的な「道具」と呼ぶことにしたい。お金は何か特有の意味を担った記号であるだけでなく，そのような意味を持った道具として，外界に働きかけるために用いられる。私たちは自らの欲望を実現するための道具としてお金を用い，それを手放して，代わりにものを手に入れる。その意味で，お金はひとともの（商品）との間を媒介する道具である。それだけでなく，おごりの例からも分かるように，お金はひととひととの間に立ち，その関係をつなぐ道具でもある。そして，お金がどのようにひととひととの間をつないでいくかは，文化によってずいぶん異なる様相を示すのである。次の例を見てほしい。

ハノイの店先で

中学生くらいの子どもたちが，お店の前で，写真1（次ページ）のようにみんなでサンドイッチを食べている。私たちは，こういったところに飛び込みでインタビューをしてきた。

彼女たちが食べているのはサンドイッチ（写真2）であるが，ここにはいろいろなお金のやりとりが関わっている。まず，お店にお金を払って，サンドイッチを買う。これは市場経済原理に則ったお金の使い方である。彼女たちの場合，朝食代として，5000ドンとか6000ドン（日本円で30〜40円）を親からもらっていた。ハノイの子どもたちの多くが，朝ご飯を外の屋台などで食べる。朝食を食べた分のおつりを出し合って，子どもたちは，おやつとしてこのサンドイッチを買っているのである。この場合，朝食のおつりが多く残っている子どもと，ほとんど残っていない子どもがいるが，子どもたちに聞いてみると，「ある人が出せばいい」という認識であり，お金の出所をみなあまり意識していないようである。その時に手持ちのお金がある子どもが，お金を出し合ってそれを合わせ，そうして購入したサンドイッチや飲み物が，みなのおやつになるのである。

韓国でも子ども同士のおごり合いはよくあることだが，もう少し計画的である。特定の友だちグループの中では，前回はあなたが出したから今回は私というように，子どもたちの中にあるゆるやかなコンセンサスとして，順繰りにおごり合うことが多い。結果として，誰かが出し過ぎるという状況を避けるよう

写真1　ハノイの店先で　　　　写真2　サンドイッチ

な形で，おごり合いが展開される。ゆるやかなコンセンサスというのは微妙な表現だが，みなでいっしょに食べる楽しさを大切にし，ある程度の時間の幅で見た場合に，大雑把に見てだいたい平等にお金を出していれば，それでおおむね公平は保たれているというのが，韓国の子どもたちの感覚のようである。

　さらに日本の場合は，韓国やベトナムのようにおごりは一般的ではなく，自分の分は自分で買うことが多い。時には，ある子どもは自分の持っているお金でアイスクリームを買って食べ，一緒にいる他の子どもは何も食べないでいても互いに特に違和感を覚えない，ということもある。子どもたち，さらに親や教師など周囲の大人たちは，おごったりおごられたりすることによって生じるかもしれない上下関係に敏感である。それだけでなく，子どもたちにとっては，それぞれがそれぞれの持ち分で，別々に楽しむのは自然なことのようである。

　このように，写真のサンドイッチは，単にお店にお金を払って手に入れたというだけでなく，どのような生活を子どもたちが送っており，どのように友だち同士でお金を出し合っているのか，さらに，その背景にはどのような友だち関係があるのか，もっと言えば，どのように文化的自他関係が展開されているのか，ということも含んだものとして存在しているのである。

　ここからわかるのは，子どもがお金の使い方を学ぶということは，お金を使って必要なものを手に入れるだけでなく，お金を介在させながら，友だちとの関係を，その文化で認められている形で築いていくことでもあるということで

ある。すなわち，お金の使い方を学ぶということの中には，それぞれの文化で適切であると考えられるお金の使い方，お金を媒介とした人間関係の築き方を学ぶことでもあるのである。

ところで，早期から子どもが家計を支える労働力として期待され，労働の対価としてお金を得ているような社会を除けば，子どもたちが所有するお金は，これらの例にも見られるように，たいていの場合，親をはじめとする大人から一方的に与えられるものである。おこづかいが「お手伝い」という労働の対価として与えられることもあるが，そこにはそもそも労働市場は成立しておらず，それは市場のシステムに組み込まれた交換の原理に基づくというよりは，家庭内における市場経済のシミュレーションに過ぎない。市場交換の物差しとしてしかお金を見ない立場からすれば，交換の原理に基づかないで得られるこうしたお金と子どもの関係などは，問題の本質から外れた些末な事象に過ぎないが，私たちの立場からすれば，親から与えられるおこづかいもまた，あるいはそれこそが，子どもたちが文化的な道具としてのお金の使い方を身につけていく上での重要な契機なのである。

子どもたちは小学校に入るころから，徐々に親からおこづかいを与えられるようになる。ただし，そのようにして親から与えられたお金は自分のものなのか，それとも親のものなのか，親が子どものお金を使ってしまってもそれはしかたのないことなのか，それともそれは不当なことなのかといった，お金の所有意識は子どもの年齢や文化によって変わり，また，個人の内部でも微妙に揺れ動く (Feather, 1991; Furnham, 1999, 2000; Furnham & Argyle, 1998; 片・山本，2001; Pian, Yamamoto, Takahashi, Oh, Takeo, & Sato, 2006)。また，どういう使い方が良い使い方なのか，あるいはどういう使い方は許されるのかといった，お金の使い方についての規範も同様である。お金という具体的なものを手がかりとして，親子関係や友だち関係の，異なった文化における発達の様相を明らかにしていくことが，私たちの考える子どもとお金の文化発達心理学の目的である。

プロジェクトの概要

本書のもとになった研究プロジェクト（「おこづかい研究（Pocket Money Project）」という身も蓋もない名前である）では，日本・韓国・中国・ベトナ

ムという,東アジア4か国の研究者が共同で,それぞれの国の子どもたちのお金との関わりについて,多様な方法の組み合わせによって研究を進めてきた。プロジェクトの概要は補章にまとめてあるが,研究は大きく次の3つからなっている。第1に,それぞれの国の研究者が他の国の家庭を訪問し,親子にインタビューする。第2はフィールドでの観察であり,スーパーマーケットや駄菓子屋,文具店,本屋などで子どもたちの買い物の姿を観察し,そこで子どもたちに直接インタビューする。3番目は各国の小学5年生,中学2年生,高校2年生とその保護者を対象として質問紙調査を行うものである。質問の内容は,おこづかいのもらい方と使い方,使い方についての善悪・許容度の判断,お金をめぐる親子関係と友だち関係の質問項目からなっている。

　私たちのプロジェクトが本書を通じて示そうとするのは,お金が単に市場経済の枠の中での交換の道具であるだけでなく,それぞれの文化で人間関係を媒介する道具であるということであり,道具使用は規範が媒介となって実現されているということである。規範の構造は文化によって異なり,同じ行動であってもその意味は異なり,その文化における規範の構造を明らかにすることによって,行動の意味もまた明らかになる。ただし,それは安定した選好のような形で文化集団の中に実体的に存在するものではなく,研究の過程で動的に立ち上がってくるものであり,われわれに認識可能なのは,それが結晶化され,静的な姿を取ったものに過ぎない。私たちが目指すのは,そうした結晶化された「文化」を実体的なものとして取り出すことではなく,結晶化されるプロセスをもまた分析の対象とすることで,「異文化を理解すること」の可能性を示し,異文化理解のための実践の道筋を指し示すことなのである。

3. 文化をどう理解するのか

　「おこづかい研究」では,東アジア4か国の研究者が共同で,それぞれの国の子どもたちのお金との関わりについて,研究を進めてきた。文化比較を行う心理学研究では,集団主義-個人主義という二分法がよく知られており,北米を中心とする欧米の社会は個人主義的であり,東アジアの社会は集団主義的であるとされる (Hofstede, 1991; Matsumoto, 2000; Triandis, 1995)。こうした枠組み

のもとでも，東アジア社会の多様性に言及する研究もあるが，基本的には集団主義－個人主義という二分法的な枠組みのもとでの下位文化という位置づけでしかない（Kashima, Yamaguchi, Kim, Choi, Gelfand, & Yuki, 1995; Kim, Triandis, Kâğitçibaşi, Choi, & Yoon, 1994）。

　さらに，こうした違いは，それぞれの文化集団において，人々が自らの周囲で起こる出来事を解釈し，行動を選択するしくみの違いによって生じると主張される。それは，相互独立的自己観と相互協調的自己観（Markus & Kitayama, 1991）のように，その社会で暮らす人々が，自分の身のまわりの社会や世界に対処するための基本的な枠組みであり，分析的思考と包括的思考（Nisbett, 2003）のように，世界についての認識法であると考えられている。いずれも，前者を代表するのが北米を中心とする西洋社会であり，後者を代表するのが東アジアを中心とする東洋である。彼らは，感情やものごとの処理，説明などが，こうした自己観や認識法に基づいて行われることを，多数の研究から実証的に明らかにしており，一定の説得力を持つものであることは間違いない（増田・山岸（2010）による文化心理学のテキストの増田の執筆部分では，これらの研究が丁寧に紹介されており，参考になる）。

　しかしながら，こうした二分法的な見方に対して私たちは懐疑的である。何よりも大きな問題は，多様な世界を極めて単純に二分してしまう点にある。東アジアに暮らす日韓中越の研究者が出会うとき，私たちは互いの違いに衝撃を受ける。そこから生じるさまざまな力動こそが，異文化を理解する上で極めて重要な契機となると私たちは考えているが，二分法的な世界観のもとでは，そうした違いは均質な世界（集団主義社会）のもとでの変異に過ぎず，異なる文化が出会うことの意味についても語るべきものを持たない。

　2つめの問題は，これらの研究が，文化差を生み出す要因を実体視している点である。増田（2010a）による次の定義に，この点は明確に現れている。「（文化心理学とは）その文化に生きる人々に生き方の指針を提供する資源としての文化と，その文化資源を利用しながら（あるいはそれに抵抗しながら）能動的に生きる人間とを明確に切り離して理解しようとする学問」（p. 8）であり，「文化心理学者が自己の文化差について研究する場合に想定されている自分の定義は，多くの場合は特定の状況や目的を白紙に戻した状態でのデフォルトの

自分である」(増田, 2010b, p. 54)。このような前提のもとで実体視された文化観では,本質としての文化と行動は直結しており,さまざまな状況や制約のもとでの実際の行動の多様性は無視されるだけでなく,個人差も,本質としての文化から見れば,誤差に過ぎない。こうして,説明の原理としての文化と,文化差の反映としての行動は,互いが互いを説明する形で循環する。しかしながら,人は,文化が提供する認識の枠組みを用いて世界を解釈するだけでなく,そうした信念を用いてまわりの人々の行動を予測しながら,それに対応した行動をとることで,文化を構築していく,社会的で動的な存在なのである(山岸, 2010)。

文化とは,人々が日常生活を生きる中で,歴史的に形成されてきたさまざまな道具(人工物)を用いながら,他者との関係をつくりだし,組織化するプロセスそのものである(Cole, 1996)。私たちが目指すのは「差の文化心理学」とでも呼ぶべきものであり,それは,文化が形作られるメカニズムの前提としての,他者との出会いの中で相互に構成され,実体的なものとして認識される,つまり,文化がそれとして認識されるにいたるメカニズムを明らかにしようとするものである。その上で,そのメカニズムを自覚的に・方法的に援用しつつ,他文化の成員である他者と出会うことを通じて,相互反照的に互いを知る営みが「差の文化心理学」であり,それこそが文化心理学(こころと文化の関係を探究する心理学)が目指すべき,明日の姿であると私たちは考えている。

4. 私たちの方法論：差の文化心理学

お金をニュートラルな物差しとしてのみ考えるならば,子どもとお金の関係を文化間で比較することは,他の認知的な概念の発達の場合と同様,その理解の遅速を文化間で比較し,差が生じる理由を子どもの生活実態に即して論じるということであり,あるいは逆に,差を生み出す要因を文化の違いから探り,そこから理解が何によって成立するのか,その要因を明らかにすることである。たとえばヤホダ(Jahoda, 1983)は,ジンバブエの子どもたち(子どもたちが実際に売り買いを経験したり,直接ではなくても親がものを作り,売るのを見る経験をしている)の,商品の売買と店員の賃金の関係,そのシステムを理解で

きるようになる時期は，スコットランドやオランダなどのヨーロッパの子どもたちよりも早いことを明らかにしている。同様に経済活動が活発な香港の子どもたちの，貸し借りの利子や従業員の給料との関係などの銀行のシステムの理解は，欧米の子どもたちよりも早く (Ng, 1983)，逆に，日本のようにマクロなレベルでの経済活動は活発であっても，子どもたちがそうした実践から隔離されている場合は，銀行のシステムの理解は遅れることが明らかにされている (Takahashi & Hatano, 1994)。こうした事実は，子どもの経済システムの理解が，子どもたちの生活する世界での実践的な活動と切り離せないものであることを示している。

一方，文化的道具としてのお金という観点に立てば，明らかにすべきことは，それぞれの文化におけるお金の使い方であり，そこに内在する関係の論理である。文化間を比較することも，普遍的と考えられる概念（「物差しとしてのお金」）を基準として文化を並べることが目的ではなく，比較を通じて互いの文化に内在するものとして見えてくるそれぞれの論理を明らかにすることである。

本書が依拠する「差の文化心理学」の詳細は終章で論ずるが，考え方の概略は以下のようなものである。私たちが文化を研究するときには，研究者が客観的な位置に立って，ある特定の文化を研究することは，認識論上も方法論上も不可能であるという前提に立ち，その上で，文化を研究し理解するとは，研究者 a （＝同時にある文化 A の成員）が，別の文化 B の成員の実践を理解し，同時に研究者 b （＝同時にある文化 B の成員）が，他方の文化 A の成員の文化的な実践を理解しようとする，相互的な営みである。具体例のひとつとして，日韓における，友だち関係の中にお金やものを介在させること（端的に言えば友だちにおごることをどう考えるのか），に対する認識の違いが，どのように私たちの目の前に現れるのか，簡単にスケッチしてみたい（詳しくは第 10 章を参照してほしい）。

質問紙調査の結果から

大阪とソウルの子どもたち（小 5，中 2，高 2）に，お金をめぐる友だち関係について尋ね，回答から 2 つの因子を抽出した。ひとつめは，「おごったりおごられたりするのはよくない」「友だちからお金を借りることは，たとえ，

小額でも相手に迷惑をかけることになる」などの項目が含まれ，この因子に含まれる項目の得点（賛成であるという評価）は，日本の子どもたちの方が一貫して高い。もうひとつの因子は「友だちがお金で困っているなら私は迷わず貸してあげることができる」「友だちにお菓子などを買ってあげるのは，一人で食べるより楽しい」という項目からなり，こちらの評定は，韓国の方が逆に一貫して高くなっている。

　この対比的な構図は，インタビューの場でも見いだされる。

　韓国の子どもの例：「あまり大きすぎるのは，負担になるけど，ちいさいものは良い」（中2，女），「自分が買ってあげると，また次に友だちが買ってくれるし，私にお金がないときは買ってくれたりするのは良い」（小4，男），「互いにおごるのが良い。自分の分だけ出すと，人情が薄いような感じ」（中2，女），「負担にならない」（高2，女）

　一方，日本の子どもの例をあげれば以下の通りである。「おやつおごりは悪い，せっかくためたお金がもったいないから」（小3，女），「わるい，自分のお父さんが働いたお金だから」（小3，女），「（おごりをしては）いけない，いけないこととかじゃないと思う。やっぱなんか，平等の方がよくないですか？」（高2，女）。

　日本における生活実践者でもある日本人研究者が，韓国の子どもへのインタビューを読み，韓国の研究者と議論するときには，すでに自らの枠組みのもとで考えている。研究者間の議論を書き起こしていくと，いかに私たちがみずからの基準を当然で「客観的」なものと考えた上で，相手を見ているのかがよくわかる。「おごると相手がまたおごり返さないといけないと思ってしまうので，相手に負担を与えていることじゃないですか？」「日本でもおごりはあるけど，それは上下関係の間柄であることであって，平等な関係ではしないと思いますよ」。もちろん，韓国人研究者も，自らの枠組みに基づいて議論しているという点については同様であり，日本人研究者の反応に対しては，強い不快感を感じる。「相手は食べてないのに，私だけ食べてどうしてそれが平等になりますか？」「私にお金があるときは買ってあげるし，私が持ってないときは友だちがおごってくれます。でもそれで友だち関係が上下関係にはなりませんよ」。

おごりを肯定的に考える「私たち韓国人」と，それを否定する「あなたたち日本人」，という対になった対立の構図が，研究者同士の議論の中で浮かび上がってくる。実際には，こうした対比的な構図は，すでにインタビューの場でも浮かび上がっているのである。

　日本人調査者：おごったりおごられたりすることと，それから一人ひとり割り勘にすることと，どちらが多いですか？
　韓国人の子ども：割り勘が多くて，誰かが一括で払うことはすくない。
　日本人調査者：お？　それは昔からずっとそうでしたか？
　韓国人の子ども：学生だからお金をたくさん持っていないし，自分が持っているお金で自分が払うお金を集めて。
　　　　　　　　　　　（中略）
　日本人調査者：その時の割り勘というのは，日本だったら自分が食べたものを払うが，みんなのものを平等に割るのとどっち？
　韓国人の子ども：そんなんじゃなくて，全部合計で計算して，割り勘。
　日本人調査者：やっぱり割るんだね。やっぱりね。割り勘の意味も少し違うんだね。
　通訳：違いますね。
　日本人調査者：割り勘にも少し違うんだね。
　通訳：違います。
　　　　　　　　　　　（中略）
　日本人調査者：あ，それだとやっぱり，あの，おごるのはあんまりよくない？
　韓国人の子ども：それが，よくないという感覚はない。必要なときにやる。
　日本人調査者：ああ，必要なときにね。そうか。だから，良くないっていうことはないんだ。

　日本人の研究者は韓国人の子どもへのインタビューから，割り勘といっても日本のものとは違うこと，おごりは良くないことではないという答えを引き出し，違いを「発見」する。さらに，違いを確認するような質問を繰り返して子どもに確認し，そこから安定した違いを見いだしていく。

　韓国の子どもも，常に友だちにおごっているわけではなく，負担を感じるということも日常生活では語られ，実際に日常的に割り勘にすることも多い。逆に，日本の子どもたちを観察してみれば，おごっている場面に容易に行き当たる（第7章を参照）。インタビューの場では，個人の調査者の声だけではなく，

個を超える他者性が，子どもや親の前に立ち現れているのである。このインタビュー場面で語る韓国の人々の声には，自分の体験を語るという個人の声もあるが，同時に，日本人からインタビューを受けているという，他者性を目の前にして，他者と対立する，「個を超えたわれわれの正当性」を探し，主張する声もある。インタビュー場面には，実態を語る声や，他者性と対になった状態で理念・文化として語る声が，同時に存在する。その様な意味で，インタビューを受ける子どもや親の声自体が，多声化されているのである。

「差の文化心理学」は，異なる文化的な背景を持つ研究者が，互いの文化の成員の実践（本書の場合は文化的道具としてのお金の獲得過程，使用状況）を分析していく。その際には，互いがなかば無自覚に自らの文化的背景に依拠しながら，相手の文化の子どもたちと，自文化の子どもたちを同時に分析することから，必然的にズレが生じる。そこから生じる研究者間に生じる動的な過程もまた研究の対象とすることを通じて，文化差が固定的で安定的に私たちの目の前に現れる過程を，反省的に理解していくのである。

おこづかい研究では，それを二者間で行うのではなく，複数の国の参加者によって行うことを目指した。そこで，そうした研究実践を行うことが可能な言語的条件（それぞれの２国間では，少なくとも研究者同士が自らの，あるいは相手の母語でコミュニケーション可能である），地理的条件（プロジェクトメンバーが観察・インタビューに参加し，かつ研究者間の議論に参加可能である）を満たす対象として，日本・韓国・中国・ベトナムの４つの国が選ばれ，その研究者が参加した。

「差の文化心理学」の研究実践は，静的な差異のリストを作り上げることを目指すものではなく，ある特定の文化の成員でもある研究者が，他の文化の成員の日常的な行動（文化的実践）に直面して驚き，同時に，自らの日常的な行動（文化的実践）を反省的に振り返ることにより，相互の理解と共感を深めることを目指すものである。このように，ダイナミックにわれわれの心を揺り動かすようにして他の文化が立ち現れてくるプロセスを理論化することが，私たちの考える「差の文化心理学」の課題である。このような異文化理解の実践は，心理学のみならず，歴史的に常に緊張をはらむ関係にある国々の成員が，緊張

と驚きを含みながらも互いを理解して行くための処方箋を，実践の上でも提案することにもなると考えている。

5. 本書の概要

本書は4部から成る。第1部では，われわれがこれまで行ってきた調査について，消費社会での生き方（第1章），親子関係の構造（第2章），友だち関係の構造（第3章）の3点から分析する。それを踏まえ，第2部で日本，韓国，中国，ベトナムの研究者が，内在的な視点からそれぞれの文化における子どもとお金の関係について論じる。第3部・第4部は理論編である。

第1章 消費社会を生きる子どもたち 第1章では，4か国の子どもたちの，消費社会の中での暮らしについて分析する。調査が行われた時点ですでに成熟した消費社会が形成されていた日本と韓国，急速な勢いで消費社会に突入しつつあった中国，今まさにそのとば口にあったベトナムと，経済事情は大きく異なっており，それに伴い，消費社会での生き方という点から見た，子どもたちとお金の関わりにも違いが見られた。ただし，ともに成熟した消費社会である日本と韓国には，共通性と同時に違いがあることも明らかだった。日韓の子どもたちは，自分たちの楽しみのためにお金を使うことに肯定的であり，消費生活の能動的主体である点では共通だったが，その一方で，友人関係へのお金の介在のさせ方においては対極的な位置にあった。中国やベトナムの子どもたちも，経済発展とともに，日本や韓国の子どもたちと同様，貨幣経済社会における消費者としての位置を占めるようになって行くのだろう。しかしながらその一方で，それは，それぞれのしかたで極めて個性的な仕方で実現されるのである。

第1章の担当は片成男である。中国における朝鮮族の出身である片は，朝鮮族の文化に身を置きつつ中国で生活している。さらに，片は日本への留学経験もあり，日・韓・中，それぞれの子どもたちの発達について，内側と外側，両方の視点から深く考えてきた。その意味で，私たちが考える差の文化心理学の実践において，中心的な役割を担ってきた。

第2章 大人になることの意味と親子関係の構造 第2章では，親子関係におけ

るお金の役割について論じられている。著者の竹尾和子は，親子関係と子どもの自己の発達を研究してきた。竹尾は，従来の比較文化研究が，子どもの発達に伴う親子関係の変化を，乳幼児期における緊密な母子関係からの自立の過程として単純化し，依存対自立という軸でそれぞれの文化を位置づけるという，二分法的な発想に立ってきたことを批判する。その上で，子どもたちの「大人になること」の意味を4か国で比較しつつ，それぞれに内在する論理を取り出して行く。お金との関わりからみた日本の子どもの「大人になること」の意味は，「自己の領域を尊重，あるいは確立すること」であり，同時に「他者の『自己』の領域を侵食しないようになること」である。ベトナムの子どもにとっては，家族という共同体の利益に自己を調和させようとする強い志向性のもとで，「家族のために在るようになれること」であり，韓国の子どもにとっては「他者との緊密で率直なやりとりに基づいて自他の信頼関係を構築できる存在となること」，さらに，中国の子どもたちにとっては，「他者（親）からのストレートな介入を受け止め受容しつつ，その中で自身の立場を明確にし，主張する私になって行くこと」だった。こうした4か国の類型化は，日本人の発達心理学研究者である竹尾による試みであり，それがどのように結晶化し，安定したものとして私たちの目の前に現れるのかを考えることは，本書のもうひとつ重要な主題でもある。それは後の理論編で検討されることになる。

　第3章　お金を媒介にする友だち関係の構造　第3章では，お金を媒介とする友だち関係が論じられる。議論は「おごり」と「割り勘」をめぐって展開される。「おごり」と「割り勘」の背後には，「お金は大事に使うべきで，無駄遣いはいけない」という論理と，「友だち関係は大事で，良い関係を築くことは大切である」という論理が共存しており，日本では，「おごり＝お金を意識すること・お金を友だち関係に持ち込むこと，割り勘＝お金が絡んでいないこと」という論理が前面に出やすい反面，とりわけ韓国では，「おごり＝友だち関係の重視・共に食べる楽しみの共有，割り勘＝関係の拒絶」という論理が前面に出やすい。

　韓国済州島で生まれ育ち，現在は日本で暮らす著者の呉宣児（オソンア）にとって，日本でのインタビューの場で子どもたちが繰り返す「（おごりは）悪い」という答えと，親の「ノー」「嫌」「無理」という言葉は異様にも感じられる。逆に，友

だちにおごらないことで父親に注意された韓国の子どもの存在は，日本人研究者に驚きと同時に否定的な感情を引き起こす。私たちの差の文化心理学は，感情を伴う，こうした互いの違和感を駆動力とする，相手を理解しようとする営みとして展開されてきた。4か国を同時に捉えることによって互いに異なる他者の存在を意識するようになり，自分たちの当たり前の感覚が限定された範囲のものであることを知らされる。ただし，呉の問題意識はさらにこの先にある。それは理論編第10章で展開されることになる。

続く第2部の4つの章では，第1章～第3章の議論を受けて，日韓中越4か国の研究者が，それぞれの国における子どものお金との関わりについて論じる。第4章（韓国の子どものお金をめぐる生活世界）では，崔順子（チエスンジヤ）と金順子（キムスンジヤ）が，韓国の研究者の視点から4か国の比較に基づいて韓国の特徴をまとめ，さらに，ソウルと済州島の調査結果を紹介して韓国内の多様性を論じている。第5章（中国の都市部の子どもとお金の智恵）では，周念麗（ジョウニエンリ）が中国の子どもたちのお金との関わりについて論じる。急速な経済発展の中で，中国社会も格差が広がっている。周は中国国内の階層による違いを分析し，今後の金銭教育のあるべき姿を提言している。第6章（ベトナムの子どもとおこづかい）では，ファン・ティ・マイ・フォン（Phan Thi Mai Huong）とグエン・ティ・ホア（Nguyen Thi Hoa）が，ベトナム北部の4都市（ハノイ，ハイフォン，タイゲエン，バクニン）で実施された調査をもとに，ベトナムの子どもたちのお金との関わりについて論じる。調査が行われたのは2005年であり，ベトナムでは消費社会がまさに訪れつつある時期だった。大きく変動しつつあるベトナム社会の中での子どもとお金の関係の在り方について，フォンとホアは警戒感を持ちつつ慎重に論じている。第7章（日本の子どもたちにとってのお金——発達の生態学的分析から）では，高橋登により，大阪の子どもたちの買い物の観察記録が分析される。駄菓子屋やスーパーマーケットなどでの子どもたちの実際の買い物の姿を分析することにより，思いがけず多くの子どもたちが実際にはおごったりおごられたりしており，そこでは「おごり＝お金を友だち関係に持ち込むこと」ではなく，「おごり＝共に食べる楽しみの共有」という論理が働いていることが明らかになる。行動に内在する意味を読み解き，意味の生成過程を明らかにすると

いう視点で日本の子どもたちの姿を跡づけた後で，第1〜3章の記述を読み直すならば，各文化で，ある一貫性を持った認知や意味システムを取り出すことができたとしても，それがイコール文化なのではなく，意味生成のダイナミズムの中で，比較を通じて動的に他者を立ち上げて行く，そのようにして立ち現れるものこそが文化であることが強く実感できるだろう。

　本書第3部は理論編である。おこづかい研究を進める過程で明確化した課題を，片成男，サトウタツヤ，呉宣児の3名が探究する。**第8章（おこづかいの意味づけの中に親子関係の両義性をみる）**では，片成男が，人間存在の根源的な在り方としての個体性と共同性の観点からおこづかいを位置づける。お金は，親子や友人のような，子どもにとっての基本的人間関係を媒介する。親からもらったおこづかいは自己の所有物であると同時に親のコントロールを受け，親のものでもある。おこづかいは自らの娯楽のために用いられると同時に，友だちとともに楽しむために用いられる。おこづかいは，子どもたちが個別の主体であると同時に，つねに関係的な存在でもある，そうした両義性を持った存在であることを私たちに気づかせてくれるのである。**第9章（おこづかい研究とTEAの誕生——時間の流れを理論化する）**は，サトウタツヤによるおこづかい研究の発展史である。おこづかい研究は2002年から本格的に始まったが，以降の展開を，サトウたちの研究グループが精力的に開発してきた複線径路等至性アプローチ（Trajectory Equifinality Approach: TEA; 安田・滑田・福田・サトウ，2015）の枠組みのもとに整理し，跡づけている。TEAは時間を捨象せずに人生の理解を可能にしようとするアプローチであり，構造（ストラクチャー）ではなく，過程（プロセス）を理解することを目指している。サトウは，研究そのものを分析の対象とし，おこづかい研究がどのようにしてこの様な形を取るに至ったのか論じている。**第10章（文化差が立ち現れる時・それを乗り越える時）**では，呉宣児が，異なる文化に属する研究者が共同で互いの文化を理解する過程で生じる力動を分析する。研究者間の対話には，偶然に，また必然的に対の構造が形作られ，そこから多声的な，私を超えた私（こちらの我々）と，他者を超えた他者（我々と違うそちら側のあなたたち）の存在が浮き彫りになる。さらに，外国人研究者による親子へのインタビュー場面でも意図せぬ対の構造が生まれ，

ズレとゆらぎ，安定化の繰り返しの中で，多声性が現れ，文化が浮き彫りにされていく。呉はさらに，留学生と日本人学生がともに参加する授業で，意図的に対の構造を作り出す実践を行っている。授業を通じて呉は，異文化を「知る」営みを，単なる知識の集積過程としてではなく，自らの自己を揺さぶられながら相手を理解して行く，実存的な過程として学生たちに経験させることを試みている。実践を通じて呉は，異文化理解とは，相手への一定の信頼を前提としなければ実現不可能な，困難な営みであることを強調する。

　本書第4部は私たちのプロジェクト全体の総括的なまとめである。
　終章　おこづかい研究と差の文化心理学　終章で，山本登志哉がおこづかい研究全体を総括し，理論的整理を行う。山本が行うのは「差の文化心理学」の定式化である。山本は，子どもの所有の認識の発生過程を分析する中で，それが規範により媒介されるものであり，2歳代という低年齢段階から文化差が見られることを明らかにしてきた（山本, 1991, 1997）。規範から文化の問題を考えてきた山本は，本プロジェクトが開始される前からおこづかいの問題に注目し，片成男とともに研究を進めてきた（片・山本, 2001; 山本・片, 2000）。本章で山本は，人間のコミュニケーションが基本的に「主体（自己）」が「対象（モノや記号）」を媒介に「主体（他者）」に働きかけ，次に相手が「主体」として「対象」を媒介に「主体（自己）」に働き返す，という構造を持ち，その全体が「規範的媒介項」という制約に媒介されて成り立つものであることを論じる。この構造を山本は拡張された媒介構造（Expanded Mediational Structure: EMS）と名づけ，おこづかいをめぐる人間関係もまたこの枠組みで分析して行く。

　規範的媒介項は，自他が共有する「常識」を表現するものであり，文化は2人の主体が持つ規範的媒介項のズレとして，異質な共同性の出会いの中に立ち現われる。異なる文化的背景を持つ研究者間の対話もまた，文化のこうした動的生成過程として位置づけられ，研究者はそれをみずから体験しつつ，議論の中で理解し，対象化して記述する。差の文化心理学とは，生活者でもある研究者による，一方では生活者としてのなかば無自覚な，他方では研究者としてのなかば自覚的な，二重性をおびた文化理解の実践であり，異文化理解とは，そ

のような実践的な活動としてしかあり得ないことを主張するものである。

　補章（調査の概要と結果の要約，そして伴走者によるコメント）　補章として，渡辺忠温がおこづかい研究の概要をまとめ，本プロジェクトの総括的なコメントを執筆している。長期の中国留学経験を持つ渡辺が本プロジェクトに参加したのは，データ収集もほぼ終わったプロジェクト後半になってからだったが，本書各章の記述のもとになるデータの確認作業だけでなく，中国語原稿の翻訳作業など，渡辺は本プロジェクトの最終段階における最大の貢献者である。資料編に目を通せば，おこづかい研究の全体像がイメージできるだろう。分量の制約から，資料編にはごく一部のデータしか載せられないが，もう少し包括的な資料については，東京大学出版会のホームページからダウンロード可能である。興味のある方はご参照いただきたい。

謝　辞

　本プロジェクトは以下の研究助成を受けた：前橋国際大学共同研究費，JSPS 科研費 15402044, 18402042。

　本プロジェクトには，本書の執筆者以外にも多くの人が関わっています。みなさんの協力と，みなさんとの限りない議論を通じてようやく本書をまとめることができました。

　何よりも調査に協力してくださった日本，韓国，中国，ベトナムの子どもたち，保護者の皆さん，観察を許してくださったお店の皆さんには深く感謝します。

　調査の実施に協力していただいた日中韓越 4 か国の小・中・高校の先生方，特に，中野剛寛先生，川崎裕子先生，河添純子先生，宮尾義昭先生，小関禮子先生，延辺での調査にご協力いただいた金哲洙先生，崔東勲先生，李明淑先生，崔善玉先生，沈松哲先生，李冒漢先生，タイ族自治州の李永義先生，玉波先生，ソウルでの調査にご協力いただいた尹智媛先生，李永運先生，玄正煥先生，どうもありがとうございました。また，沃建中先生（元北京師範大教授），Dilinaer Abulizi 先生（ウイグル農業大学副教授）には日本での調査に参加していただきました。ありがとうございました。

　調査を実施した当時の大学生・大学院生で，各国での調査に参加してくれた

赤嶺愛里さん，小湊真衣さん，遠藤ゆきさん，許沙沙さん，倪牧宇さん，陳婉茹さん，ありがとうございました．

学会のシンポジウムで貴重なお話をしていただいた辻井周子先生，濱中雅子先生，あんびるえつこさん，どうもありがとうございました．

また，東洋先生（東京大学名誉教授），浜田寿美男先生（奈良女子大学名誉教授），大森昭生先生（共愛学園前橋国際大学教授），高木光太郎先生（青山学院大学教授），伊藤哲司先生（茨城大学教授），林崇徳先生（北京師範大学教授），姜英敏先生（北京師範大学副教授）には，本プロジェクトの様々な局面で貴重な助言をいただきました．先生方のコメントは私たちを励ますだけでなく，進むべき道を照らしていただきました．

とりわけ Jaan Valsiner 先生（Niels Bohr Professor of Cultural Psychology, Aalborg University, Denmark）には深く感謝しています．先生は私たちの研究に早い段階から関心を持ち，論文執筆の機会を与えてくださいました．それだけでなく，とりわけ理論的な側面について考察を深めるよう，常に私たちを刺激していただきました．

最後に，本書の企画段階から本当に息長くお付き合いいただいた東京大学出版会の後藤健介さんにも深く感謝します．慰労会を開きましょう．もちろん私たちのおごりで（あるいは割り勘？）．

引用文献

藍ひろ子．(2014)．子どもにおこづかいをあげよう！──わが子がお金に困らないためのマネー教育を！ 主婦の友社．

Berti, A. E., & Bombi, A. S. (1988). *The child's construction of economics*. Cambridge, UK: Cambridge University Press.

Cole, M. (1996). *Cultural psychology: A once and future discipline*. Belknap Press of Harvard University Press.（コール，M., 天野清（訳）(2002)．文化心理学──発達認知活動への文化歴史的アプローチ．新曜社．）

藤沢久美．(2003)．子どもに聞かせる「お金」の話──知識ゼロからの経済学．PHP 研究所．

藤村宣之．(2002)．児童の経済学的思考の発達──商品価格の決定因に関する推理．発達心理学研究, 13, 20-29.

Feather, N. (1991). Variables relating to the allocation of pocket money to children: Parental reasons and values. *British Journal of Social Psychology*, 30, 221–234.

Furnham, A. (1999). Economic socialization: A study of adults' perceptions and uses of allowances (pocket money) to educate children. *British Journal of Developmental Psychology*, 17, 585–604.

Furnham, A. (2000). Parental attitudes to pocket money/allowances for children. *Journal of Economic Psychology*, 22, 397–422.

Furnham, A., & Argyle, M. (1998). *The psychology of money*. Florence, KY: Taylor & Frances/Routledge.

Furth, H. G. (1980). *The world of grown-ups: Children's conceptions of society*. North Holland: Elsevier.（ファース, H. G., 加藤泰彦・北川歳昭（編訳）(1988). ピアジェ理論と子どもの世界――子どもが理解する大人の社会. 北大路書房.）

Hofstede, G. (1991). *Cultures and organizations: Software of the mind*. New York, NY: McGraw-Hill.（ホフステード, G. H., 岩井紀子・岩井八郎（訳）(1995). 多文化世界――違いを学び共存への道を探る. 有斐閣.）

Kashima, Y., Yamaguchi, S., Kim, U., Choi, S.-C., Gelfand, M. J., & Yuki, M. (1995). Culture, gender, and self: A perspective from individualism-collectivism research. *Journal of Personality and Social Psychology*, 69, 925–937.

Kim, U., Triandis, H. C., Kâğitçibaşi, Ç., Choi, S.-C., & Yoon, G. (1994). *Individualism and collectivism: Theory, method, and applications*. Thousand Oaks, CA: Sage Publications, Inc.

Leiser, D. (1983). Children's conceptions of economics: The constitution of a cognitive domain. *Journal of Economic Psychology*, 4, 297–317.

Markus, H. R., & Kitayama, S. (1991). Culture and the self: Implications for cognition, emotion, and motivation. *Psychological Review*, 98, 224–253.

Matsumoto, D. R. (2000). *Culture and psychology: People around the world* (2nd ed.). Belmont, CA, US: Wadsworth/Thomson Learning.（マツモト, D. 南雅彦・佐藤公代（監訳）.(2001). 文化と心理学：比較文化心理学入門. 北大路書房.）

増田貴彦 (2010a). 心と文化. 増田貴彦・山岸俊男（編）, 文化心理学――心がつくる文化, 文化がつくる心（上）. 培風館, pp. 1–16.

増田貴彦 (2010b). 人間観・自己感と心の働き. 増田貴彦・山岸俊男（編）, 文化心理学――心がつくる文化, 文化がつくる心（上）. 培風館, pp. 49–97.

増田貴彦・山岸俊男. (2010). 文化心理学――心がつくる文化, 文化がつくる心（上・下）. 培風館.

Ng, S. H. (1983). Children's ideas about the bank and shop profit: Developmental stages and the influence of cognitive constracts and conflict. *Journal of Economic Psychology*, 4, 209-221.

Nisbett, R. E. (2003). *The geography of thought: How Asians and Westerners think differently … and why*. New York, NY, US: Free Press. (ニスベット, R. E., 村本由紀子（訳）(2004). 木を見る西洋人 森を見る東洋人——思考の違いはいかにして生まれるか. ダイヤモンド社.）

片成男・山本登志哉. (2001). 子どものおこづかいと親子関係——親との面接調査から. 平成10～12年度科学研究費補助金（基盤研究（A）(2)（海外））研究成果報告書「文化特異的養育行動と子どもの感情制御行動の発達——その日中比較」日本学術振興会, 104-116.

Pian, C., Yamamoto, T., Takahashl, N., Oh, S.-A., Takeo, K., & Sato, T. (2006). Understanding children's cognition about pocket money from mutual-subjectivity perspective. *Memoirs of Osaka Kyoiku University Series IV*, 55, 109-127.

Strauss, A. L. (1952). The development and transformation of monetary meanings in the child. *American Sociological Review*, 17, 275-286.

Takahashi, K., & Hatano, G. (1994). Understanding of the banking business in Japan: Is economic prosperity accompanied by economic literacy? *British Journal of Developmental Psychology*, 12, 585-590.

たけやきみこ. (2009). 12歳までにかならず教えたいお金のこと——お金に振り回されない大人になる！ かんき出版.

Triandis, H. C. (1995). *Individualism & collectivism*. Boulder, CO: Westview Press. (トリアンディス, H. C., 神山貴弥・藤原武弘（編訳）(2002). 個人主義と集団主義——2つのレンズを通して読み解く文化. 北大路書房.）

八木陽子. (2007). 6歳からのお金入門. ダイヤモンド社.

山岸俊男. (2010). 文化への制度アプローチ. 石黒広昭・亀田達也（編）, 文化と実践——心の本質的社会性を問う. 新曜社, pp. 15-62.

山本登志哉. (1991). 幼児期に於ける「先占の尊重」原則の形成とその機能——所有の個体発生をめぐって. 教育心理学研究, 39, 122-132.

山本登志哉. (1997). 嬰幼児"所有"行為与其認知結構的発達——日中跨文化比較研究. 北京師範大学研究生院児童心理研究所.

山本登志哉・片成男. (2000). 文化としてのおこづかい——または正しい魔法使いの育て方について. 日本家政学会誌, 51, 1169-1174.

安田裕子・滑田明暢・福田茉莉・サトウタツヤ（編）．（2015）．複線経路等至性アプローチの基礎を学ぶ（TEA 理論編）．新曜社．

第 1 部

人間関係の中のお金
現象から立ち上がる子どもの姿

第1章

消費社会を生きる子どもたち

片　成男
（ペン　チエン　ナン）

1. 消費社会と子ども

　商品社会に消費者として生きる私たちは，貨幣を軸とする経済システムの中でその便利さを享受しており，お金を使って商品を手に入れる消費生活から離れることはできない。子どもたちもこの市場経済システムの中にあり，さまざまな形で確実に一人の消費主体になっていく。もちろん子どもは自分でお金を稼ぐのではなく，主に大人からお金をもらっているのだが，その様子は時代とともに大きく変わってくる。日本，韓国，中国，ベトナムで行った調査で，親たちは子どものおこづかいについて「昔の子どもはおこづかいがないかまたは少なかったが，今の子どもはおこづかいをもらっているし，沢山もらっている子どももいる」と対比的に語ることが多かった。今の子どもたちが確実に消費社会へ参入している様子がうかがえる。

　子どもとお金の関係をめぐる心理学研究は従来，子どもがお金をどのように認識し理解しているのか，つまり，客観的な対象としてのお金の意味を，背景となる経済システムも含めてどのように理解しているのかという点に焦点が当てられてきた。たとえば，貨幣の種類や価値の違い，商品の価格の決まり方，銀行から借金する場合と貯金する場合につく利子に違いがあるのはなぜか，などの研究が数多く取り組まれている（Yamamoto & Takahashi, 2007）。しかし，

子どもにとってお金のやりとりは，それ自体が生活の一部を成しており，実生活におけるお金はこうした客観的な対象としての意味よりも，媒介としての意味の方が大きいだろう。交換価値としてのお金は，単に価値の徴表として人と商品を媒介するだけでなく，さらに私たちの行動や人間関係をもコントロールするものとなっている（竹尾ら，2009）。

　媒介としてのお金は，かなり早い段階から幼い子どもの行為に関わりうる。筆者の子どもが2歳8か月のときのことである。子どもを連れて散歩に出かけぶらぶらと近くのスーパーに入ったのだが，食品売り場で子どもが以前飲んだことのあるボトルジュースを手に取って欲しがっていた。お金を持っていなかったので困ったなと思いながら，子どもに「お金を持っているかな。物を買うときには何が必要かな」と話しかけると，手に持ったジュースを静かに商品棚に戻してくれた。子どもの欲求が「お金を持っていない」という話によってコントロールできたことにちょっとした感動を覚えた。「子ども」と欲望の対象としての「物（ジュース）」という直接的な関係ではなく，「子ども」と媒介物としての「お金」と欲望の対象としての「物」という，お金を媒介にした，物との間接的な関わりの構図が芽生えている。このように，子どもたちはお金を媒介とする消費社会へ巻き込まれていく。

　商品社会において，お金は極めて多様な物と交換可能であり，商品への欲望をコントロールしたり，また逆にそれを駆り立てる「魔法」を持っている。子どもはその「魔法」に振り回されることなく，自ら使いこなす術を身につけていく必要がある（山本・片，2000）。そもそもこの商品社会については，物は豊富になったが，見方を変えると，私たちの物との関わりはすべてがお金を媒介にする単純な構図に収束してしまっており，その意味で，物との関係はずいぶんと貧しくなったという指摘もなされている（浜田・伊藤，2010）。しかし，もはやその構図から抜け出すことができなくなった今，そのような状況を生きる子どもたちの姿を正面から捉える必要がある。

　お金は人と物との関係を媒介するだけでなく，貸し借りや親が子どもに与えるおこづかいのように，人と人との間を行き来し，その関係を媒介するものでもある。子どもにとってのお金を，客観的な対象としてではなく，関係を仲立ちし，それをコントロールする媒介物として位置づけることで，物との関係だ

けでなく親，友だちとの関係にも注目しながらお金がどのような意味を持って使われているのかを考察することができる。

したがって，子どもの生活世界におけるお金の役割を考察する際，その地域における経済発展のレベルや，家庭の経済収入および市場に出回る商品の種類などの経済状況を見過ごすことはできないとしても，子どもの消費生活は，そうした経済発展の状況だけで決まるのではなく，それぞれの社会的・文化的な特徴をも持っているのである。たとえば中国の延吉では子どもがタクシーに乗って学校に通うことが比較的普通にみられ，韓国の済州島では3歳になるかならないかの子どもでもお使いとして買い物に行き，ベトナムの子どもたちは友だちにお年玉をあげる。こうしたエピソードは地元の人間にとってはごく当たり前のことであり，何の不思議もないが，初めて聞く者にとっては驚きを禁じえない。その国の経済の発展状況だけではこれらの事例を理解することはできず，社会文化的な視点からお金のやりとりに関するさまざまなパターンやルールを考察する必要があることは明らかであろう。

消費社会に生きる子どもたちは，本格的な生産者・労働者となる前に，大人からお金をもらったりしながら，徐々に一人の消費主体として自分の消費世界を築いていく。本章では，子どものお金のもらい方，使い方，善悪や許容度意識を手がかりに，お金をめぐる子どもの生活世界にアプローチする。また，日本，韓国，中国，ベトナムの子どもたちを比較しながら，それぞれの特徴を描いてみる。

2. 子どもたちが手に入れるお金

子どもたちは消費者としてさまざまなことにお金を使うようになる（次ページの写真は韓国済州島で子どもに見せてもらった使途別に分けられたお金）。もちろん生活に必要なものは，最初は親から用意してもらったり，お金を払ってもらったりするのだが，次第に子どもが自らお金を払って手に入れるようになる。ただし，子どもが実際お金をもらう状況はそれぞれの国や地域および家庭事情によって異なることが予想される。

そのなかで，親が直接お金を払うことから必要なときに子どもにお金をあげ

第1部　人間関係の中のお金

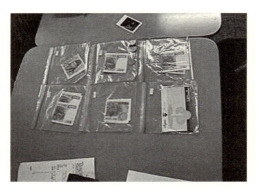

写真　韓国済州島で見せてもらった子どものお小遣い。用途ごとに袋で分けられている。

るようになるのは基本的な変化パターンであり（片・山本，2001），子どもは親からもらったお金で買い物をする形で直接消費社会に参加するようになる。

必要なときにもらうお金

　子どもが一人で学校や塾に通ったり友だちと遊びに出かけるようになると，お金を必要とする機会も増える。必要なときに親からもらうお金は，もらう前に具体的な使途が決まっており，親が子どものお金の使用状況を即時に把握できる特徴を持つ。このようにもらうお金には，交通費，おやつ代，食事費や友だちの誕生日プレゼント代などがある。

　小学5年生，中学2年生，高校2年生を対象に行った4か国の質問紙調査では，「通学費」や「外食費」など，子どもがお金を入手する目的に関する6項目について，「もらったことがない：1点」から「何度ももらったことがある：3点」の3件法による評定を行い，その得点を4か国で比較している（図1）。全体的には韓国の子どもたちがもらうことが多く，次に日本，そして中国とベトナムは少なかった。また，韓国と日本では「友だちにおごる」項目の点数の差が大きく，そこには友だち付き合いにお金を介在させることに対する姿勢の違いが反映されているように思われる。

　「その他，特別な目的のためにもらうお金」として，さらに必要なときにも

第1章 消費社会を生きる子どもたち

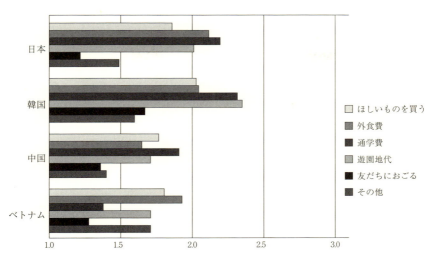

図1 「必要なときにもらうお金」の4か国比較

表1 「その他，特別な目的」としてあげられた上位5項目とその割合（％）

	日本		韓国		中国		ベトナム	
1	友だちの誕生日	(11.5)	学用品	(17.7)	学校納付金	(14.5)	友だちの誕生日	(27.2)
2	遊ぶ	(7.7)	本	(7.4)	本	(12.8)	文房具	(15.8)
3	なし	(6.9)	遊ぶ	(7.1)	文房具	(8.0)	本	(10.7)
4	部活費	(5.4)	誕生日プレゼント	(6.6)	学習用品	(5.7)	見舞い	(6.5)
5	学校行事	(5.4)	問題集	(6.3)	遊ぶ	(4.3)	遊ぶ	(3.3)

らうお金を自由に記入してもらい，そのうちの上位5項目を国別にまとめてみた（表1）。4か国に共通する項目は「遊ぶ」ためにもらうお金であるが，日本と韓国の割合は中国，ベトナムより高い。次に，中国を除く3か国で友だちの誕生日（誕生日プレゼント等）があげられている。他にも学校関連の内容が共通して目立っているが，日本では部活費と学校行事があげられているのに対して，他の3か国では勉強関連の内容が特徴的で，その割合も「遊ぶ」より高い。子どもが必要なときにもらうお金は，一般的には学校関連の内容を中心にしながら，遊び，そして友だちとの付き合いのために特別にもらうという構図にな

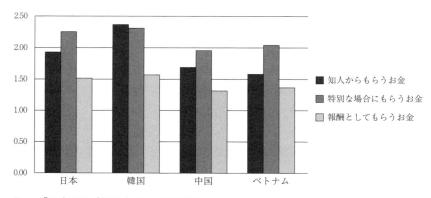

図2 「お金の入手経路」の4か国比較

っている。

お金の異なる入手経路

あらかじめ使用目的があって必要なときにもらうお金のほかに、子どもたちはお年玉など何らかの機会に周りからお金を与えられることがある。そこで、「お年玉」や「お手伝いのご褒美」「誕生日のお祝い」など10項目の入手経路について、もらった度合いを3件法（1〜3点）で評定してもらい、探索的因子分析（主因子法、バリマックス回転）から「知人からもらうお金」「特別な場合にもらうお金」「報酬としてもらうお金」の3因子を抽出した[1]。各因子の尺度得点を4か国で比較してみると（図2）、入手経路の3因子すべてにおいて韓国の子どもたちがもらうことが最も多く、次に日本、そして中国とベトナムが少ない傾向にあった。因子ごとの比較では、特に韓国で知人からもらうお金の得点が高く、またどの国でも共通して「特別な場合にもらうお金」の得点が、「報酬としてもらうお金」より高い。アルバイトやお手伝いなどの報酬としてもらうお金より、お年玉や誕生日のお祝いなど特別な場合の贈与としてもらうお金の方が一般的であることは、4か国で共通している。

お年玉の行方

大人が新年のお祝いとして子どもにお金をあげるお年玉は4か国で共通して

おり，もらう度合いも他の入手経路に比べて高いことがわかる（付録表1参照）。まず，ベトナムのハノイで中学3年生の女の子に行ったインタビューを見てみよう。お年玉は普通，大人が子どもにあげるものだが，ベトナムでは子ども同士がお互いにお年玉をあげ（または交換し）たりしていた[2]。

ベトナムインタビュー1　中3・女子
インタビュアー：じゃ，お年玉とかくれる人は，誰がくれますか。
子ども：親戚の人たちと，お父さんの友だちとか，まあ，友だちからも。
インタビュアー：友だち？
子ども：うん。
インタビュアー：で，親戚だといくらぐらい，お年玉ってもらいますか。
子ども：それはね，人によって違います。5000ドン（1円は約250ドン）だけもらった人もいますし，ちょっと5万ドンとか，何万ドンでももらう場合もありますので。
インタビュアー：じゃ，○○さんも，お友だちにお年玉をあげたりしてるわけですか。
子ども：そうですね，その，みんなじゃないですけれども，ちょっと仲良くなった友だちとか，親友……あげる人もくれる人もみんなですね，同じ。

　子どもたちが楽しみにしているお年玉は，子どもにとって大金である。そのためか，次のソウルインタビューでみるように，そのお金を親に預けることが多くみられる。

韓国インタビュー1　小5・女子
インタビュアー：じゃあ，こんどはお年玉や誕生日にお金をもらったことはありますか？
子ども：お年玉は10万ウォン（1円は約10ウォン）くらいもらっているけど，それは父母に預けています。
インタビュアー：誰がくれますか？
子ども：おじいちゃん，おばあちゃん，おじ，おばがほとんどです。
インタビュアー：お誕生日とかでお金もらうことってありますか？
子ども：お誕生日にお母さんから5万ウォンもらって，外に出て友だちと一緒に食べて，3万ウォンくらい残して，お母さんに返しました。

　ベトナム，中国，韓国では，親が預かった子どものお年玉などを何となく使ってしまうことが普通にあるようであった。たとえば，ソウルで小学3年生の

男の子が16万ウォンの貯金を母に預けたと話していたので，お母さんにお金の行方を聞くと「必要なときに使ってしまいました」と答えていた。子どももお母さんがお金を使ってしまったことについて「知ってます。小さいときから知ってました」と気にしない様子であった。

　日本でも親が子どものお年玉を預かっているが，普通は子どもの名義で通帳を作ったり，そのお金を将来子どものために使おうとするなど，「子どものお金」であることをかなりはっきりさせている。日本のある小学6年生の母親は子どもの貯金について，「今のところ一切手をつけていないんですけど，やはり将来結婚するときとか，もしかしたらその前に車とかに乗るようになったら，そういうときに使うかもしれないんですけど。多分自分の中では，結婚するまで余裕を持たせてあげるつもりでいるんですけど」と述べていた。つまり，親が子どものお金をその将来のために一時的に管理しているのであり，自由に使えるものではない。この違いはかなり大きい意味があるように思われる。

家の手伝いの意味

　経済社会において，子どもが自分の労働の対価としてお金をもらうことを経験すべきであるという意見は，子どもの金銭教育でよく取り上げられている（옥소전，2010; 唐辛子，2010; 榊原，2001）。私たちのインタビューでも，子どもたちは実際に家庭で風呂掃除をしたり，洗濯物をたたんだり，親にマッサージをしてあげたり白髪を抜いてあげたりして，その報酬としてお金をもらったことを語っていた。このように手伝いをしてお金をもらうことについて，当然，子どもたちは賛成するのだろうか。

　ベトナムの子どもたちは，家事の手伝いをしてからその報酬としてお金をもらうことを否定的に捉える傾向が特徴的であった。ある中学2年生の女の子は，家事について「お金がほしくてやるのではなく，自分から手伝います」と説明した。また，「家事はみんなのことなのでお金をもらうのは悪いです」という声もあった。手伝いをその対価としてお金を得る手段に位置づけることには否定的である。このような考え方は，ベトナムに限ったことではなく，中国延吉市で朝鮮族の子どもを対象にした調査でも見出されている（山本・片，2001）。子どもは家庭生活の中で保護と教育の対象なのか，それとも家族の一員や生活

の参加者なのか。この問題からは，子どもたちの家庭における位置づけの違いがはっきりと示唆される。

アルバイト

家事の手伝いと違い，アルバイトは子どもたちが正式に経済社会での生産活動に参加する一形態である。アルバイト経験の有無に関する質問紙調査では，日本の高校生が他の国に比べて多かった。インタビュー調査でも，日本のある高3の女子生徒はアルバイトをして毎月6万円くらいを稼ぎ，「大体は，アルバイトで稼いだお金で生活していて，あとちょっと足りない分を両親からもらうって感じですね」と話していた。また，ある高3の男子生徒は，正月休みにクリーニング工場で働いたことがあり，すし屋でもアルバイトをし，そして家の農業の仕事を手伝ってお金をもらうこともあったと報告した。

韓国で行ったインタビューでは，ある中学生がチラシを配ってアルバイト代を稼ぎ，それを親には話さなかったというのでちょっと驚いた事例もあった。また，中国のある中学生は自分の経験ではないが，友人がファストフード店でアルバイトをしたことを語ってくれた。

全体的なイメージとしては，やはり日本の高校生の方がより本格的にアルバイトを経験し，自立した消費主体に近づいている。

決まってもらうおこづかい

おこづかいは，「雑費にあてる金銭」または「自由に使える私用の金銭」とされる。一般に，子どもが小さいころは必要なときにお金をもらうことが多いが，大きくなると決まった期間に決まった金額のお金をもらう「定期定額制」のおこづかいが導入される。しかし，定期定額制が導入されてからも，子どもがあまり使わないとかうまく管理できないという理由で廃止されるなど，試行錯誤が行われる。

「定期定額制」と「不定期不定額制」は，厳格さに程度の違いはあるにせよ，両方とも親または保護者から，ある期間内にある程度のお金をもらうことが常態化，または規則化したものである。調査の結果からは，国によっていくつかの特徴的な違いがみられた。大阪では全体として「定期定額制」が一般的であ

り，特に中学生で目立って多い。ソウルではこの２種類のもらい方がともに当てはまると答えた者の割合が他都市に比べ最も多い。またソウルでは，どの学年においても不定期不定額が定期定額よりずっと多い。一方，北京とハノイ・ハイフォンでは，「定期定額制」と「不定期不定額制」の両方が当てはまらないとした者が多かった。使途を限定せずに与えられるおこづかいよりは，前述したように必要なときにお金をもらうことの方が一般的なのではないかと考えられる。

　以上で考察したように，子どもたちはさまざまな経路・目的でお金を入手し，一人の消費主体としての条件を整えていく。その様子は，国によって異なり，まずは経済発展の状況との関連が考えられる。ただし，経済レベルという基準で単純に序列化してしまうのではなく，その親子関係や家庭での位置づけなどにも注目すべきである。子どもはそもそも家族と一体になってこの消費社会を生きており，子どもに必要なものは当然家計の一項目である。もちろんそれには学用品や交通費だけでなく，趣味や付き合いのために使うお金も含まれる。子どもが必要に応じて自分で物を購入したり，おこづかいをもらって自分の裁量でそれを使うようになるにつれて，子どもは家族の一員でありながら，ひとりの消費主体（あるいは経済活動の主体）として動き出すようになる。市場経済化が進むにつれ，子どもがこの家族の一体感から離れて，自分の消費生活を営む様子も国によって異なってくる。

　他の国の子どもたちと違って，ベトナムの子どもたちが家事の手伝いをしてお金をもらうことに反対したことは，子どもの消費社会との関わりの違いを端的に表している。家族が一体となって厳しい現実を生きる限り，家事は子どもにとって当たり前のことであるが，家庭で「自立」した経済活動の主体として認められると，子どもの家事労働も金銭と交換できるようになる。それほど遠くない昔の日本でも，子どもたちはただ親から守られている存在ではなく，自分なりの手持ちの力を使って，生活に参加していた（浜田・伊藤，2010）。そのころの日本の子どもたちもベトナムの子どもたちと同じく家族との強い一体感を持っていたのではないだろうか。

　また，お年玉などに関しても，日本では親が子どもから預かったお金をきちんと「子どものお金」として貯金することで，子どもの領域が作られ，守られ

ている。「定期定額制」で決まっておこづかいをあげることは，おこづかいの管理や使途を子どもの責任に委ねるという点で，まさに子どもの金銭世界を形作るためのプロセスとして考えられる。したがって，日本の子どもたちは他の3か国に比べて，親からもまた子ども自身によっても家庭内で「自立」した消費主体として認識される度合いが高いと言えるかもしれない。

　子どもに与えられるお金は生活上必要不可欠なものだけでなく，個人の趣味や友人との遊びなど一定の自由の幅をもつ範囲内で使えるようになる。では，子どもたちはもらったお金をどのように使うのか，その消費の仕方について注目してみよう。

3. 子どもたちの消費の仕方

　お金をもらうようになった子どもたちは，自然に消費社会の波に巻き込まれていく。パソコンや携帯電話などにみるように，消費の個人化は，確実に子どもたちをもターゲットにしている。ここでは，子どもたちが何をどのように買うか，一般的な消費の仕方について考察する。

子どもの買いたいもの

　子どもたちはどういうものを欲しがっているのだろうか。質問紙で「もしお金がたくさんあるなら，一番買いたいものは何か」と尋ね，その内容を国別にまとめ，上位の項目を15項目ほど取り出した（付録表3参照）。4か国それぞれについてみると，衣類，本，ゲーム，コンピュータは，割合は異なるものの共通性がみられた。日本と韓国では，ベトナムと中国であげられている文房具はなく，かわりにファッションや電気製品など趣味関連の項目が多く並んでおり，消費社会へ深くコミットしている様子がうかがえる。ベトナムでは，他国にみられない自転車があげられた一方で，他国で共通する音楽映像や携帯電話はみられず，またスポーツ用具やペットなどの項目もみられない。また，多くの項目が子ども個人のための消費であるなか，中国の子どもたちが取り上げた親へのプレゼントはかなり独特に映る。

子どもの消費経験

　生活が豊かになるにつれて，外食や玩具など，子どもが経験する消費活動も多様化し，消費金額も次第に大きくなる。たとえば韓国のある中学3年生は，定期的にもらうお金で美容室に行ってストレートパーマをかけたり，服を買ったり，昼ごはんを食べたり，教会で献金をすると話していた。他に，兄弟や親とお金を出し合ってペットの犬を買ったという中学生の事例もあった。日本では，ある高校生は自分のお金を食費に使ったり，本を買ったり，洋服を買ったり，貯金して旅行に行ったりするとした。もう一人の日本の高校生は，自分の貯金で20万円以上する楽器を買ったと話した。このように，子どもたちの消費内容は多様化するとともに個性化していく。

　実生活の中で多様化している子どもの消費経験をすべてカバーすることはできないが，質問紙調査では「通学の交通費」や「文房具」など25の消費項目を取り上げ，4か国で比較を行った。それぞれの項目について「1：そういうものにお金を使ったことがない」「2：親が払ってくれる」「3：親から特別にお金をもらう」「4：自分のおこづかいやお年玉などで払う」の4つの答えから，当てはまるものを複数選択してもらった。この4つの選択肢（支出経験なし・親支払い・親から特別にもらう・自分のお金で支払い）について，クラスター分析を行い，学年による変化パターンの項目間での共通性を取り出した。まず，都市・学校段階ごとに，各項目についてそれぞれの選択肢の選択割合を算出し，その選択割合にもとづいて，都市ごとに25項目についての階層的クラスター分析（グループ間平均連結法）を行った。デンドログラムから，それぞれの都市について四つのクラスターに分類した（表2，付録表8も参照）。各クラスターの項目は，学年による支払い方の変化が共通する項目群を構成していると考えることができる。

　各国の四つのクラスター名は，小学校5年で優勢である支払い方と高校2年で優勢になっている支払い方の関係から名前を付けた。たとえば「親支出継続」パターンは，小5で親の支払いが優勢であり，それが高2まで継続するパターンであり，「親支出から子支出へ」のパターンは小5で親支払いが優勢であるが高2では子どもが自分のお金で支払うことが優勢に入れ替わるパターンであることを指している。表2では，小5でどの支払い方が優勢またはベース

表2　消費項目の国別クラスター分析のまとめ

親支出ベース	親支出継続	日本クラスター1	<u>食材</u>；<u>学校納付金</u>；<u>参考書・問題集</u>；<u>交通費</u>；日用品
		韓国クラスター1	<u>食材</u>；<u>学校納付金</u>；外食
	親支出から子支出へ	日本クラスター2	<u>自分の服</u>；<u>遊園地</u>；外食；映画；文房具
	親支出減少と親特別増加	韓国クラスター2	参考書・問題集；交通費；<u>自分の服</u>；<u>遊園地</u>；日用品
	親支出減少と子支出増加	中国クラスター1	<u>食材</u>；<u>学校納付金</u>；<u>参考書・問題集</u>；<u>交通費</u>；<u>自分の服</u>；<u>遊園地</u>；日用品；映画；文房具；外食；お菓子や飲み物
	親支出から親特別へ	ベトナムクラスター1	<u>食材</u>；<u>学校納付金</u>；<u>参考書・問題集</u>；<u>交通費</u>；<u>自分の服</u>；文房具；ゲームセンター
	親支出減少と非支出継続	ベトナムクラスター2	<u>遊園地</u>；日用品；おもちゃ；アクセサリー；映画
子支出ベース	子支出優勢増加	日本クラスター3	<u>貯金</u>；<u>寄付</u>；<u>友だちにプレゼント</u>；<u>家族にプレゼント</u>；お菓子や飲み物；おやつを友達におごる；CD；ゲームセンター；アクセサリー；カラオケ；友達にお金を貸す；おもちゃ；漫画
		韓国クラスター3	<u>貯金</u>；<u>寄付</u>；<u>友達にプレゼント</u>；<u>家族にプレゼント</u>；お菓子や飲み物；おやつを友達におごる；CD；ゲームセンター；アクセサリー；カラオケ；文房具；映画
		中国クラスター2	<u>貯金</u>；<u>寄付</u>；<u>友達にプレゼント</u>；<u>家族にプレゼント</u>
		ベトナムクラスター3	<u>貯金</u>；<u>寄付</u>；<u>友達にプレゼント</u>；<u>家族にプレゼント</u>；お菓子や飲み物；おやつを友達に；CD；お金を友達に；漫画；外食
非支出ベース	非支出から子支出へ	日本クラスター4	<u>友達と賭け事</u>；<u>友達にご飯をおごる</u>
		韓国クラスター4	<u>友達と賭け事</u>；<u>友達にご飯をおごる</u>；おもちゃ；漫画
		中国クラスター3	<u>友達にご飯をおごる</u>；カラオケ；おもちゃ；漫画；アクセサリー；ゲームセンター；CD；おやつを友達に；お金を友達に
	非支出減少と子支出増加	ベトナムクラスター4	<u>友達と賭け事</u>；<u>友達にご飯をおごる</u>；カラオケ
	非支出継続	中国クラスター4	<u>友達と賭け事</u>

注）下線を引いた項目は，グループごとに4か国で共通しているものである。

になっているかによって，3つのグループに分けて各国の支払いパターンを整理した。

　各国の支払いパターンには一定の共通性がみられる。全体的にみると，親がお金を払う親支出は年齢とともに減少し，子どもが自分の所持するお金から支払う子支出の割合が高くなる。また，小5の時点で支出経験のない項目については，年齢の上昇とともに子支出が増大する。単純化して言うと，子どもの消費活動は2つの発達的な経過をたどる。ひとつは，親支出をベースにした支払いパターンにみるような親から子への消費主体の移行であり，もうひとつは，

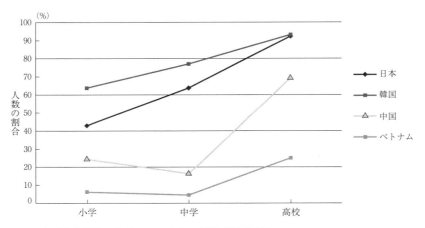

図3　各国と各学年におけるカラオケの消費経験者割合

子支出と非支出をベースにした支払いパターンにみるような子ども自身の生活世界の広がりとともに生じる消費経験の広がりである。

消費経済の浸透度合いによる違い

　上記の共通性以外に、ベトナムでは他の国にない「親支出減少」と「非支出継続」という支払いパターンがみられたが、このクラスターは、その支払いの特徴から子どもの消費生活の中にしっかりと定着していない内容であると考えられる。また、このパターンに入る消費項目は遊園地やおもちゃなど、子どもの趣味関連がほとんどであり、「子どもの買いたいもの」でもみたように、趣味関連の消費がまだ広く根付いていないことを反映している。

　子どもの消費経験の有無からみると、50%以上の子どもが「そういうものにお金を使ったことがない」と答えた項目は、日本では「友だちとかけごと」（74.2%）と「友だちにご飯をおごる」（71.4%）の2項目、韓国では「友だちとかけごと」（53.2%）の1項目であったのに対して、中国では「友だちとかけごと」（92.0%）、「ゲームセンター」（67.3%）、「カラオケ」（66.7%）、「友だちにご飯をおごる」（53.7%）の4項目、そしてベトナムでは「カラオケ」（84.7%）、「友だちとかけごと」（79.3%）、「友だちにご飯をおごる」（67.7%）、

「アクセサリー」(53.8％)，「おやつを友だちにおごる」(52.1％) の5項目であった。友だち関連の内容を除くと，中国とベトナムではそれぞれゲームセンターとアクセサリーが取り上げられており，またカラオケの消費経験も少ないことがわかる。

カラオケの消費経験がある者の割合をさらに国別，学年別に詳しくみると（図3），韓国と日本では中学ですでに半分を超えており，高校ではほとんどが経験していたのに対して，中国では中学まではまだ少ないが高校になって7割ぐらいに達しており，ベトナムでは高校でも経験者が4分の1程度に止まっている。日本や韓国では，カラオケ店が中学生でも気軽に利用できるようにいろいろアレンジされている実情から考えると，商品経済の進展の度合いによる子どもの消費世界の違いがこうした項目で顕著に表れていることがわかる。

親の領域と子どもの領域

日本と韓国で特徴的なのは，親支出継続のパターンである。このパターンには食材や学校納付金などの項目が含まれるが，中国とベトナムではみられない。給食費や学費など学校納付金は，日本や韓国では親が支払い続ける消費項目であるが，ベトナムでは親による支出から親から特別にお金をもらう支払いパターンに，中国では親による支払いが減少する代わりに子どもが自分のお金で支払うことが増加するパターンに含まれている。実際，中国では子どもが自分のお年玉などで学校納付金を払ったりすることがある。マスメディアでもよく子どもにお年玉で学費を支払わせることを提案しており，このような使い方は家庭の経済負担を減らすだけでなく，子どもの自立精神と家庭に対する責任感を育てることにつながると説かれている（北京青年報，2004）。

逆に，学校納付金を子どものお金で払うことについて，日本のインタビュー調査では，ある中学1年生の男の子が「それはよくない」と答え，その母親から次のような補足説明があった。「(よくない)というか，多分自分の中で分けているんです。(中略) だから，それはいいことじゃないということじゃなくて，それは親が出す（ものに分類されている)」。母親自身も子どもが学校納付金を払うことに対して，「そこまでしなくていいでしょう。子どものおこづかいでしなくていいでしょう」と答えていた。

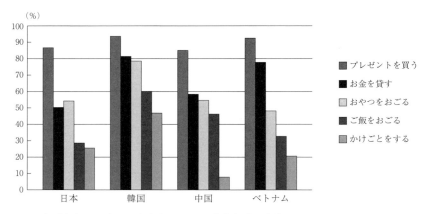

図4 友だちとのお金のやりとりにおける支出経験の割合

このように，日本と韓国の親支出継続パターンは，親の責任領域がある程度はっきり存在していることを示しているのだが，中国やベトナムではその領域に子どもが何らかの形で関わっているといえよう。

友だちとのお金に関するやりとり

子どものお金はそのもらい方だけでなく，使い方においても友だちとの関係を抜きに考えることはできない。友だちとのやりとりは，誕生日プレゼント，お菓子や食事のおごり，お金の貸し借り，賭け事，物の売買などがある。これらのやりとりの経験率は，全体的にみると低い方である。また，その支払いパターンからは，これらの内容が子どもの成長に伴って友だちとの関係の中に新たに生成される領域であり，親の直接関与が薄いことがわかる。

「友だちと物を売買すること」について，子どもたちは大体抵抗感を持っており，その経験も少なかった。インタビュー調査では，日本のある高校生が友だちから服を買ったことを自分の経験として語ったのみで，中国の小学生が漫画を売ったことや，ベトナムの中学生が教科書を買ったこと，韓国の中学生が音楽のアルバムを売ったことなどは他人の出来事として語られた。

図4は友だちとのやりとりに関する支出経験を質問紙で調査した結果のまとめである。この図からわかるように，友だちにプレゼントを買ってあげること

は4か国で共通して多く，次に多いのは友だちにお金を貸すことであるが，韓国とベトナムが日本と中国より多い。一番少ない日本でも，半分ほどの学生が実際にお金を貸した経験を持っている。友だちにご飯をおごるのは，韓国以外の国で50％以下と少ないが，おやつをおごることになるとその経験率は高くなる。そして，友だちとの賭け事は経験率が一番低い項目である。国別にみると，韓国の経験率が際立って高いが，経験率が学年とともに増加する一般的な傾向は各国で共通している（付録表7参照）。内容的には，「プレゼントを買ってあげる」ことが中心になっているのだが，おごりや貸し借りなども学年によって増え続けていく。

4. 正しいお金の使い方

以上，子どもたちのお金のもらい方と使い方についてみてきた。これらのパターンには，それぞれの文化における子どものお金のもらい方や使い方に対する価値意識が反映されている。ここでは，お金をどのように使うのか，何に使うのかという側面からそれぞれの文化において正しいと考えられているお金の使い方について考察する。

お金はどのように使うべきか

生活の消費経済化は大人だけでなく子どもたちにも大きな影響を与えている。消費社会において，子どもたちが必要とするものは増え続けており，子どもがお金を使う機会も自然に増えている。しかし，子どもがお金を使うことはそもそもいいことなのか。

インタビュー調査では，一般的にいいとされるお金の使い方として，「貯金する」「一回で全部使わない」「無駄使いしない」「高いものを買わない」「我慢する」「貯めて使う」「計画的に使う」「衝動買いしない」「お金に執着しない」などがあげられていたが，そのほとんどがお金の使用に抑制的な意味を持っている。

特にベトナムでは子どもがお金を使うことそのものに否定的であった。インタビューでは，中学生がお金を使うのは悪いことだと断言したり，「子どもは

まだお金を使う必要がない」と言い切る中学生の母親もいた。他の国では，お金を使うこと自体を否定するような発言はほとんどないが，お金の使用は控えるべきであるという点は共通している。たとえば，北京である中学2年生の男の子は母親に命じられて家で使う食材や日用品などを自分のお金で買うことがあると答えていたが，これに対して母親は「子どもがたくさんお金を持つのはよくないから，やっぱりそういう手を使って，（子どものお金を）使ったりすることもあるんです」と話していた。このように，おこづかいは子どもの欲求に対する親の受容と拒否の両義的な関係の中にあり（Pian et al., 2006; 山本・片, 2000），親は実際に子どもにお金を与えて欲しいものを買わせると同時に，お金の使用にさまざまな制限をかけている（片・山本，2001）。

　日本でもお金の使用は抑制されているが，次のインタビューにみるように，子ども自身の責任でお金を管理することでそれを達成すべきであるという意見が際立っている。

日本インタビュー1　小学2年生の母親
インタビュアー：そしたら何か，彼が今，こんなときに買いたいものがあったんだけど，お金がやっぱりちょっと足りないといったときに，お母さんのほうで補充してあげるみたいなことはありますか。
子どもの母親：いや，行くときにはこれしかあげないです。
インタビュアー：もうこれ以上はだめ？
子どもの母親：うん。それで買えなかったら，買わないし。
インタビュアー：もうこれが限界。
子どもの母親：なら，そのまま帰ってきちゃうじゃないですか。だから買わないで，自分で判断して，買えないものは残念でしたみたいな。
インタビュアー：それ以上は要求しない。
子どもの母親：もうちょっとあれば買えたのにといっても，だったらためれば。使わなきゃよかったなということですね。

　お金の使い方として，注目されるのは「親の許可」である。実際，幼い子どもたちがよく「親がいいと言ったものなら買ってもいい」と言うように，親が許可するかどうかはお金の使い方を身につけていくための重要な参照枠であり，またその正しさを判断する基準となる。このような親からの制約は高校生にな

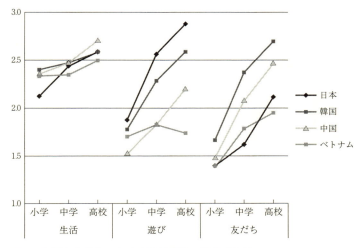

図5　各国と各学年における消費項目の許容度比較

っても残り続ける（山本・片，2000）。もちろん，制約の形は小学生と高校生の間で異なる。たとえば日本のある女子高生は親の制限について，「そこはまだ自分一人で生活してないから，親が干渉じゃないけど，そういうのを言う権利もあるし。まだちゃんと切れてないから，それはしょうがないのかなって」と答えていた。母親の方も，子どもの買い物について高校生相応のものを買っている分にはあまり言わないで，買ってきたものを見せてもらえばいいと話していた。このように，子どものお金の使用は何らかの形で親の制限を伴いながら，ある意味自由に向かっていく。

では，子どもたちは親の許可と自分の自由についてどのように考えるのか。前記25の消費項目について，「そういう使い方は許されないと思う：1点」から「自分のお金で自由に使えると思う：3点」の許容度に関する評定を行い，探索的因子分析（主因子法，バリマックス回転）から「生活」「遊び」「友だち」の3因子を抽出した（項目および因子分析結果については付録表5参照）。各因子の尺度得点を4か国で比較したところ（図5），学年とともに高くなる傾向がみられた。この傾向は特に「遊び」と「友だち」因子で顕著だった。

また「生活」項目の許容度認識は小学5年生の段階からかなり高く，各国で

43

共通して肯定的に捉えられる消費内容であった。これに対して「遊び」と「友だち」の許容度認識は，中学生の段階から国による差が広がる。高校生に限ってみると，日本では「遊び」の許容度が「生活」を上回るが，それに比べると「友だち」の得点はかなり低いレベルにあるという発達的変化が特徴的である。韓国では，「遊び」の許容度が「生活」因子と同レベルにまで伸びるが，日本と違い，「友だち」の許容度認識が「生活」や「遊び」を上回るようになる。中国とベトナムでは，高校生になっても「遊び」「友だち」より「生活」の許容度認識が高く，自らの楽しみのための消費に対して日本や韓国のように肯定的になっていない。さらに，ベトナムの許容度は全体的に低く，特に高校生の「遊び」の許容度が小学生と変わらないことが注目される。これは前述したベトナムの子どもたちの家族との一体感の強さとも通じるように思われる。

お金は何に使うのがいいことなのか

子どもたちは何にお金を使ったらいいと考えているのだろうか。消費経験でも言及したように，お金を何に使うかについては子どもなりの善悪判断が行われている。もちろん，子どもが判断するときには個人の趣味や年齢や金額など，さまざまな要素が関わっており，その意味は単純ではない。実生活の中では，特別な理由によって個別具体的なものを買うことが「悪い」使い方とされることがある。玩具であっても戦争に関連する玩具はだめだというベトナムの親がいれば，オートバイを買いたいとする娘に（安全を考えて）反対する日本の母親，不良食品を買ってはいけないと親から言われたという韓国の子どももいる。ここでは前記25の消費項目について，自分のお金で買う場合にその良し悪しをどう判断するかを検討する。

これら25項目に対する評定（「1：よくない使い方だと思う」から「3：よい使い方だと思う」）について，探索的因子分析（主因子法，バリマックス回転）を行い，許容度判断と同様「生活」「遊び」「友だち」の3因子を抽出した（項目および因子分析結果については付録表4参照）。各因子の尺度得点の比較（図6）では，「生活」因子が小学生段階からすでに高いレベルにあり，生活関連の消費内容をよしとする基本構図は各国で共通している。

しかし，日本では「遊び」の善悪判断得点が他の国より高く，高校生では

第1章　消費社会を生きる子どもたち

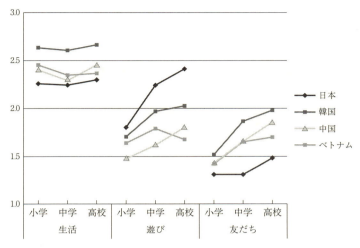

図6　各国と各学年における消費項目の善悪判断比較

「生活」をも上回り，個人の趣味や遊びに対する肯定的な評価が目立つ。さらに興味深いのは，日本では生活関連の消費をいいとする基本構図を他国と共有しながら，「遊び」と「友だち」の得点で逆の方向性を示している点である。つまり，「遊び」因子の得点が他の国に比べて最も高いのに対して，「友だち」因子では逆に最も低い。インタビュー調査でも，日本の子どもたちはおごりやお金の貸し借りなど，友だちとの付き合いにお金を介在させることには消極的であり，これは日本の親たちの考え方にもよく現れている。一方，韓国では，「遊び」の得点が日本の次に高いのだが，日本とは対極的に友だち関連の評定が他の国に比べて最も高い。韓国では友だちへのおごりなどについて積極的であることがわれわれのこれまでの調査でも繰り返し指摘されてきたが（呉，2003; Oh et al., 2005），質問紙調査の結果もそれを裏付けるものとなっている。中国では遊びに対する評定が低い傾向にあり，支払いパターンで分析したように趣味関連の消費が抑制される傾向と通じるようにみえる。そして，ベトナムでは「生活」の得点が突出しており，お金使用の善悪意識が生活関連の内容を中心領域にしている点は，子どもたちにとっての家族の意味の大きさを特徴づけるものとなっている。

5. おわりに

　以上，子どものお金のもらい方，消費経験，正しいお金の使い方の認識を手がかりに，日本，韓国，中国，ベトナムの比較を通して，それぞれの文化的特徴を持った消費社会に生きる子どもたちの姿をスケッチした。最初，子どもたちの消費生活はすべて家族の中に，つまり家計の枠内にある。しかし，必要なときにお金をもらって自ら消費するようになることで，徐々に自分だけの「自立した」消費世界を構成するようになる。子どもの消費世界は家族の生活から分離する形で，個人の趣味に関する消費の世界が作られ，そこにまた友だちとのやりとりの世界が絡んでくる。

　子どもたちのお金について，各国のイメージをまとめるとおおよそ次のようになるだろう。日本では個人の趣味中心の消費生活が特徴的である。家計とは切り離されたところで子どもに相応する消費世界の枠が与えられ，子どもはその中でお金の使い方・管理の仕方を身につけることが重視される。その枠は基本的に個人の趣味領域を想定しており，友だちとのお金のやりとりには否定的である。韓国も日本と同様，趣味や遊びを中心とする消費生活となっている。ただし日本とは違い，友だちとの関係でのお金のやりとりについて肯定的である。また韓国では子どもたちがお金をもらうことが多く，使うことも多い。全体的にお金のやりとりが活発である。中国では，子どものお金が家計というもっと大きい枠の中に位置づけられており，それによって個人の趣味は抑制される傾向がある。個人の趣味領域は日本や韓国に比べて限られているが，学年が上がるにつれて徐々に拡大されていく。友だちとのお金のやりとりについても特に否定的ではない。ベトナムでは，子どもたちがお金をもらうことやその金額が少なく，子どもがお金を使うことに対してあまり肯定的ではない。子どもは家族との一体感が強く，子どものお金は家の生活または家計からあまり分離されておらず，お金の使用は親の意見に頼る傾向が強い。子どもの消費世界は生活中心に構成され，個人の趣味や遊びなどはまだ現実味の薄い領域である。

　4か国の比較を通して消費世界を生きる子どもたちの様子が見えてきた。そ

れぞれの国には多様性があり，調査を行った都市でその国を代表させてしまうことはできないが，3つ以上の文化集団を比較することにより，単一集団の調査や2集団間の比較では取り出すことが困難な，それぞれの集団の固有の特徴と，そうした集団を超えて共通な特性の両方を描き出すことを試みてきた（東, 2005も参照のこと）。われわれはひとつの尺度で4つの文化集団を序列化しようとしたわけではない。もちろん，「消費経済の浸透の程度」というものさしを用いて，消費社会にどっぷりと浸っている日本，次いで韓国の子どもたち，そしてまだ日韓ほど消費経済が浸透しきっていない中国，さらにそのとば口に立つベトナムの子どもたちという風に並べて，それによる違いとして説明することもある程度は可能であろう。しかし，それぞれの国の子どもたちがお金を媒介として，物と人とどういう関係を築いているかに焦点を当てることで，経済的順序づけ以上の，社会文化的特徴を見出すことができた。

　市場経済化が日韓ほど進んでいない中国やベトナムで生きる子どもたちは，将来の経済発展によって今の日本や韓国のようになっていくのだろうか。日本と韓国は，趣味のための消費とその肯定という点では類似した特徴を持ちながら，人との関わりの中でお金を絡ませる形については極めて対照的な特徴を示している。したがって，消費経済化・市場経済の浸透は，子どもの生活に大きな影響を及ぼしながらも，決してひとつの決まった形で子どもたちの生き方に変化をもたらすわけではない。国全体の経済状況の変化によって，子どもたちのお金の世界も確実に変わっていく。しかし，このような変化自体がそもそも対人関係を土台に行われるはずである。

　現在，市場経済の波は子どもたちにも強く押し寄せ，日常的な消費環境も常に変化の波にさらされている。この多様性と変化の中に，消費生活の基盤としての対人関係の構造を見出すことができる。もしくは，お金を媒介にすることで，対人関係の文化的特徴がもっと見えやすくなるのである。

注
[1] 付録表2（311ページ）では，入手目的・経路を一緒にした分析を行ったが，ここでは入手経路の特徴を明らかにするために，経路についてのみ因子分析を行った。
[2] 以下，各国の通貨の日本円換算は調査当時の為替レートによる。

参考文献

東洋.（2005）.スクリプト比較研究の文化心理学的位置づけ.発達研究,**19**.1-11.

浜田寿美男・伊藤哲司.（2010）.「渦中」の心理学へ.新曜社.

呉宣児.（2003）.子どものおこづかい,買い物にみる日韓の異なる論理.AERA,**89**,Mook 心理学がわかる.朝日新聞社.

Oh, S., Pian, C., Yamamoto, T., Takahashi, N., Sato, T., Takeo, K., Choi, S., & Kim, S.（2005）. Money and the life worlds of children in Korea: Examining the phenomenon of ogori (treating) from cultural psychological perspectives. *Bulletin of Maebashi Kyoai Gakuen College*, 5, 73-88.

片成男・山本登志哉.（2001）.子どものおこづかいと親子関係（平成10-12年度科学研究費補助金（基盤研究（A）（2）（海外））研究成果報告書「文化特異的養育行動と子どもの感情制御行動の発達：その日中比較」

北京青年報.（2004）.［1.30.C5面］,圧歳銭的新用法：圧歳不圧人（文／劉新）

Pian, C., Yamamoto, T., Takahashi, N., Oh, S., Takeo, K., & Sato, T., (2006). Understanding children's cognition about pocket money from mutual-subjectivity perspective. *Memoirs of Osaka Kyoiku University, Series IV*, 55, 109-127.

榊原節子.（2001）.金銭教育.総合法令出版.

唐辛子.（2010）.唐辛子 IN 日本：有関教育.飲食和男女.復旦大学出版社.

竹尾和子・高橋登・山本登志哉・サトウタツヤ・片成男・呉宣児（2009）.お金の文化的媒介機能から捉えた親子関係の発達的変化.発達心理学研究,**20**(4).406-418.

山本登志哉・片成男.（2000）.文化としてのおこづかいまたは正しい魔法使いの育て方について.日本家政学会誌,**51**,1169-1174.

山本登志哉・片成男.（2001）.おこづかいを通してみた子どもの生活世界と対人関係構造の民族・地域比較研究（平成10-12年度科学研究費補助金（基盤研究（A）（2）（海外））研究成果報告書「文化特異的養育行動と子どもの感情制御行動の発達：その日中比較」,pp. 104-116.

Yamamoto, T., & Takahashi, N.（2007）. Money as a cultural tool mediating personal relationships: Child development of exchange and possesion. In J. Valsiner, & A. Rosa (Eds.). *The Cambridge Handbook of Socio-cultural Psychology*. New York, NY: Cambridge University Press.

옥소전.（2010）.울고싶은 엄마 자녀교육 119,아름다운 사람들（한국 경기도）.（オク・ソジョン.（2010）.泣きたくなるお母さん 子ども教育119番.韓国：アルムダウンサラムドゥル［美しい人々］社.）

第2章

大人になることの意味と親子関係の構造

竹尾和子

1. はじめに

　日本の子どもの多くが，親から「おこづかい」をもらっている。私たちにとってはごく当たり前の「おこづかい」ではあるが，それは一般的に使われるお金の中では特殊な働きを持つ。一般的にお金は，市場経済社会の中で，商品の等価媒体として機能し，その交換可能性は他の文化的道具と比べものにならないほどに広い。しかし，「おこづかい」はどうだろうか。親から子に直接与えられるお金は，親子という個別具体的な人間関係のあり方に規定され，時に親から子への教育的手段として機能し，その関係においては商品の等価交換の媒体という意味をほとんど持たない。このように，親子関係という極めて個別具体的な人間関係を行き来するお金は，それが媒介する親子関係のありようを強く反映し，ゆえに，親子の発達的変化は，おこづかいとそれに媒介された親と子という3項の媒介構造の変化として考えることができる。本章では，この「親－おこづかい－子ども」という媒介構造の年齢の推移に伴う変化の東アジア文化圏（本書では，日韓中越）内の多様性を検討することで，東アジアに住む子どもが，お金を媒介として親といかなる関係を構築し，その関係を変化させていくかを明らかにする。さらに，そこに映しだされる「大人になることの意味」について考察する。

2. 日本の子どもにとっての「大人になることの意味」

　まず日本の子どもを対象に実施したインタビュー調査および質問紙調査の結果に基づき，日本の子どもたちの親子関係の発達的変化と「大人になることの意味」について検討する。本研究の質問紙調査の質問内容は，主に「具体的なお金のやりとり」と，「お金のやりとりに関する価値規範意識」に大別され，「具体的なお金のやりとり」は，「お金のもらい方」（「もらうお金の額」／「入手形態」／「入手頻度」），および「お金の使い方」（「支出経験の有無と出資者」）に関する問い，「お金のやりとりに関する価値規範意識」は，「お金をめぐる価値観」（「使用の善悪判断」／「使用の許容度判断」／「お金をめぐる友だち関係」／「お金をめぐる親子関係」）に関する問いから構成されている。このうち，「お金のもらい方」の「入手形態」の分析結果について検討する。質問紙では「定期定額型おこづかいのもらい方（決まった時期に決まった額をもらう）」「不定期不定額型おこづかいのもらい方（時期や額はある程度は決まっているもののその時の都合で変動する）」という２タイプの入手形態を設定し，各入手形態が子ども自身のおこづかいのもらい方にあてはまるかを回答してもらった。回答のパターンには，「定期定額」「不定期不定額」のそれぞれについて「あてはまる」「あてはまらない」と回答する場合があることから，「定期定額〇　不定期不定額〇」「定期定額×　不定期不定額〇」「定期定額〇　不定期不定額×」「定期定額×　不定期不定額×」（〇は「あてはまる」，×は「あてはまらない」）の４つのパターンが想定される。各パターンの選択頻度の割合について学校段階ごとにまとめたのが図１である。

　これを見ると，「定期定額型」が日本では特徴的であるものの，韓国，ベトナム，中国では，主流ではない。韓国ではそれに代わって，「不定期不定額型」が特徴的であり，中国やベトナムでは，いずれのもらい方にもあてはまらないのが特徴的であった。日本で主流の「定期定額型」では，あらかじめおこづかいの授受に関する規則が親子間で共有されることにより，親は子どもに「任せた」お金を計画的に使うように教育するなど，間接的な介入はあったとしても，親の意向によりおこづかいをあげたりあげなかったり，あるいはその額を増減

第2章　大人になることの意味と親子関係の構造

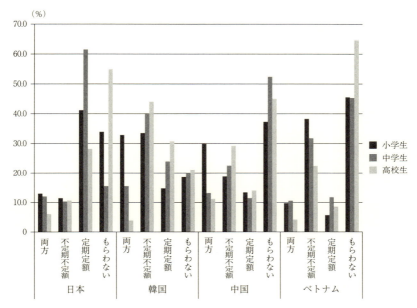

図1　おこづかいのもらいかたのパターン

したりするといった直接的な介入は回避されることになる。つまり，「定期定額型」は，親が自由にその都度の状況に応じて子どものおこづかいの増減を決定することを難しくし，必然的に，「(お金の)子どもの領域」を担保することとなる。

このような「定期定額型」が示唆する日本の親子関係のあり方について，質問紙調査の「お金をめぐる親子関係」の結果をもとにさらに詳しく検討する。「親子関係尺度」の項目得点（「まったく反対〜まったく賛成」に1〜5の得点化）について，因子分析（主因子法，バリマックス回転）を実施したところ，2因子構造が採択され，各因子負荷量が0.40の項目から，第1因子は「"子どものお金"意識希薄」と命名し，第2因子は「親約束厳守」と命名した（因子分析結果は付録表9）。各因子において負荷量が0.40以上を示す項目の得点の平均値を各因子の得点（尺度得点）とし，各尺度得点を国別，学年（小・中・高）別にプロットした（図2）。図2を見ると，日本の子どもは「親約束厳守」

51

第1部　人間関係の中のお金

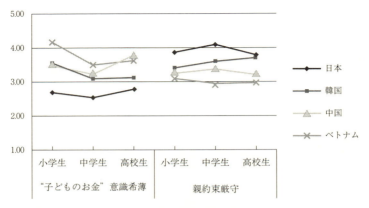

図2　親子関係尺度の各尺度得点の平均値（国別・学年別）

が高く，「"子どものお金"意識希薄」が低い。これは，日本の子どもたちは，他の3か国と比べて，「おこづかいは子ども自身のもの」という認識を強く持ち，それは東アジア文化圏において日本特有の現象であることを示唆している。

　日本の子どもは，親は子どもとの約束を守るべきであり，また子どものお金は子ども自身のものである，という意識を相対的に強く持ち，親子双方が「（お金の）子どもの領域」は守られるべきものであるという認識を有していることを示唆している。

　「子どもの（個人の）領域」を重視するという特徴は，日本の子どもの友だち関係にも反映される。「友だち関係」の章（第3章）で詳述されるように，日本の子どもは中国，韓国，ベトナムの子どもと比べて，友だち同士のおごりあいやお金の貸し借りに対して否定的評価や態度を示している。その背景には，「自分の分は自分で賄う」「他人におごってあげることは却って他人に負担を与えることになる」といった，日本人特有の自他双方の「個人の領域」の尊重があるように思われる。

　では，親子関係や友だち関係の中で共有される「子どもの（個人の）領域の尊重」はその後，どのような発達的変化をたどるのだろうか。再び図1を見てみると，日本の子どもたちのおこづかいのもらい方が「定期定額型おこづかいのもらい方」を主流としながらも，この「定期定額型」が高校生において急激

第2章 大人になることの意味と親子関係の構造

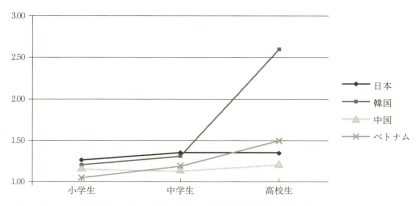

図3 「アルバイトをしてもらうお金」の平均値（国別・学年別）

に減少し、代わりに、「もらわない」と答える割合が急増する。では、日本の高校生は親からおこづかいをもらわなくなる代わりに、何によってお金を得るのだろうか。図3は「お金のもらい方」の「入手頻度」の項目のうちの「アルバイトによりもらうお金」について、「もらったことがない（1点）〜何度ももらったことがある（3点）」の3件法で回答してもらった結果である。これを見ると、日本の高校生だけが、得点を急激に伸ばしていることがわかる。つまり、日本の子どもは親からお金をもらう代わりに、アルバイトに従事することによって、自身の経済力を増大させているのである。ただし高校生になってアルバイトをするかどうかは、彼らの卒業後の進路によって大きく異なるようである。実際には進学校に通う高校生や卒業後に進学を予定している学生はアルバイトには従事しないことが多い。しかし、筆者が日本の大学生に聞いてみると、その多くがアルバイトに従事していることからもわかるように、遅かれ早かれ日本の子どもはアルバイトに従事し、自身の自由になる比較的多額の——少なくともおこづかいの額から比べると極めて多額の——お金を手にすることになる。

さらに、「支出経験と支出者」の結果のうち、高校段階で「自分のおこづかいやお年玉などで払う」と答えた人の割合が80％だった項目をまとめた（表1）。表1を見ると、13件のうち8件とその多くを日本の高校生の購買行動が占め、その内容は、「ゲームセンターで遊ぶ」「まんがを買う」「おかしや飲み

53

表1 高校生で「自分のおこづかいやお年玉などで払う」と答えた人の割合が80％の項目

		小学生	中学生	高校生（％）
韓国	家族にプレゼントを買ってあげる	84.6	90.7	93.3
日本	ゲームセンターで遊ぶ	42.4	76.1	89.6
韓国	友だちにお金を貸す	53.8	79.8	89.6
日本	家族にプレゼントを買ってあげる	70.9	79.7	88.7
日本	まんがを買う	58.9	81.1	87.7
日本	おかしや飲み物を買う	55.0	68.8	86.8
日本	カラオケに行く	3.3	38.0	86.7
韓国	おやつを友だちにおごる	46.2	62.8	83.6
韓国	ゲームセンターで遊ぶ	43.6	73.6	83.6
日本	流行歌などのCDを買う	18.0	56.6	82.9
中国	家族にプレゼントを買ってあげる	60.0	73.1	81.9
日本	友だちにお金を貸す	19.2	57.7	81.9
日本	映画を見る	7.9	36.6	81.1

物を買う」「カラオケに行く」といった個人的嗜好を満たすものに集中していた。アルバイトという，市場経済社会における労働力としての参入と，それに伴う自身の経済力の増加，およびお金に媒介された親からの「自立」を通して，日本の高校生（それが大学生に持ち越されることもあるが）は自己の裁量に基づく，自己の欲求の充足に限定された購買行動を可能にしていくことになる。このような過程を経て，親子において尊重されてきた「子ども（個人）の領域」はますます拡充の一途をたどることになるのだろう。

　以上を踏まえると，日本の子どもにとっての大人になることの意味を一言であらわせば，「自己の領域の尊重あるいは確立」と言えよう。それは一面では親からの自立を意味し，また別の面では，他者の「自己の領域を侵食しない」という意味で，他者に迷惑をかけない，自分のことは自分で，という意識を強めることを意味する。ここで筆者が重要であると考えるのは，この「子どもの（自己の）領域」は，そもそも，親の側の「定期定額型おこづかい」の導入という実践に端を発しているという点である。本研究のインタビュー調査においても，親が子どもからおこづかいを預かった場合それをどうするかという問いに対して，中国の子どもたちの語りでは，「親が使ってしまう」と回答する傾向が見られたのに対して，日本の親は「親が預かっているお金は，子どもの将

来のために貯蓄か，あるいは，将来子どもに渡す」と回答する傾向が見られた（具体的な言及頻度は，東京では11人中7人に対し，北京では6人中2人，ソウルでは7人中1人，ハノイでは18人中2人と，東京の子どもの言及数が有意に多かった（$\chi^2(3) = 10.08, p < 0.05$））。ここにも親の子どもの自己の領域への配慮が読み取られる。このような親からの「子どもの領域」への配慮の中で育った子どもにとっての「自己の領域」は，集団主義 – 個人主義などの文化二分法の文脈で語られるような欧米的な「自己の領域」とは異なり，相手への配慮または相手からの配慮と表裏一体をなす「自己の領域」と言えるのではないだろうか。それを踏まえれば，日本の子どもにとっての大人になることの意味は，換言すれば「自他の"分"を尊重すること」とも言えるかもしれない。

3. ベトナムの子どもにとっての「大人になることの意味」
　——調査データから考えられること

　これまで見てきたように，日本の子どもにとっての「大人になることの意味」には「自立」がその一面をなすことが考えられる。親からの自立が成長の証であるという考え方は，欧米文化圏の価値観を暗黙の前提とする心理学においても同様である。たとえば，親子関係の発達を扱う心理学の領域では，とりわけ，母子関係の発達的な変化を，乳幼児期における母子の緊密な関係から，自我の目覚めや主体的な自己の形成に伴う，親からの自立の過程として扱われることが多かった（たとえば Ausubel, 1954; Erikson, 1968, 1973; Hollingworth, 1928 など）。しかし，大人になることは親からの自立を意味するという考え方は，必ずしも東アジア文化圏の子どもにあてはまるものではなく，むしろ欧米文化圏など特定の文化圏に限定的に共有された発達観に過ぎないことが，東アジア文化圏でのフィールド研究，とりわけ，筆者にとっては次に述べるベトナムでのフィールド研究を通して見えてきた。

　以下はベトナムの子どもの語りである。特に姉（15歳）の語りに注目されたい。

姉（15歳）妹（11歳）
インタビュアー：おうちにお金をいくらか持っていますか？　自分のお金を？
姉：全部お母さんに渡す。
インタビュアー：妹さんは？
妹：おばあちゃんに預けています。
インタビュアー：お姉さんはどのくらいお母さんにお金を預けていますか？
姉：あったらすぐに預けるので覚えていない。
　　　　　　　　　　　　　（中略）
インタビュアー：決まってこのくらいのお金をもらうといった約束があるわけではなくて，必要なときにお母さんにもらうという感じですね。
姉：そうです。
インタビュアー：お年玉はもらっていますか。
姉：もらっていますが，全部お母さんにあげました。
　　　　　　　　　　　　　（中略）
インタビュアー：お正月とか誕生日とか中秋とかでお金をもらうわけですが，そのお金が足りなくなってしまって，でも，どうしてもお金が必要なときというのはどうしていますか？
姉：お金が必要なときはおばあさん，または，お母さんに言う。
　　　　　　　　　　　　　（中略）
インタビュアー：たとえば，お手伝いをしたりとか，アイスを食べたいとか，おかしを食べたいとかいうときに，お母さんからお金をもらいますよね。で，それを使って実際にそのお金を使ったんだけど，それがあまったとします。そういうお金はどうしますか？
姉：お母さんに返します。
インタビュアー：妹さんは？
妹：お母さんに返します。
インタビュアー：今もらっているお金に満足していますか？
姉：足りています。
　　　　　　　　　　　　　（中略）
インタビュアー：文具とか本とかは買いますか？
姉：お母さんが買ってくれますけれど，お母さんが忙しいときはお金をもらって買いに行く。
　　　　　　　　　　　　　（中略）
インタビュアー：まんがはどうですか？

姉：たまに買います。ドレモン（「ドラえもん」のこと）。
インタビュアー：それもお母さんからそのたびにもらいますか？
姉：そういうときはお母さんからお金をもらう。（通訳が「ベトナムにはレンタル漫画のお店があります」と解説をした上で）たまには借りに行く。

（中略）

インタビュアー：おやつはどうしますか？
姉：時間があるときはお母さんをつれていって買ってもらいますけれど，お母さんが忙しいときはお母さんからお金をもらって自分で買う。

（中略）

インタビュアー：お金をもらうとどれくらい自由にお金を使うことができるのですか？
姉：（もらったお金を自由に使うことができるのは）基本的にはないみたいですけれど，お母さんの代わりに買い物に行くことがあって，これはこの値段で，これはこの値段でと言われることがある。

15歳の姉の語りには，「お金はすべてお母さんに預けている／返す」「買いたいものができたらお母さんからお金をもらう／時には，お母さんと一緒に行って買ってもらう」といった語りが散見される。15歳といえば，日本では一般的に中学校3年生か高校1年生にあたる。筆者がこのベトナムの姉妹，特に姉の語りを聞いたときに，日本の15歳の子どもと大きく違うことに驚き，日本の子どもよりも「幼い」という印象を抱かざるをえなかった。しかし，ベトナムの子どものインタビュー調査や質問紙調査の結果を精査する中で，ベトナムの子どもが「幼い」のではなく，大人になることとはどういうことかといった，大人になることの意味自体が，根本的に日本とベトナムとでは違っているということに気づかされた。

次に質問紙調査における「善悪判断」「許容度判断」の結果を紹介する。質問紙調査では，「おかしや飲み物を買う」「映画を見る」など25項目の購買行動について，それがどの程度正しいか（「善悪判断」），またどの程度許されるか（「許容度判断」）について3段階評定で回答してもらった。各項目の得点を対象に「善悪判断」「許容度判断」別に因子分析（主因子法，バリマックス回転）を実施したところ，いずれも3因子構造が採用された。しかも，各因子の因子負荷量が高い項目（因子負荷量が0.40以上）はすべて，両因子分析で共

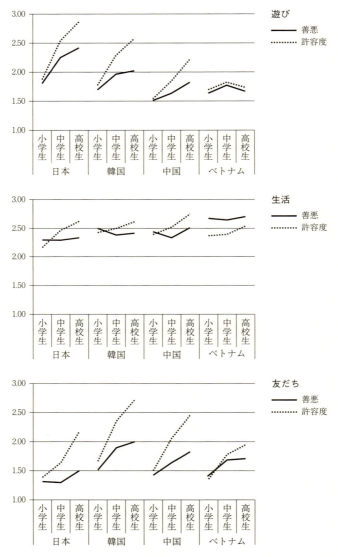

図4 「善悪判断」「許容度判断」の各尺度得点の平均値（国別・学年別）

通であった。そこで，因子分析において抽出された各因子の命名を共通にし，第1因子を「遊び」，第2因子を「生活・学習」，第3因子を「友だち」と命名した（因子分析結果は付録表4，5，6）。因子ごとに，因子負荷量の高い項目（因子負荷量 0.40 以上）の得点の平均値を各因子の尺度得点とし，各因子の得点を国別および学年別にプロットした（図4）。

　これらの図を概観すると，ベトナムの子どもには特徴的な現象があることが見出される。そのひとつは，他の3か国においては3つの因子とも，「許容度判断」の方が「善悪判断」に比べて，上昇が大きいということである。すでに日本または中国のいくつかの先行研究において，お金に関する親や教師などの大人の価値判断と子どもの価値判断がかなり類似していることが見出されてきているように（子どもとお金研究会, 2006; 山本・片, 2001），おこづかいの使い方に関する価値規範については，親から子どもに与えられる側面が大きいと考えられる。「善悪判断」および「許容度判断」における上記の結果は，学校段階の上昇に伴い，理念的には社会的規範を保持する一方で，自身の行動可能性についてはその範囲を緩めていくという発達的変化を反映し，親の権威を背景とする社会規範を相対化し，自身の行動に見合った形で再解釈することが可能になったということで，価値観における親からの離脱を反映するものと解釈されよう。対して，ベトナムのデータでは，「友だち」に関しては他の3か国と同様の傾向が見られるが，「遊び」「生活・学習」に関しては他国に見られるような「善悪判断」に比べた「許容度判断」の増大は見られない。このことは，他国に見られた価値観における親からの離脱が顕著には存在しないということを意味している。

　もうひとつのベトナムの子どもたちに特徴的な点は，「生活・学習」に関しては「善悪判断」の得点が他国のそれよりも著しく高いという点である。「生活・学習」は因子負荷量の高い項目から順に，「家で使う日用品を買う」「参考書・問題集を買う」「家のおかずの食材などを買う」「給食費や学費など学校納付金を払う」など，4か国いずれにおいても普段は親が支払う傾向の高い項目から構成されている。「家で使う日用品」「家のおかずの食材」「学校納付金」など本来家計により賄われる事柄に対して，子どもが支出することに肯定的であり，自分自身の嗜好を満たすようなものに支出することに否定的であるとい

う事実は，ベトナムの子どもたちが，「自己の欲求よりも，家族のために」という意識を強く持っている可能性を示唆する。

しかし，さらに本研究のインタビュー調査のデータを見てみると，ベトナムの子どもたちを理解する際に，「自己の欲求よりも，家族のために」という枠組みもまた，十分にベトナムの子どもたちの自他関係を理解しうるものではないということに気づかされる。インタビューでは，4都市の子どもに，「お手伝いのご褒美にお金をもらう」ことについて語ってもらったが，そこで「お手伝いのご褒美にお金をもらう」と答えた子どもの人数は，日本では11名中6名，中国では6名中3名，韓国では7名中3名，ベトナムでは18名中1名と，ベトナムの子どもの回答数が有意に低かった（$\chi^2(3) = 11.01$, $p<0.05$）。一方，「お手伝いのご褒美にお金をもらわない」と答えた子どもの人数は，日本では11名中5名，中国では6名中1名，韓国では7名中1名，ベトナムでは18名中13名と，ベトナムの子どもの回答数が有意に高かった（$\chi^2(3) = 9.81$, $p<0.05$）。つまり，ベトナムの子どもは家の手伝いの報酬としてお金をもらうことに対して否定的態度や意識を持っているようである。さらに，次の語りから，家の手伝いの報酬としてお金をもらわない理由として，「家の手伝いは家族の成員として当たり前のこと」という意識があるようである。

　Gちゃん（15歳女）／Hちゃん（小5女）
　インタビュアー：たとえば，お手伝いをしてお金をもらうことはいいことだと思いますか，悪いことだと思いますか。
　Hちゃん：悪いことです。
　インタビュアー：それはどうして？
　Hちゃん：家事はみんなのことなのでお金をもらうのは悪いです。
　インタビュアー：姉さんは，お手伝いをしてお金をもらうことをどう思いますか。
　Gちゃん：悪いことです。
　インタビュアー：同じ理由ですか。
　Gちゃん：妹と同じ。家事はみんなのことですから。

家事は家族全員が担うべきであり，そこに報酬としてのお金が介入するべきではない，という子ども側の明確な態度は，今回分析対象とした4か国においてはベトナムの子どもに特に目立つものであった。そこにはベトナムの子ども

たちの「家族の良い成員としてあろう」とする主体的な意識が反映されている。

　また，インタビューでは，4都市の子どもに，「親にお金を管理してもらうこと」に関しても自由に語ってもらった。「親が自分のおこづかいやお年玉を預かっている」と回答したケースは，日本では11名中4名，中国では6名中3名，韓国では7名中2名，ベトナムでは18名中6名と有意な差は見られなかった。しかし，親にお金を管理してもらうことの理由において，ベトナムの子どもにしか見られない傾向があった。その代表的な語りを以下に紹介する。

　　Qちゃん（小学生）／Rくん（中3）
　インタビュアー：家においてあるの。それは，お母さんお父さんに預けてある？　それとも自分の机の中とかに置いてある？
　Rくん（通訳）：Rくんの方だったら，ちょっとすごい大きなお金ですから，なくならないように，ちょっと，お母さんにちょっと管理してもらっています。Qちゃんだったら，ちょっと，自分が持ってる人形の中にも入れてます。
　インタビュアー：あ，人形の中に隠してるの？（笑）そのさ，お母さんにあげたっていうのは，お母さんが，じゃ，預かっとくってお母さんの方から預かったのか，それとも自分の方から渡したのか，どっち？
　Rくん（通訳）：それは，Rくんの方からですね，頼んだんです。

　このように，おこづかいを親が管理することについて，上記の語りでは「自分から親に頼んだ」，他のインタビューでも，11歳女の子の語りでは「管理してもらいたかった」，11歳男の子の語りでは「お母さんは善悪の判断ができるから（管理してもらいたかった）」という発言が見られ，親が子どものお金を管理することへの子ども側の志向性が読み取れる。

　このように「家の手伝いの報酬」や「親にお金を管理してもらうこと」に関するベトナムの子どもの語りを踏まえると，「自己の欲求よりも，家族のために」（自己の欲求＜家族のニーズ）というのではなく，「家族のためにあることが自己の欲求」（家族のニーズ＝自己の欲求）といった，自己の欲求を家族の欲求と同化させようとする志向性が，ベトナムの子どもの内面に浸透しているように思われる。家族という共同体の利益に自己を調和させようとする強い志向性のもとで「家族のために在るようになれること」が，ベトナムの子どもに

とっての「大人になることの意味」であることが示唆される。

4. 韓国の子どもにとっての「大人になることの意味」

次に韓国の子どもの親子関係の発達的変化と大人になることの意味について検討する。先に示した図1にあるように，日本では「定期定額型」のおこづかいのもらい方が主流であるのに対し，韓国では「不定期不定額型」が主流であった。「定期定額型」が，親子間であらかじめ定められた規則に則っておこづかいの授受がなされるのに対し，「不定期不定額型」は，おこづかいの授受に関する言わば外在的な規則が存在しないことから，その時々のおこづかいをもらうタイミングやその額は，親子双方のその都度の状況——子ども側の状況としては手持ちのおこづかいの額や今買いたいものがあるかどうかなど——に応じて調整されることになる。外在的な規則を設定することで親子双方のやりとりを回避する「定期定額型」に対し，親子のその都度の状況に応じて柔軟に調整されるおこづかいのもらい方にはいかなる親子関係の構造が反映されているのか。この点について以下に詳しく検討する。

以下は質問紙調査におけるおこづかいの入手頻度に関する分析結果である。入手頻度の各項目得点（「もらったことがない～何度ももらったことがある」に1～3の得点化）を対象に因子分析（主因子法，バリマックス回転）を実施したところ2因子が抽出された（結果は付録表2）。因子負荷量が0.40以上の項目から第1因子を「自ら要求してもらうお金」と命名し，第2因子を「親の人間関係経由のお金」と命名した。これらの各因子の得点を因子負荷量が0.40の項目の平均値とし，その値をプロットしたのが図5である。「自ら要求してもらうお金」については，4か国のいずれにおいても，学年の上昇に伴いその値が上昇するが，いずれの学年においても韓国の値が概して高いことが示された。「不定期不定額型おこづかいのもらい方」に反映されるような親子双方の状況に応じたおこづかいの授受は，そこに親子間の率直なやりとりといったコミュニケーションが含まれる可能性があることを示唆している。

では，このような韓国の親子関係に特徴的な双方の状況に応じた柔軟なやりとりと直接的なコミュニケーションは，親子関係に限ったことだろうか。図5

第2章　大人になることの意味と親子関係の構造

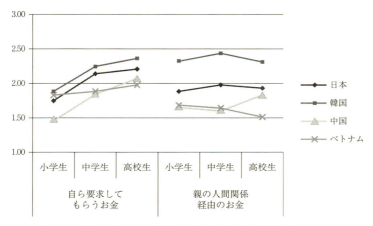

図5　「入手頻度」の各尺度別得点の平均値（国別・学年別）

では，「親の人間関係経由のお金」の得点もまた，韓国において最も高いことが示されている。また，友だち関係におけるお金のやりとりに関しては，「友だち関係」の章（第3章）で，韓国における友だち同士のおごりあいが日本と比べて頻繁に生じ，さらに，そのことに対する肯定的感情や評価が，日本と比べて高いことが論じられている。これらのことを踏まえると，韓国の親子関係に特徴的な，双方の状況に応じた緊密で柔軟なやりとりと，双方の率直なコミュニケーションは，親子間に限られることではなく，家庭を超えた人間関係にもあてはまることが考えられる。

　以上を踏まえると，地理的に日本に最も近い韓国であっても，他者との関係の取り方には，日本とは対照的な特徴があると考えられる。韓国の子どもたちは親とのお金の授受において，お互いの状況を率直に伝えあう直接的なやりとりを特徴とするのに対し，日本では，「定期定額型おこづかいのもらい方」といった外在的なルールを立てることでお互いの直接的な交渉を回避するような仕組みが成立しているといえよう。さらに，緊密で直接的なやりとりを特徴とする韓国の親子関係は，家族という枠を超え他者に対しても拡大される可能性がある。対して日本では，友だちとの金銭のやりとりを忌避する傾向があることなどを考えると，家庭内でのお金のやりとりはあくまで家庭内にとどまり，

外に拡張されるものではないという暗黙の価値観があるように思われる。このような対比の中で見出された，韓国の子どもにとっての「大人になることの意味」は，一言で言えば，「他者との緊密で率直なやりとりに基づく自他の信頼関係の構築」と言えるのではないだろうか。また，「自他の信頼関係」とは，いわゆる「契約関係」のようなものではなく，双方の資源を共有することで自己の境界を薄めていく，という形での信頼関係の構築であると言えよう。

5. 中国の子どもにとっての「大人になることの意味」

　最後に中国の子どもにとっての親子関係の発達的変化とそこに映し出される「大人になることの意味」について検討する。先に示した図2で日本の子どもは「おこづかいは自分のもの」という意識が高いのに対し，他の国の子どもにはそのような意識が相対的に低いということが見出された。この結果が示す「おこづかいは自分のものではない――親のもの」という意識はとりわけ以下に検討する中国の子どものインタビュー調査における語りに顕著に見られるものだった。
　以下に示すのは，北京の中学2年生の男子（Pくん）の語りである。

　Pくん（中学2年生男）
　インタビュアー：じゃあ，そのお金はどういうふうになっていくんでしょうか？
　Pくん：そのお金はおそらく親に使われちゃう。
　インタビュアー：でも，それは自分なのにおかしいって思わないの？
　Pくん：お年玉っていうのは，自分でもらえるんだけど，親も人にあげるから，結局親のお金を使っているので，親も使って当然だっていうことですね。
　　　　　　　　　　　　　　　（中略）
　インタビュアー：それから，家の日用品とかで，お金がちょっと足りないときに君がお金を足して買ってくるっていうことはありますか？
　Pくん：あります。返してもらうことはなく，そのまま買いっぱなし。
　インタビュアー：たとえば最近買ったことで思い出したら，教えてくれますか？
　Pくん：醤油やお酢とか，その類ですね。
　インタビュアー：それは，返してくださいって，君の方から頼まないのかな？

Pくん：自分からは言わない。なんでかと言うと，おこづかいも親のお金だから，やって当然。

　Pくんは自分のお金は親に使われてしまい，それに対して，Pくんから「返して」とは言わないと答えている。さらに，その理由として，「おこづかいは親のお金だから」という答えが返ってくるのが興味深い。このように，インタビューデータの中で，「親が預かっているお金は親が勝手に使ってしまう」と答えた子どもの数は，北京は6人中4人であるのに対し，東京では11人中0人，ソウルでは7人中1人，ハノイでは18人中0人であり，北京の子どもが有意に多かった（$\chi^2(3) = 14.65, p<0.01$）。つまり，言及頻度から判断しても，北京の子どもたちは，一度は自分に与えられたおこづかいであっても，それが親に勝手に使われることは普通のことと考えている。

　このように，インタビューにおける中国の子どもの語りから，家の食材の購入に子どもに与えられたお金が使われる等，子どものお金が親の支出を援助する形で親に使われてしまうことが見出された。では，このような家計の一部として自分のお金が使われることに対して，中国の子どもはどのような評価をしているのだろうか。図6は質問紙調査における「善悪判断」や「許容度判断」に関する問いの中で提示された25の購買行動のうちの「家のおかずの食材などを買う」「家で使う日用品を買う」に対する「善悪判断」についての回答——「悪い（1点）〜良い（3点）」の3件法，および「許容度判断」についての回答——「悪い（1点）〜良い（3点）」の3件法の平均値を国別，学年別にプロットしたものである。

　これらの結果を見ると，「善悪判断」「許容度判断」のいずれにおいても，両項目で，ベトナムの子どもたちの評価が一貫して高く，ついで，中国の子どもの評価が高いことが示された。しかし，中国の子どもの反応の目立った特徴として，中学生において，その評価が否定的な方へと大きく変化している。一般的に思春期に入るとされるこの時期に，「家のおかずの食材などを買う」「家で使う日用品を買う」に対して否定的な評価を抱きながら，それが再び，高校生に向けて肯定的評価へと移行するという事実は，中国の子どもの家庭の生活のために自分のお金が使われるということに対する感情の揺れを反映するように

第1部　人間関係の中のお金

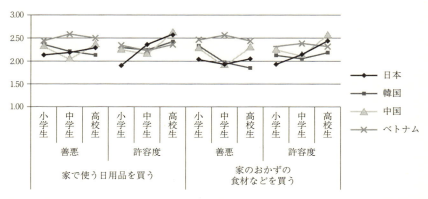

図6　「善悪判断」「許容度判断」における2項目（「家で使う日用品を買う」「家のおかずの食材などを買う」）の平均値（国別・学年別）

思われる。同様の可能性が，以下のインタビューにおける語りからも示唆される。

Nくん（中学2年生男）
インタビュアー：お金を使って自分の欲しい物を残しておくのと，お金自体を残しておくのと，自分ではどっちの方が？
Nくん：それは物を買っておいた方がいいと思います。物を買っておけば自分の物なんだけど，お金を貯めておくとお母さんに急なときに使われる場合がある。
インタビュアー：自分のお金をお母さんに使われることがある。それはよくあることなんですか？
Nくん：よくあります。
インタビュアー：そういうときは，お母さんは後から返してくれるんですか？
Nくん：返さない。
インタビュアー：Nさんは，返して欲しいのかな？
Nくん：希望。

Oくん（中2男）
インタビュアー：それから，家のための，たとえば食材を買ったり日用品を買ったりするのを自分のお金でっていうことはありますか？

第 2 章　大人になることの意味と親子関係の構造

Oくん：親に言われて（家のための食材や日用品を）買ったことはあるんです。
インタビュアー：それは自分のお金で？
Oくん：あります。

（中略）

Oくんの母：子どもにたくさんのお金を与えるのは良くないから，やっぱりそういう手を使って，使ってたりということもある。
インタビュアー：なんか言い訳してますね。
Oくん：そうです。

　Nくんはもらったお金を物にしておくことで，親が自分のお金を使うことを回避すると語っている。さらに，使われたお金は返してもらいたいという自身の希望をもらしている。Oくんは，親が自分のお金を使うことに対して，「言い訳をしている」というインタビュアーの評価に同意をしている。これらを見ると，親が自分のお金を使ってしまうことに対して拒否することはできないものの，本音としては，そのことに積極的にはなれず，親からの要求に対して受容「せざるをえない」という状況にあるようである。
　ベトナムの子どもたちが，家族全体の生活に関連する事柄に自身のお金が使われることに対して肯定的であることはすでに述べた通りである。しかし，以下のベトナムの子どもの語りにあるように，肯定的ではあっても，実際には，子ども側にそれを実現するためのお金がなく，家族全体の生活に関連する事柄に自身のお金を使うことはできない，という状況にあるようである。

Gちゃん（15歳女）／Hちゃん（小5女）
インタビュアー：こういうことはありますか？　お母さんと買い物に行って，お母さんがお金が足りなくなってしまった。そういう場合に，自分が持っているお金をお母さんに渡してあげるということはありますか？
Hちゃん：お母さんはお金持ちなので，多分いらないと思います。でも，もし，必要だったら，あげます。
インタビュアー：お姉さんは？
Gちゃん：お金をもらったらすぐにお母さんに渡してしまうので，お金を持っていない。

　図6のベトナムのプロットを見てみると，他の3か国とは異なり，「善悪判

67

断」の方が「許容度判断」より得点が高くなっていることがわかる。つまり，「いいとは思っているのだけれど，実際にはできない」ということを反映する結果になっている。対して，中国はどうだろうか。中国の子どもが実際に持つお金の額はベトナムの子どもよりも多く，親の支出を援助することが可能である。よって，親の支出を援助することが良いことか悪いことかということ以前に，そうせざるをえない条件——それが可能になってしまう子ども側の経済力——が整っている。自分のお金を侵食されたくないという欲求と親の支出を援助しなくてはならないという親からのプレッシャーの狭間で葛藤する子どもの心情が，これまで紹介した中国の子どもの語りや質問紙調査の反応に反映されている可能性がある。

　親が子どものお金を家の食材などに使ってしまう，といった現象に見られるような，親の子に対する一方的にも見える要求は，中国のインタビューにも別の形で見られた。たとえば，先に紹介されたPくんの母親はインタビューの途中で，Pくんの行い——学校に納入したお金がPくんを介して母親に返還されることになっていたのだが，その際，Pくんが学校から預かったお金を母親に許可なく使ってしまった——に対して，激しく怒りだし，Pくんが途中で何度か言い返すのだが，それに対してさらにおびただしく怒りが語られた，という場面があった。また，同じく先に紹介したOくんのインタビューでは，Oくんの抵抗にかかわらず，Oくんの将来に対して，母親が「医者になってほしい」という希望を，「人を助けることはいいことだから」「Oくんの父親は哲学の研究者だが少々頼りないから」などの理由を述べながら切々と語る場面があった。いずれの語りも非常に長く，紙数の制約上，ここで紹介することはできないが，いずれも母親の圧倒的な強さと感情の露呈，それに必死に対峙する子どもの姿は実に印象的であった。これらインタビューで読み取られたことについて，実際中国でどの程度の頻度で見出されるかについての資料はないが，先の「家のおかずの食材などを買う」「家で使う日用品を買う」などの家族の生活に直結するような事柄に対して子どもが自身のお金で賄うことや，それに対する子ども自身の評価などを考え合わせると，親からの一方的な要求にひたすら対峙しながら，それとなんとかして折り合いをつけ，自身のふるまいをコントロールする中国の子どもの姿が浮き彫りにされる。「子どもの権利や

領域を侵食しない」という親子間の共通感覚の中を生きる日本の子どもとは対照的に，他者からのストレートな介入を受け止め受容し，自身の立場を明確にする，という形で他者関係を構築する，という中国の子どものありように，中国の子どもにとっての大人になることの意味があると考えられる。

6. おわりに

　本章ではお金に媒介される親子関係の発達的変化に関する日韓中越の文化的多様性を検討した。これにより，お金を媒介する親子の具体的なやりとりの中に，それぞれの文化に特徴的な親子関係のあり方と，子どもにとっての大人になることの意味が見えてきた。

　親子関係に関する比較文化研究においては，従来，乳幼児期における母子の緊密な関係から，親からの自立の過程として扱われてきたのに対し，近年では，親子関係の形態やその発達過程は文化によって違いのあることが指摘され（Kağitçibaşi, 1996; Raeff, 1997），そこでは日本の親子関係では，自立よりも関係性の維持に強調がおかれ，成長しても高い関係性を保持されることが明らかにされてきた（Lebra, 1994; Rothbaum, Pott, Azuma, Miyake, & Weisz, 2000）。これらの研究動向に対して，本章で扱った，日韓中越の子どもにおけるお金に媒介される親子関係の発達的変化を明らかにするという試みは，2つの点で大きく異なっている。第一に，従来の研究の多くが，親と子の二者関係に焦点を当て，主に質問紙調査による他者や周囲の状況とは切り離された個人の内側にある（と見なされる）パーソナリティや価値観について量的に測定するという手法によるものであった。対して本研究では，お金に媒介された親子関係という3項の構造的変化に注目し，お金をめぐる個々の具体的な活動により構成されたインタビュー内容や質問紙調査により，親子関係の発達的変化に関する日韓中越それぞれの子どもの発達的変化，およびそこに見られる大人になることの意味を明らかにした。第二に従来の親子関係の発達的変化に関する文化的多様性を扱った研究の多くが，「自立－依存」など，集団主義－個人主義に代表される文化二分法的発想に集約されるのに対し，本研究の調査方法および内容を日韓中越の研究者の協議により構成することで多声的な現象の理解を目指した。

このような立場と方法に基づいて明らかにされた日韓中越の各文化における親子関係の発達的変化とそこで明らかにされた子どもにとっての大人になることの意味には，集団主義－個人主義にあるような文化二分法的発想にあるような，東アジア文化圏を集団主義と十把一絡げに扱う立場においては到底捉えきれない，各文化の特殊性があり，親子関係を行き来するおこづかいが，市場経済社会を流通するお金とは大きく異なり，各文化特有のローカルな人間関係を反映するものであることを示した。しかし，本研究の第三の独自性は本章だけで完結しうるものではない。それは，文化差の理解は異なる文化的背景を持つ人々の対話的関わりの中でなされるという立場であり，それを実践するのが本書の目的でもある。本章で述べてきた筆者自身の現象の理解もまた，本書の中で他の文化を背負った研究者との対話的やりとりを通して相対化され，他の研究者の理解との相乗効果により，これまでの比較文化心理学では到達しえなかったより動的で実践的な文化理解へと結晶化されることだろう。

引用文献

Ausubel, D. P. (1954). *Theory and problems of adolescent development*. New York: Grune and Stratton.

Erikson, E. H. (1968). *Identity: Youth and crisis*. New York: Norton. (エリクソン, E. H. (著), 岩瀬庸理 (訳). (1973). アイデンティティ――青年と危機. 金沢文庫.)

Hollingworth, L. S. (1928). *The psychology of the adolescent*. New York: D. Appleton-Century.

Kağitçibaşi, Ç. (1996). *Family and human development across cultures: A view from the other side*. Mahwah, NJ: Lawrence Erlbaum Publishers.

子どもとお金研究会. (2006) 群馬の学校の先生は子どもとお金を巡る現状をどう見ているか――「子どもとお金」アンケート結果　国際心理学シンポジウム「子どものお小遣いをどう教えるか：東アジアの国々と日本を比較する」配布資料（未公刊）

Lebra, T. S. (1994). Mother and child in Japanese socialization: A Japan-U.S. comparison. In P. M. Greenfield, & R. R. Cocking (Eds.), *Cross-cultural roots of minority child development* (pp. 259-274). Hillsdale, NJ: Lawrence Erlbaum.

Raeff, C. (1997). Individuals in relationships: Cultural values, children's social interactions, and the development of an American individualistic self.

Developmental Review, 17, 205-238.

Rothbaum, F., Pott, M., Azuma, H., Miyake, K., & Weisz, J. (2000). The development of close relationships in Japan and the United States: Paths of symbiotic harmony and generative tension. *Child Development*, 71, 1121-1142.

山本登志哉・片成男．(2001)．お小遣いを通してみた子どもの生活世界と対人関係構造の民族・地域比較研究——吉林省朝鮮族・吉林省漢族・上海市漢族・奈良市日本民族の比較から．文化特異的養育行動と子どもの感情的制御行動の発達——その日中比較平成10年～12年度科学研究費補助金（基盤研究（A）（2）（海外）研究成果報告書）　79-103.

第3章

お金を媒介にする友だち関係の構造

呉 宣児
(オ ソン ア)

1. はじめに：おごる友だち関係と割り勘する友だち関係

突然であるが，まず以下のインタビューの一部を見てほしい。

Sさん（小4・男）と母　2002年　韓国済州道
インタビュアー：えーとさ，そしたらおこづかいのことでお母さんとかお父さんに怒られたことってある？
子ども：あまり使わなかったことで言われたことがある。
インタビュアー：（笑）もっと使いなさいと言われたの？
子ども：お金を全然使わないのもよくないと言った。
インタビュアー：え！それはどうしてですか？
母：お父さんがよく言うことで，友だちと一緒にいるのに自分一人で買って食べることはよくない，で，友だちと一緒に買って食べなさいとか言う。
インタビュアー：あ，そういう意味ですね。あ！おこづかいの使い方でね。

我々共同研究チームが最初に調査を行った2002年，韓国の済州島での調査で出会った小学校4年生の男の子Sと母親とのやりとりである。親からもらったお金で，時には食べ物を買って友だちと一緒に食べること，つまり必要なときには友だちにおごるように父親から言われたという報告である。このエピソードで調査に携わった日本人研究者が驚き，その驚く日本人研究者の様子を

見ながらまた韓国人である筆者が驚くなかで，調査の初期段階から，「おごる人間関係」と「おごらない（割り勘する）人間関係」が浮き彫りになり，その後も度々この現象をめぐり日韓中越の研究者の間で異論が起こった。おごる人間関係・割り勘する人間関係は，4か国の子どもの生活世界を理解する上で非常に重要なテーマとなり何度か取り上げられてきた（例えば，呉，2003, 2011; Oh, Yamamoto, Takahashi, Sato, Takeo, Choi, & Kim, 2005；呉・山本・片・高橋・サトウ・竹尾，2006；呉，2011；呉・竹尾・片・高橋・山本・サトウ，2012 参照）。

　子どもが成長していく上で友だち関係はとても重要な要素であることは誰もが認めるだろう。子どもだけに限る話でもない。大人にとっても生きていく上で友だち関係，良い人間関係を求める点は世界共通ではないだろうか。国や地域が異なっていても「良い友だち関係をつくることが望ましい」ということに異見はないはずだが，「どのように友だち関係を作っていくべきか」という価値規範や「どのように友だちと関わっているのか」という実態・現象は，国や地域において必ずしも同じではなく，むしろ正反対の現象にさえ見えてしまうことが調査から浮き彫りになっていた。

　本章では，「お金を媒介にした友だち関係」に焦点を当て，子ども同士のお金の貸し借りを含む，おごり合い・割り勘現象を中心に捉える。まず，小中高校生を対象に行った質問紙調査のデータから，友だち関係と関わる項目を用いて検討し，日韓中越の子どもたちのお金をめぐる友だち関係に関する認識の全体的な傾向を示す。次に，子どもや親へのインタビューデータを用いて，個々人の具体的な意味づけ・論理づけを検討し，おごり・割り勘をめぐる友だち関係のより詳細な状況を取り上げる。最後に，質問紙やインタビューから見えてきた結果や日常の観察・体験を総合的に参照しながら，それぞれの国・地域で生きる子どもたちの「お金と人間関係」について考察を行う。

2. 質問紙のデータから見える「お金をめぐる友だち関係」の全体的傾向

　まず，質問紙調査のデータから，お金を媒介とした友だち関係の項目のみを取り上げ，日韓中越の子どもたちの意識の全体的傾向について検討する[1]。
　友だち関係に関する質問は，表1に示しているとおり，友だち同士のお金の

第3章 お金を媒介にする友だち関係の構造

表1 友だち関係各項目の回答

		日本			韓国			中国			ベトナム		
		小学生	中学生	高校生	小学生	中学生	高校生	小学生	中学生	高校生	小学生	中学生	高校生
1 私は友だちと一緒に買い物に行き，お金が足りなくなったとき，友だちから気軽にお金を借りることが出来る。	平均	2.10	2.81	3.37	2.71	3.63	3.89	2.34	3.38	3.76	2.21	2.87	3.13
	標準偏差	1.27	1.30	1.17	1.26	1.07	0.93	1.34	1.37	1.20	1.27	1.29	1.29
2 友だちから借りたお金は，たとえ，小額でもきちんと返さなければいけない。	平均	4.65	4.74	4.76	3.86	4.09	4.19	4.67	4.77	4.70	4.60	4.42	4.52
	標準偏差	0.87	0.78	0.67	1.49	1.22	1.05	0.98	0.70	0.77	0.85	0.92	0.83
3 友だちからおごってもらったら，次に私がおごるのがあたりまえ	平均	3.65	3.35	3.88	3.85	4.14	4.14	3.81	4.13	4.35	4.03	3.78	4.14
	標準偏差	1.30	1.25	0.93	1.21	0.90	0.83	1.35	1.10	0.86	1.14	0.99	0.96
4 私が友だちにおごると，その友だちは負担に思うだろう。	平均	3.52	3.42	2.83	2.65	2.51	2.44	2.47	2.61	2.69	3.41	2.83	2.70
	標準偏差	1.15	2.33	0.87	1.20	1.18	0.94	1.19	1.15	1.03	1.30	1.20	1.28
5 友だちがお金で困っているなら，私は迷わず貸してあげることができる。	平均	2.92	3.03	3.35	3.24	3.65	3.92	3.06	3.51	3.74	4.07	3.65	3.94
	標準偏差	1.36	1.24	1.06	1.28	1.10	0.90	1.40	1.16	1.01	1.28	1.16	1.09
6 友だちの間でおごったりおごられたりするのはよくない。	平均	3.53	3.22	2.98	2.54	1.81	1.73	3.07	3.16	3.01	2.10	2.24	2.24
	標準偏差	1.50	1.38	1.15	1.26	1.00	0.91	1.47	1.31	1.26	1.32	1.17	1.10
7 友だちの間でお金の貸し借りをするのはよくない。	平均	3.62	3.30	3.25	3.05	2.44	2.81	3.10	2.63	2.73	2.58	2.52	2.52
	標準偏差	1.51	1.36	1.21	1.42	1.24	1.22	1.43	1.27	1.11	1.45	1.24	1.16
8 私は友だちからおごってもらうと負担に思う。	平均	3.67	3.32	2.99	3.05	2.48	2.41	2.91	2.90	3.00	3.61	3.07	3.28
	標準偏差	1.33	1.25	1.18	1.31	1.22	1.07	1.37	1.34	1.16	1.33	1.21	1.20
9 もし友だちが私にお菓子などを買ってくれれば，私は遠慮するより一緒に楽しく食べることにする。	平均	3.26	3.57	3.87	3.52	3.99	4.08	2.95	3.57	3.77	3.88	3.89	4.14
	標準偏差	1.48	1.24	1.13	1.19	1.06	0.92	1.40	1.29	1.12	1.40	1.09	1.09
10 友だちにお菓子などを買ってあげるのは，一人で食べるより楽しい。	平均	3.46	3.30	3.62	3.61	3.84	4.09	3.48	3.91	3.86	4.39	4.28	4.37
	標準偏差	1.25	1.26	1.12	1.39	1.20	0.91	1.46	1.19	1.01	1.12	0.96	0.96
11 私は，友だちからお金を貸して欲しいといわれると負担を感じる。	平均	3.66	3.37	3.32	3.16	3.05	2.98	2.61	2.25	2.58	2.57	2.68	2.70
	標準偏差	1.31	1.23	1.10	1.34	1.19	1.06	1.43	1.10	1.04	1.33	1.19	1.14
12 友だちからお金を借りることは，たとえ，小額でも相手に迷惑をかけることになる。	平均	4.14	3.97	4.09	3.46	3.25	3.41	3.70	3.48	3.50	2.61	2.85	3.00
	標準偏差	1.16	1.18	1.05	1.30	1.24	1.13	1.40	1.31	1.15	1.52	1.33	1.29
13 友だちが私から借りたお金が小額なら，友だちはそれを私に返さなくてもいいと思う。	平均	1.73	1.63	1.97	2.20	2.36	2.61	2.23	2.50	3.09	2.83	2.97	3.40
	標準偏差	1.17	1.09	1.09	1.32	1.30	1.22	1.43	1.45	1.35	1.58	1.34	1.28

貸し借りやお菓子と食事のおごり合いに関する内容の13項目で構成されている。各項目に対して,「まったく反対」1点から「非常に賛成」5点として得点化し,学校段階別に平均を求めた（表1参照）。

表1を見ると,質問項目によって少しずつ国による違いが見られるが,小・中・高への得点の変化の仕方は,ほぼ同じ傾向にある。つまり,友だち同士のおごりや貸し借りに関して小学校のときよりは,中学校・高校になるにつれてネガティブ感が低下し,ポジティブ感が上昇している現象は4か国共通であると言える。

おごり（得点平均から）

おごりをポジティブに捉えている,項目3（おごられたら次には自分がおごるべき）,項目9（お菓子を買ってくれれば,遠慮するより一緒に楽しく食べる）,項目10（お菓子を友だちに買ってあげるのは,一人で食べるより楽しい）を見ると,おごりが一番少ない日本も含め,4か国において平均3（どちらでもない）を超えている。全体的にどちらかというとおごりはあり得るという状況の中で,韓国とベトナムの平均が全般的に高く,日本が最も低い。

おごりをネガティブな方向で捉えている項目4と8（負担感）,項目6（おごりはよくない）を見ると,日本のすべての小・中学生は平均が3点（どちらとも言えない）以上で,負担を感じ,おごりはよくないと思う傾向があるが,高校生になるといずれの項目においても2点台を示しており,ネガティブ感が下がっていると言える。中国では項目6が平均3を超えており,どちらかというとおごりはよくないイメージもあることがうかがわれるが,負担感（項目4と8）は3以下で比較的低く位置づけられている。ベトナムの平均値はおごりのネガティブ感は相対的に小さいが,項目8の負担感は平均が3を超えており,おごりに関してよくないとは思わないが,実際にはどちらかというと負担を感じる場合もあることがうかがわれる。4か国の中では韓国がすべての項目において,ポジティブ感は高くネガティブ感は低い傾向があると捉えられる。

貸し借り（得点平均から）

またお金の貸し借りに関する項目1（気軽に借金）は,4か国すべてにおい

て，平均が2点台（どちらかと言うと反対）であるが，項目5（友だちが困っているなら貸す）は4か国のほとんどの学年において3点・4点台を占めていることから，普通の状況と特別に困っている状況は区別しているようである。項目7（貸し借りはよくない）と項目12（借金は相手に迷惑）は，日本の子どもの値が最も高く貸し借りをネガティブに捉えており，ベトナムの値が最も低く，貸し借りに寛容的であると捉えられる。項目13（小額なら返さなくていい）は日本が一番低く，ベトナムが最も高い。友だち同士の貸し借りに関して全体的に見てみると，4か国中日本が最も貸し借りをネガティブに捉え，ベトナムが最も寛容的である。相対的に日本では負担感も大きいことが分かる。

以上，友だち同士のおごり合いや貸し借りに関する項目の平均の検討から，4か国の中で，日本の子どもはおごり・貸し借り両方に関して最もネガティブで，韓国とベトナムが最もポジティブで，中国はその間にあるということが全体の傾向として言える。

自己限定型と相互交換型（お金をめぐる友だち関係）

表1に記した友だち同士のおごりやお金の貸し借りに関する項目を用いて因子分析（主因子法，バリマックス回転）を行った結果を表2に示す[2]。分析の結果，2因子が妥当だと考え，第1因子は「自己限定」の因子，第2因子を「相互交換」と命名した。自己限定の因子にはおごり貸し借りに関して「よくない，負担になる」と思う項目が含まれ，反対に，おごりや貸し借りに関して「楽しい，できる」と思う項目は「相互交換」の因子に含まれている。各因子の尺度得点を用いて，4か国・各学校段階の平均を表3と図1，図2に示す。

「自己限定」の得点は，4か国の中で日本の得点は小中高すべてにおいて3点（どちらとも言えない）を超え最も高く，韓国やベトナムの得点は全学年2点台（少し反対）を占めており，日本と比べるとお金使用の自己限定を相対的に好んでいないと言える。また，小中高への変化を見ると，どの国においても小学校のときより，中学・高校のときの方が，得点が下がる傾向があり，お金使用の「自己限定」的な認識は学年が上がるにつれて少なくなっている。

「相互交換」の得点は，4か国すべての各年において，平均3点を超えているが，その中で日本が最も低く，ベトナム・韓国が相対的に高い。日本・韓

表2　友だち関係尺度　探索的因子分析結果（主因子法，バリマックス回転）

	自己限定	相互交換	共通性
8　私は友だちからおごってもらうと負担に思う。	0.62	0.11	0.40
6　友だちの間でおごったりおごられたりするのはよくない。	0.62	−0.35	0.50
7　友だちの間でお金の貸し借りをするのはよくない。	0.58	−0.31	0.43
12　友だちからお金を借りることは，たとえ，小額でも相手に迷惑をかけることになる。	0.45	−0.11	0.21
4　私が友だちにおごると，その友だちは負担に思うだろう。	0.41	0.09	0.18
5　友だちがお金で困っているなら，私は迷わず貸してあげることができる。	−0.13	0.59	0.36
10　友だちにお菓子などを買ってあげるのは，一人で食べるより楽しい。	−0.07	0.55	0.31
3　友だちからおごってもらったら，次に私がおごるのがあたりまえである。	0.07	0.52	0.27
固有値	1.50	1.17	

表3　「友だち関係」因子　各因子尺度得点　4か国・学校段階ごと平均

	日本			韓国			中国			ベトナム		
	小学生	中学生	高校生	小学生	中学生	高校生	小学生	中学生	高校生	小学生	中学生	高校生
自己限定	3.71	3.45	3.23	2.95	2.50	2.56	3.05	2.96	2.98	2.86	2.68	2.75
相互交換	3.34	3.24	3.61	3.56	3.88	4.06	3.44	3.85	3.98	4.17	3.91	4.15

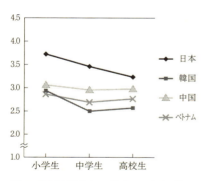

図1　「自己限定」の得点4か国比較

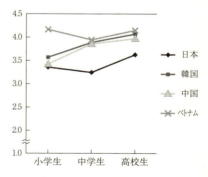

図2　「相互交換」の得点4か国比較

国・中国は小学生のときより高校になるにつれて得点が高くなる傾向があり，ベトナムは小学生のときから得点が高く，中学生で少し下がるが高校生になってまた4点を超える値を示している。

　以上の結果は，日本の子どもたちはおごりや貸し借りよりは，自分のお金は自分に限定して使う「自己限定型」をより好み，おごりや貸し借りをする「相互交換型」は相対的に好まないこととして捉えられる。反対に，ベトナム・韓国・中国の子どもたちは，自分のお金は自分に限定して使うより，おごり合いや貸し借りをするやり方を相対的に好んでいると捉えることができる。

　もちろん，以上の統計資料から読み取れる結果は，全体的傾向であって，各国における個別の認識や行動には個人差があり多様性があることはいうまでもないが，それでも同じ国・地域で多く見られる，あり得る行動として数値の意味を捉えればいいだろう。

　次に，統計データから読み取れる内容のそれぞれの国の特徴を表すと思われるインタビューの個別事例を取り上げ，それぞれの国におけるお金を媒介する友だち関係の在り様やそれへの意味づけ・論理づけを見ていく。

3. インタビューから見えるお金をめぐる友だち関係の具体的な状況・意味づけ

　インタビュー調査[3]は各国で10から15家庭前後の調査を行った。インタビュー場面で語られる具体的な内容は，同じ国の中でも，家庭の状況や子どもの年齢，個々人の価値観によって異なるのは当然である。多様な語りの中でも，大まかな内容・雰囲気を見たとき，その国の人が「普通にあり得る」こととして捉えられている例を取り上げる。

「時にはおごり」奨励の韓国

　まず，以下は本章の冒頭に紹介したエピソードのＳさんのインタビュー例の続きである。

インタビュー事例1　Sさん（小4，男）2002年　韓国済州道調査
インタビュアー：えーと，そしたらさ，自分のおこづかいで友だちにおやつを買ってあげたりしたことある？
子：はい。
インタビュアー：うん，そういうことはよくある？　たまに？
子：たまに。
インタビュアー：自分の分を自分で買うときと，友だちに買ってあげたり買ってもらったりするとき，どちらが多いかな？
子：<u>一緒に食べるときが多い</u>。
インタビュアー：自分だけ買って食べたりするときってある？
子：一人でいるとき。
インタビュアー：おー，じゃ，他の友だちと一緒にいるときにはだいたい分けて食べる？
子：はい。
インタビュアー：うーん，そうか。日本の子どもたちに聞いたら，<u>おこづかいは自分のために使うものだから，人におごるのはよくない</u>という子もいたけど，どう思う？
子：<u>利己的に思う</u>。
インタビュアー：あー，そしたらね，日本の子どもにはね，<u>相手の人が負担を感じる</u>からあまりおごらない方がいいと言う人がいたけど，どう思う？
子：<u>自分で買ってあげると，また次は友だちが買ってくれるし，私にお金がないときは，友だちが買ってくれたりするのはいい</u>。

　以上に紹介したインタビューの内容は，韓国人である筆者が聞くとそれほど違和感なく，普通に聞こえる。だからと言って韓国の子どもはみんなこのような考え方をし，いつも誰でもおごりあっているわけではないが，少なくとも紹介したエピソードのような考え方や行動はよく見られ，「普通にあること」として親にも子どもにも認識されている現象といえる。Sさんは，友だちにおごらないことは「利己的」なことと意味づけており，「私にお金がないときは，友だちが買ってくれたりするのはいい」と「相互交換」的なやりとりの方向の規範を持っていることが分かる。また第2節のインタビュー事例で示したとおり，時には友だちにおごるように言う韓国の親もまた相互交換的な方向へしつけをしている。

第3章　お金を媒介にする友だち関係の構造

「なるべく割り勘」奨励の日本

　友だち同士のおごりなど相互交換的なお金の使い方をする韓国の子どもたちの話を聞いて，日本人研究者が驚きを見せたが，日本の子どもや親は同様のインタビューに対してどんな内容・意味づけで語ったのだろうか。その一部を次のインタビュー事例2に示す。

　インタビュー事例2　Yさん（小3・女），Iさん（小1・女）2004年　東京調査
　インタビュアー：おこづかいで友だちにおもちゃを買ってあげることはいいかな，悪いかな。
　子1（小3）：悪い。
　子2（小1）：悪い。
　インタビュアー：どうして悪いと思う？
　子2：それは，自分のお父さんが働いたお金だから，それをお友だちに渡しちゃだめ。
　子1：自分のお金で買った方がいい。自分のお金だと，お誕生日とか，ほんとうはもっと高いお金で買いたいんだけど，買いたかったなと思ってたのが買えなくなる。
　インタビュアー：そうなんだー。じゃ，友だちにご飯おごることはどうかな。悪いかな。
　子1：悪い。
　子2：悪い。
　インタビュアー：どうして悪い？
　子2：さっきと同じ意味。
　子1：同じ。
　インタビュアー：自分のおこづかいで，友だちにおやつを買ってあげることはいいか？悪いか？
　子1：悪い。
　子2：悪い。
　インタビュアー：どうして？
　子1：さっきと同じ。
　子2：今のと同じ。

　上のインタビューに居合わせていた日本人研究者は小学校1年と3年の子どもたちがはっきりと答えている様子を見て，「しっかりしてますねえ」と言ったことも逐語録に残っていることから，やはりこの場面の様子も，日本ではあ

81

まり違和感のない，普通のこととして受け止められていると捉えられる。Iさんは「お父さんが働いたお金だから」Yさんは「自分が買いたいものが買えなくなるから」と自分なりの理由づけをし，お金使用における「自己限定」的なやり方を規範として持っていることがうかがわれる。

日本の親はお金をめぐる友だち関係について，どう考えているのだろうか。次のインタビュー事例3を見てみよう。

インタビュー事例3 Yさん（母）2004年 東京調査

インタビュアー：研究で子どものおごる，おごらないというのがちょっと話題になっているのですが，それはどのように考えていらっしゃるんですか？

母：どうなんでしょうね。まあ，持ちつ持たれつの段階なんですね，現段階では。おごるというより，あ，でも「何ちゃんに何とかを買ってもらった」とか言ってますけど，金銭的には100円くらいです。ですから，今は金額的にそんなに大きくないので。……

　まだ，うちは，そういう問題が現実として起きていないので，分からないんですけど，まず，私だったらその問題に直面したときには，子どもに良し悪しを伝えて，そして友だちに「ノー」と「嫌」，「それは無理」とか「自分はできない」とか，やっぱり言わせる。もしくは何でも割り勘でやろうという習慣をつけさせる。それを子どもに伝えるかなと思いますけど。……難しい関係になっちゃうということもあるので，それもとても怖いので。

以上のインタビュー事例2，3に示したように，日本では，自分のおこづかいで友だちにおごることは，子どもも親も，確実にネガティブなこととして捉えられているようである。現在は（おやつなど）持ちつ持たれつの段階であり，たまに何か買ってもらってくることもあったが，100円以内であるという親の語りから，「100円以内であれば」たまに許容されることとして捉えられている。けれども結局はおごりは根本的に「難しい関係」になってしまうと結論づけられる。

日本に住んではいるが，韓国生まれ韓国育ちである筆者には，子どもたちが繰り返し答える「悪い」「悪い」という答えと親の「ノー」「嫌」「無理」ということばが異様に響いて伝わってくる。

第3章　お金を媒介にする友だち関係の構造

「おごりも割り勘も」の中国

　それでは，中国ではお金をめぐる友だち関係についてどのように捉えられているのだろうか。次に中国北京でのインタビュー事例4と5を示す。

インタビュー事例4　Yさん（高2・男）2004年　北京調査
インタビュアー：友だちと一緒に何かお菓子を買ったり食べたりすることってありますか？
子：小学校のときにはスナックとか友だちと一緒に買ったりして食べていましたけど，今はなくなっている（寮に入っているので）。
インタビュアー：割り勘とおごりでどっちが多い感じ？
子：仲が良ければおごりが多くて，普通の付き合いなら割り勘で。
インタビュアー：おごられるだけだと日本の子どもだったら相手に気を遣ったりするけど，そういうふうに感じたりします？
子：そんなことない。逆に誘われて断ると申し訳ないというか，おごってくれるのに，いらないって言うのはちょっと申し訳ない。よくない。
インタビュアー：誕生日じゃないときに何かを買ってあげたりすることはあります？
子：誕生日じゃないときに，物を買ってあげることはあまりないけど，お金を貸してって言われたら，貸してあげる。普段何か買ってあげると下心があるんじゃないかと思われるかもしれない。誕生日のときなら，儀式として捉えられるので。
インタビュアー：友だちにご飯をおごってあげることは良い？　良くない？
子：普段はよくないが，祭とか何かの出来事があったりするなら良い。
インタビュアー：友だちにおやつをおごるのは？
子：友だちが，お腹がすいてたら，良い。……
インタビュアー：おごりに関して日本で聞くと，子どもも親もよくないと考えていることも多いが，どう思いますか？
子：中国ではおごることに慣れているというか，小さいときからそういう環境になっているから……おごることによって関係が深まるし，おごったりおごられたり，それでバランスをとっているから，別に悪いことではない。

インタビュー事例5　Yさん（中2・男）2004年　北京調査
インタビュアー：友だちにご飯をおごることは，良いことだと思いますか，悪いことだと思いますか。
子：別に悪いとは……
インタビュアー：悪いことはない。友だちにおやつをおごることは？
子：悪いと思います。

83

インタビュアー：思います？　ご飯はそんなに悪くないけど，おやつは悪い？

子：ご飯を食べるのは必要なものだから，良い。だけど，おやつは別に必要なものじゃ……

インタビュアー：なるほど。

（中略）

インタビュアー：よくおごりあっている子どもたちがいるみたいなんですけど，そういう子どもたちのことやそういうふうな行動をどう思いますか？

子：悪いと思います。

インタビュアー：悪いと思う，なぜ，悪いと思うの？

子：それは他の友だちに迷惑になるから。おごられた方が，借金ではないんですけど，おごった人の人情が自分にとっては……

インタビュアー：なるほど，なるほど。よく日本の子どもたちが，友だちにおごると，その人が負担に感じるからよくないと。確かにそういうこと？

子：そうです。

インタビュアー：そういうふうに思う子どもって，けっこう多いんでしょうかね？

子：私はそう思います。

（中略）

子：中国の諺で，酒と肉で結ばれた友だちは本当の友だちではないという。

インタビュアー：酒と肉で結ばれた友だち。なるほど。そこまでしっかりした考えを。

　筆者は中国で生活した経験がなく，ただ調査期間中に子どもや親に少し話を聞いただけなので，インタビュー場面で答えている内容の背景を全部理解しているわけではない。インタビュー事例4の内容からは，友だちへのおごりやお金の貸し借りなどに関してはそれほどネガティブな感覚はなく，だからといって積極的というわけでもなく，友だちがお腹がすいたときなど，必要に応じて行っている感じがした。割り勘もあるが，おごりもあり，おごりは「関係が深まる」「おごりおごられ」で「バランスがとれる」と語っており，「自己限定」的なやりとりもあるなか，「相互交換」的な規範意識もあると考えられる。また，日常と特別なときの区別をし，特別な場合の方がよりおごりはポジティブである。

　また，インタビュー事例5でも，必要があればおごりありと言いながらも，やり過ぎることはよくないと言い，中国の諺「酒と肉で結ばれた友だち」を引

用しており，頻繁なおごり合いをネガティブに捉えている。

　第2節の統計データから見える結果においても，中国の平均点の値が日本と韓国の間に位置していたことを考えると，おごり・割り勘両方とも多く見られ，その意味づけとしてポジティブもネガティブもあると捉えられる。

「おごり奨励だが，実際には多くない」のベトナム

　次はベトナムの子どもたちは，お金を媒介する友だち関係についてどう捉えているのだろうか。インタビュー事例6と7を示す。

　インタビュー事例6　Hさん（高1）2005年　ベトナムハノイ調査
　インタビュアー：食べ物を食べるときに割り勘にすることってありますか。
　子：あることはありますが，たまにぐらいで。
　インタビュアー：普段はみんなで食べるときはどういうお金の払い方をしますか。
　子：一人だけ払います。たくさん持っている人が払います。次は他の人が払います。たとえば，割り勘でそのとき食べたら，そのときお金を持ってない人がいたらみんなで食べられないじゃないですか。
　インタビュアー：そうか。そういう人でも食べられるように。
　子：お金を持っている人が先に払って，今は持ってないけど，いつか持っているときに払います。
　インタビュアー：日本で話したんですけど，おごったらおごられた人が申し訳ないと感じるからある意味相手を困らせることにもなると思う人もいますが。
　子：そういう考えに賛成できるかどうかはっきり言えないですね。……おごったりすることはお金の問題だけじゃなくて人間関係，……おごったりおごってくれたりしないと，人間関係はいつまでも変わらないというか良くならない。やっぱり，おごったりおごってくれたりした方がいいから。

　インタビュー事例7　父と祖父　2005年　ベトナムハノイ調査
　インタビュアー：お父さんは割り勘とおごりとどちらが良いと思いますか。
　ベトナム父：誘ったり，誘ってくれたりすることは，本当に良いんじゃないですか。でもいつも誘ったりとか，いつもおごってくれたりとかならいけないですね。
　インタビュアー：ああ，両方がお互いにやるのが良いということですね。
　ベトナム父：そうですね。
　ベトナム祖父：……お金の問題じゃなくて，それは人と人の関係，やっぱり人間の関係です。いつもお金のことを考え過ぎると。……いつも割り勘すると，それはあま

りよくないかな。誘ったりすることにも，やり方があります。たとえば今日誘ってくれたことに，明日すぐお返しするのはよくないです。もし，そうすると，お金を返すことと同じかな。

　インタビュー事例6と7にベトナムでの子どもと父と祖父の意見の一部を紹介した。ベトナムの子どもも割り勘もおごりもしており，おごりより割り勘の方が良いと答えた例ももちろんあるが，大体上のインタビューのような雰囲気である。おごりのやり過ぎや一方的になってしまうことはよくないが，「ある程度，適当に」するのは良いと認識しているように感じられる。「割り勘にするとそのときお金を持ってない誰か食べられない人が出てくるから」という理由づけでおごりはポジティブに意味づけられ，おごりにより関係が深まると語っている。また，おごりは「お金の関係ではなく，人間関係」であることを子どもも祖父も強調している。ベトナムのインタビューでもお金の「自己限定」的な捉え方よりは，「相互交換」的な捉え方の規範意識を持っていると見ることができる。

　しかし，本書の第1章で紹介されているように，ベトナムの子どもたちは「ごはんおごり」に対して67.7%が，「おやつおごり」に対して52.1%の子どもが自分で支払った経験がないと回答している。この結果は，本章で紹介した，貸し借り・おごりに関する友だち関係を問うた結果で，ベトナムはおごり・貸し借りをポジティブに捉える「相互交換」が非常に高いこととは矛盾する結果である。この矛盾する結果は，価値観としては「相互交換」型を好むが，実際におごり行為をすること自体は多くないことを示しているのかもしれない。

　以上の4か国のインタビューの紹介例から，友だち同士のおごり・割り勘をめぐって，国によって少し異なるイメージがありそうだと考えることは難しくないだろう。

　友だちにおごらないことで父に注意された韓国の様子，おごり合いが生じると何か難しい関係・トラブルが起こりそうだと思う日本の様子，おごりの良し悪しははっきりせず，必要に応じて行っているような答えとおごりの関係は酒と肉の友だちと表現していて，まだどちらが多いか曖昧な中国の様子，人間関

係を深めるための適当なおごりは良いとされるが実際にそれほどおごりが発生していないかもしれないベトナムの様子がイメージできる。

4. 状況によって異なるおごり・割り勘のパターン

　ここまでは，500円程度の食事でも100円以下のお菓子でも，単に「おごり」か「割り勘」というひとつのことばで述べてきた。しかし，インタビュー事例3でも見られたように，「100円以内のものなら」とか，例5での「親しい関係なら」や例6の「やり過ぎると悪い」など，おごり・割り勘に対するネガティブな反応もポジティブな反応もそれぞれの条件が隠れているように思われる。このおごり・割り勘が起こる場面をその状況も含めてもう少し具体的に捉えてみる必要がある。

　子どもたちは具体的に何をおごっているのだろうか。インタビューで子どもたちの答えがあったものを表4にまとめた。紙面の制約があるので，インタビューデータを示すことはできないが，「やり過ぎることや高過ぎることはよくないが，普通なら必要・良い」という韓国の語りや，「お菓子やジュースならばもらったりすることがある」と答えた日本人の子どももいたように，具体的な場面を見ると，どの国においても，すべてのものに関して「おごり（割り勘）は良い」または「おごり（割り勘）は悪い」というふうに捉えられているわけではない。また韓国やベトナムではいつもおごりをして，日本はいつも割り勘ばかりしているのでもない。友だちと関わるその場では，子どもたちは具体的な自分の友だちとの関係や持っているお金の金額やどのような場面なのかを瞬時に捉えながら行動しているともいえる。家庭訪問インタビューで得られたデータと日常の観察をもとに，おごり・割り勘現象をもう少し状況によって分けてみた。

　インタビューのデータから，「どんなときに」「誰と」「どのように」「どんなものを」おごるかに関する子どもや親の回答を取り上げ，日常観察も参考にしつつ検討した結果，子どもの年齢や置かれた状況によっておごり・割り勘のパターンが異なることを見出し，それを7つのパターンにまとめた。

表4　子どもたちがおごる食べ物

	おごる食べ物	補足説明	
日本	ジュース，お菓子	100円以内	
韓国	ジュース，お菓子，アイス	300～500ウォン	
	トッポッキ，海苔巻き，カップラーメン	1000ウォン程度	学年が上がるにつれておごる品目や値段も広がる
	ハンバーガー，うどん，ロッテリアなどのファストフード	2000-3000ウォン	
中国	ジュース，お菓子，アイス，水		トッポッキは朝鮮族の回答
	トッポッキ		
ベトナム	ガム，お菓子，ジュース，チェ，タニシ		
	食事	1000～3000ドン	

注：本表は，食べ物の種類がインタビューの逐語録にあるもののみ掲載した。トッポッキとは，ウインナーの形の餅を炒めた軽食。チェとは果物の実が入っている飲み物。

　A **分けて食べるパターン**：小学校の低学年からよく見られる。「友だちの家に行ったとき，一人がお菓子を買って一緒に食べる」「道で友だちにあったとき，誰かがお菓子を持っていると一緒に食べる」と言った。お菓子を一緒に分けて食べるパターンはどの国でも見られ，小1の小さい子どもから高3の子どもまでやったことがあると答える場合が多い。

　B **大人数で配り合うパターン**：バレンタインデー，正月などにクラスのほぼ全員で互いに配り合うパターン。日本や韓国ではバレンタインデーに友だちにチョコを配ることや遠足のようなイベントでお菓子を配り合うことは，日常生活でもよく観察される。ベトナムでは正月にお祝いの意味で，友だち同士で小さいお金（日本のお金で5円くらい）を互いに与え合うことが一部のインタビューで報告された。

　C **親しい友だちと返報パターン**：特別に親しい少人数の友だちとおごり合うパターン。一人がおごり，次の日はおごられた子がおごり返す。ルールを意識することもなく，負担感もあまりなく，自然におごり合いが行われる。親が介入された状態で行うこともあるが，韓国では小学生のときからよく見られる。誕生日のときに友だちを招くということから始まる場合も多い。

　D **グループ内で順番回しパターン**：特定の仲間やグループメンバーで順番に一人が他の全員分を払う形でおごっていく。この場合は自分の順番などを意識しており，時にはおごる側に負担が生じる。韓国では小学校高学年になるとこの

第3章　お金を媒介にする友だち関係の構造

表5　各国におけるおごり・割り勘のパターン

	A 分けて食べる	B 大人数で配り合う	C 親しい友だち返報	D 順番回し	E 一方的	F みんなで払う	G 各自払う
日本	◎	○	( )	( )	( )	◎	◎
韓国	◎	◎	◎	◎	◎	◎	◎
中国	◎	( )	◎	○	( )	○	○
ベトナム	◎	◎	◎	○	( )	○	○

注：◎よく見られる，○少し見られる，( ) インタビュー時には答えがなく，把握できていない。
　　厳密にパターン分けをして聞いたのではなく，インタビューデータや日常観察を参考に著者が区分した。

形のおごりを体験し始める。中国やベトナムでもこの形のおごりをするという答えは見られたが，日本は順番におごっていくという答えは得られなかった。

　E 一方的パターン：このパターンはおごり返さなくてもいいパターンである。先輩後輩関係で先輩が後輩におごったり，または特別にお金が入った人が1回限りのおごりをしたりする。そう頻繁に起こるわけではないが，高校生くらいになるとたまに経験する。

　F 全員一緒に払って共食パターン：全員が同一金額を払う日本のコンパのような形であるが，韓国やベトナムでは，全員同じ金額を払うこともあるが，お金を少なく持っている場合は持っている分だけ払うことも起こる。

　G 各自払うパターン：自分が食べた分だけ各自払うパターンで，もちろんこの現象も4か国すべてにおいて見られる現象である。

　以上の七つのパターンを4か国のインタビューデータに照らし合わせてみたのが表5である。子どもの友だち同士のおごりへのポジティブ感が相対的に高い韓国ではパターンAからパターンFまですべての現象が見られる。一方，日本では，お菓子を分けて食べる比較的軽いおごりであるパターンAとB，そして「自己限定」型に近いFとGパターンが中心で，本格的なおごりといえるパターンC，D，Eはインタビューでは見られなかった。中国は大人数で配り合うBと一方的なおごりのEの報告がなく，ベトナムでは一方的パターンのEが報告されなかった。全体的には比較的に韓国とベトナムで各パターンのおごり現象が多く見られ，日本のおごりのパターンが最も少ないといえる。

　韓国の友だち関係におけるおごり・割り勘のイメージは図3に近く，日本で

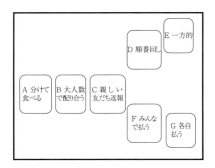
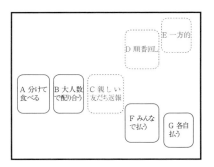

図3　相互交換優勢型（韓国のイメージ）　　図4　自己限定優勢型（日本のイメージ）
注：図の左から右は，年齢の変化を示し，上下はおごり強化，割り勘強化の方向を意味する。

のイメージは図4に近いといえる。韓国，ベトナム，中国ではA・Bの段階から相互交換優勢型へ広がりがあると同時に自己限定型へも広がりがあり，その都度の状況に合わせて選択させていると思われるが，日本ではA・Bの段階から主に自己限定優勢型のみに方向づけが強く，関係によっておごりか割り勘かの選択をすることは少ないといえる。

5. 自己限定型友だち関係と相互交換型友だち関係の異なる論理・背景

　これまで，友だち同士のおごり合いやお金の貸し借りに関するインタビュー調査や質問紙調査のデータを中心に日韓中越の4か国の子どもたちの様子を述べてきた。
　「お金は大事に使うべきで，無駄遣いをしてはいけない」ことや「友だち関係は大事で，なるべくトラブルを起こさずに過ごす方が良い」ということに反対する人はいるだろうか。この基本的な考え方は同じでも，今まで見てきたように，お金をめぐる子どもたちの行動や認識の報告は4か国において少しずつ異なっていた。
　日本では，おごりや貸し借りは「お金が絡んだ関係」として即捉えられる雰囲気がある。「おごること＝お金を意識すること，割り勘すること＝お金が絡んでいないこと」と捉えられ，おごり・貸し借りはネガティブなこととして捉

表6　おごり・割り勘を捉える異なる論理

おごりを捉える視点		割り勘を捉える視点	
ネガティブ 日＞中＞韓・越	ポジティブ 韓・越＞中＞日	ポジティブ 日＞中＞韓・越	ネガティブ 韓・越＞中＞日
借りを作った感じ	うれしい	自立（自己責任）	利己的
上下関係になってしまう	親しみの行為	相手は配慮結果	相手無配慮
何かのトラブルへ	人間関係のために	平等のため	情・人間関係が浅い
不平等な感じ	一緒に食べる平等	割り勘促進しつけ	割り勘注意しつけ
依存（自立していない）	助け合い・融通	お金の関係にしないため	お金を意識している
負担感与える	負担感あまりない		
相手への無配慮	相手への配慮の結果		
おごり抑制しつけ	おごり共食しつけ		

注：呉（2003），呉・山本・片・高橋・サトウ・竹尾（2006）で使われたものを再整理した。

えられていた。反面，韓国では「友だち関係＝共食を楽しむ関係」の方が先にあり，「お金が絡んでいること」は抑制されるべきで，表に出さない傾向があるように思われる。ベトナムも「友だち関係＝共食関係」と認識をしており，「割り勘ばかりすること＝お金を意識すること」として語られた。

　以上のようなおごり・割り勘に関する意味づけ・論理づけについて，インタビューデータや4か国の研究者同士の重なる議論から読み取れた点を表6のように整理した。

　表6にまとめられた内容を見ると，おごりや割り勘を捉える日本と韓国の論理が正反対であることが分かる。具体的な理由づけは日韓において正反対であるが，おごり・割り勘をセットにして見てみると，とりわけ日本における友だち関係においては，割り勘選好論理がつながっており，韓国における友だち関係においては，おごり選好論理がつながっている。そして，おごり選好と割り勘選好という論理の背景には，両方とも，「友だちの関係を良くするために」が，働いている。質問紙調査結果として示した「自己限定」の日本と「相互交換」の韓国・ベトナム・中国という結果とも相通じる。

　このように東・東南アジアという地域に位置する4か国であるが，なぜ，お金を媒介にする良い友だち関係の捉え方がこんなにも違うのだろうか。その「なぜ」を突き詰めて定めることは簡単ではないが，とりわけ，子どもたちが

表7 日韓中越の子どもたちが手にするおこづかいの文脈とおごりの位置づけ

国	お金・おこづかいの文脈		友だち関係におけるおごりの位置づけ
	4か国共通	各国の特徴	
日本	交通費，文房具，参考書など学校・勉学に関する費用	趣味・嗜好	好みで選択，割り勘共食（＋居合わせの社会的機能）
韓国		友だちへおごり	おごりによる社交的共食（＋社交的機能）
中国（延吉）		朝食・昼食	おごりによる生命維持共食[4]（＋扶助機能＋社交的機能）
ベトナム		朝食・昼食	おごりによる生命維持共食（＋扶助機能＋社交的機能）

置かれた消費社会の状況や子どもたちが手にしているお金の意味そのものが異なることは，第1章や第2章などの内容からも読み取れる。

　第1章でも示されているように，4か国の子どもたちの前に広がる消費世界の程度が異なり，子どもたちの参入程度が異なり，お金をもらっている理由が異なる。2015年IMF発表基準での一人あたりのGDPが高い順は日本（3万2486ドル）・韓国（2万7195ドル）・中国（7990ドル）・ベトナム（2088ドル）であり，子どもの前に広がる商品の世界や子どもの消費が許される範囲の広がりも日韓中越の順に見ることができる。子どものお金をめぐる価値規範や実際の行動すべてが，単純に経済的な要素と直結しているわけではないだろうが，消費世界への参与など，ある程度の範囲では関係しているだろう。

　表7に国ごとに子どもが手にするお金・おこづかいの文脈をまとめてみた。まずは，文房具・参考書・交通費など学校関連のお金は4か国共通であるといえる。それ以外の国ごとの特徴を捉えると，①日本では「趣味・嗜好のための費用として，お金の使い方の訓練として」のお金が与えられ，②韓国では「友だちとおごり合うための社交費として」のお金が与えられ，③ベトナムや中国（特に延吉）では「朝食または昼食代という生命維持費用として」のお金が与えられている特徴がある。

　このようにお金・おこづかいが与えられている文脈の違いを考えると，友だち同士のおごり・割り勘の位置づけが異なるのは当然かもしれない。おごりが目立つ韓国では「社会的スキルとして」または「単なる習慣として」おごりが捉えられ，ベトナムや中国（特に延吉）では，「生命維持活動・相互扶助とし

て」のおごりの側面が見える。また日本ではおごりは「トラブルの原因として」「不平等として」位置づけられることが多いので，おごりの代わりに「割り勘」がより浮き彫りにされる。

6. おわりに

それぞれの国で異なる「おごる友だち関係（相互交換型）」と「割り勘する友だち関係（自己限定型）」は，どのように変化してきて，どのように変化していくのだろうか。日常場面で話題になると，「日本も昔はおごりが多かったがだんだんしなくなった」とも言われるし，「日本はもともと昔から割り勘の方向づけの価値観を持っていた」とも言われる。

おごりが目立つ韓国でももちろん，割り勘は多く見られるが，今後日本のように割り勘する友だち関係へさらに強化されていくのだろうか。今は相互扶助的な意味が強いベトナムや中国のおごりは，現在の韓国で見られるような，社交性それ自体を目的とするおごりへ変化していくのだろうか，あるいは日本のように良い友だち関係のために，おごり抑制の方向へいくのだろうか，または，ベトナムや中国の独特な形になっていくのだろうか。

以上の問いはもちろん，単純にミクロ環境における友だち間のおごりか割り勘かということで終わるのではなく，「良い人間関係」「親しい人間関係」「普通の人間関係」とはどういう形なのだろうということとつながり，それはまた，「個」の在り方，「家族」の在り方，「地域などの共同体」の在り方，「社会の在り方」がマクロな環境の中でどのようにつながるのかということとも関係しているだろう。

本書では日韓中越4か国における，今を生きる子どもたちのお金をめぐる生活世界を捉えているが，4か国を同時に捉えることによって互いに異なる他者の存在を意識するようになり，当たり前の感覚が限定された範囲であることを知らされる。あくまでも他者として位置づけ，その違いを知ろうということだけでも「異文化理解」にはなるだろうが，異なる他者が同じ時空間に共にいるとき，どのようになっていくのかという問題には今後取り組む必要があるだろう。

注
[1] 質問紙調査は 2002 年から 2006 年にかけて小学校 5 年，中学校 2 年，高校 2 年生を対象に行われた。質問紙の主な内容は，①お金のもらい方，②お金の使い方，③お金をめぐる価値観（善悪判断・許容度判断，お金を関わる親子関係，お金をめぐる友達関係）に分けられる。質問紙の詳細は，竹尾ら（2009）や付録を参照。
[2] 因子負荷量 0.40 以上の項目を取り上げた。
[3] インタビュー調査は，2002 年から 2005 年にわたり，韓国の済州道とソウル，ベトナムのハノイ，中国の北京と延吉，日本の東京で順次行われた。研究者・通訳者合わせて 3, 4 人が前もって調査を依頼した家庭を訪れ，家の中でインタビューを行った。インタビューの内容は，お金・おこづかいのもらい方・使い方，管理の仕方，お金をめぐるトラブル，お金の良い使い方・悪い使い方，おこづいは誰のものなのかなどである。分析に用いているケースは日韓中越の順に 11 名，17 名，11 名，16 名である（インタビュー調査の詳細は，呉，2011; Oh, et al., 2005; Pian et al., 2006 や付録を参照）。
[4] ベトナムや中国では，朝食や昼食をそもそも家や学校給食ではなく，外のお店で買って食べる場合も多く報告されており，同じ食事のおごりでも韓国で見られる〈社会的交流〉を目的とするおごりとは意味が違う場合もあるが，結果的に社交的機能があると考える。

引用文献

呉宣児．(2003)．子どものおこづかい，買い物にみる日韓の異なる論理．AERA MOOK 心理学がわかる（pp. 94-96）．朝日新聞社．

呉宣児．(2011)．異文化理解における対の構造のなかでの多声性——お小遣いインタビューでみられる揺れと安定を通して．山本登志哉・高木光太郎（編），ディスコミュニケーションの心理学：ズレを生きる私たち（pp. 49-70），東京大学出版会．

呉宣児・竹尾和子・片成男・高橋登・山本登志哉・サトウタツヤ．(2012)．日韓中越における子ども達のお金・お小遣い・金銭感覚：豊かさと人間関係の構造．発達心理学研究，**23**(4), 415-427.

呉宣児・山本登志哉・片成男・高橋登・サトウタツヤ・竹尾和子．(2006)．異文化理解における多声性の方法（マルチボイスメソッド）——子ども同士のおごり合い現象をどう見るかに焦点を当てて．共愛学園前橋国際大学論集，**6**, 91-102.

Oh, S., Pian, C., Yamamoto, T., Takahashi, N., Sato, T., Takeo, K., Choi, S., & Kim, S. (2005). Money and the life worlds of children in Korea: Examining the phenomenon of ogori (treating) from cultural psychological perspectives. *Maebashi Kyoai Gakuen College Journal*, 5, 73-88.

Pian, C., Yamamoto. T., Takahashi, N., Oh, S.-A., Takeo, K., & Sato, T. (2006). Understanding children's cognition about pocket money from mutual-subjectivity perspective. *Memoirs of Osaka Kyoiku University, Series IV*, 55, 109-127.

第 2 部

日韓中越・子どものおこづかい
文化内在的視点から読み解く

第4章

韓国の子どものお金をめぐる生活世界

崔　順　子, 金　順　子
(チェ スン ジヤ) (キム スン ジヤ)

1. はじめに

　本調査に参加して，日本，中国，ベトナムの諸地域を訪れ，家庭訪問をし，街頭インタビューを行い，おこづかいをめぐる各地の生活を身近に体験した。韓国とは違うおこづかいの使い方やもらい方に出会ってとても印象深かったが，最初に簡単にその印象を書いてみる。
　日本の場合は教育を念頭に置いて子どもにお金をあげている印象が強かった。そして，おこづかいについて子どもの使い方の自立性は韓国よりやや低いように思えたが，だんだんと一人で自分を管理できるようにしているということであった。
　一方で日本の子どもでは，「親からもらったお金は自分のもの」という意識が強いという印象もある。ある子どもは，親にもらったお金は自分のものであるのが当たり前だと語っていた。韓国であれば，もらったお金でも自分のものというより，親のものであるという意識が強いように思えるし，親もまたそうである。その上で親子間でお金のやりとりが頻繁に行われる形になっている。日本のように教育を念頭においてというよりは子どもの要求に応じてお金をあげているのである。
　自立ということについていえば，日本ではある親が，自分がいなくなっても

子ども一人でも生きられるように育てたいと話していたことが印象的だった。日本もそうだとは思うが、韓国では親の死については特に重く考え、タブー視されているので、このような形で自分の死を前提にした話をすることはあまりないと思われる。それで日本のお母さんが自分の死後を引き合いに出して子どもの将来を語ることには強い印象を受けたのである。

中国では一人っ子のためか、子どもについての関心が強く、子ども一人で何かをやるより親がしてあげることが多いという印象があった。関心の内容ということでいえば、韓国の場合は子どもの学習面、特に学校の成績に関心が強いが、中国の親は子どもの生活（大人になっての社会適応）、社会人としての経済的自立に関心が強いという気がした。

また寄宿制の幼稚園で小さい子どもが園で夜も過ごすことは驚きだった。もちろん韓国でも子どもを夜預かることはあるが、法律によって定められた保育園で、事情がある場合に、たまに少数の子どもを預かるだけである。それも普通は祖父母に預けることが多く、保育園を使うのは周りにどうしても預けられる人がいない場合に限られている。

ベトナムについては、おこづかいの使い方で自分の子どもが悪い道に進んでしまうのではないかということを強く心配しているという印象があった。また友だち同士でお年玉をあげることが見られたが、韓国ではプレゼントはあっても、何かのお祝いで友だちにお金をあげることはあまりない。それについては、ベトナムの人たちはそれぐらい人間関係を大切にしていると感じた。道でバイクがぶつかった時は、喧嘩するよりは、警察が来る前にお互いに話し合って問題を解決する。それは、人間関係が大切だからであるという話も聞いたが、そういうことにも関係するのかもしれない。

これらの国と比べると、韓国の親は子どもたちにより自由にお金を使わせ、また一人でも店に行くようにさせるなどといった形で自立させていると感じられた。

そのような各国の印象を背景にしつつ、改めて韓国調査で見えてきた韓国の特徴について、第1章以降に述べられた他の共同研究者の議論についてもいくつかの点で対比させながら、以下で筆者らの見方を述べてみたい。

2. 調査地域の特性と調査の内訳

2-1 韓国の概況

韓国は東アジアの大陸の先端に位置している。言語は韓国語を使用している。面積は9万9720 km^{2}で，人口は約4900万人である。GDPは2014年（10月推計：IMF基準）で国民1人当たり2841万8841ドル，主な宗教は仏教とキリスト教である。

歴史的に見れば韓半島には約70万年前から人が住み始めた。歴史的に古朝鮮，高句麗，百済，新羅の三国時代をへて高麗，朝鮮に至る。そののち19世紀に入ると韓国では長い間，アジアと欧州の数か国が，帝国主義的野望を持って，韓半島に対する影響力を争ってきた。中国とロシアに勝利した日本は1910年，韓国を併合し植民地支配下に置く（駐日本国大韓民国大使館，2013）。

第二次世界大戦における日本の敗北で韓国は独立したが，冷戦によって生じたイデオロギーの違いによって国が南北に分断されてしまった。1947年11月の国連総会で，国連委員会の監視のもとで総選挙を行うことを求める決議が採択された。しかし，ソ連は同決議に従うことを拒否し，また，韓半島北側への国連委員会の立ち入りも拒否した。そこで国連総会は，国連委員会が立ち入り可能な地域での選挙を求める決議を新たに採択。1948年5月10日，韓国で初めての選挙が，38度線以南の地域で実施された。この38度線を境に韓半島は南北に分断されることになり，今に続く。

1960年代以降の韓国の成長志向・輸出主導の経済発展は目覚しく，1970年代には「漢江の奇跡」とまで言われた。1990年度の後半には経済危機もあったが，これらの韓国の経済的な発展が子どもの生活にも深い影響を及ぼしている。

2-2 調査内容

韓国の子どものお金をめぐる生活世界を見るために2002年2月にインタビュー調査を行った地域は済州島である。その後，2002年8月にソウルの真ん

表1　インタビュー調査内訳

調査地域	調査時期	調査対象	調査対象者数	その他
済州島	2002.2	小学1年生〜高校3年生	14名	母親9名
ソウル	2002.8	小学1年生〜中学3年生	14名	母親9名 父親1名

中を流れている漢江の北側（江北）と西側で行われた（表1）。

　質問紙調査は2002年から2006年にかけて小学校5年，中学校2年，高校2年生を対象にソウルで行われた。質問紙内容は他の地域で行われたものと同じである。質問紙調査は2回に分けて行われ，最初に調査対象となった小学校はソウルの江北のやや東に位置し，社会経済的には普通のレベルの家庭が多く，昔からの住宅地域でそこからの子どもたちが通っている。中・高校はソウルの江北のやや北に位置し，社会経済的には普通のレベルの家庭が多いが，少数，上位の家庭もあり，近くに国立公園に指定されている山がある。中学校の近くには市場もある。2回目の質問紙調査は，小学校はソウル漢江のやや東側と京畿道のソウル郊外の新都市（龍仁市）で，中・高校は京畿道の新都市で行われた。

3. 消費主体として生きる韓国の子ども

3-1　韓国の子どもにとってのお金の意味

　韓国の子どもにとって，お金は「すべてを可能にするもの」という意味が強いように思われる。韓国社会の急速な市場経済社会化がそれに影響を与えているだろう。市場経済化と経済発展と共に，お金はより便利な生活のため，なくてはならないものとなり，生活を急激に変えていった。

　こんなエピソードもある（京郷新聞，2013）。中学校の36歳のある教師は2012年の「幸せの授業時間」に，生徒の李君（15歳）が描いた「私の脳の構造」の絵を見て驚いた。そこに描かれていたのは，パソコン，勉強など，少数の単語を除いてすべて「お金」という字だったからだ。どうしてそれほどお金に執着するのかと思い，教師は李君に理由を尋ねた。李君は「彼女と映画を見

たり，おいしいものを食べたり，プレゼントも買ってあげなければならないから」と答えた。

2013年には，韓国の興士団(フンサダン)という社会団体が首都圏の小・中・高校生6000名を対象としたアンケート調査を行っているが，その中で実に高校生の44％が「10億ウォン与えられたら1年間，監獄に行ってもかまわない」と答え，社会に衝撃を与えている。中学生でも同じ問いに対する選択比率は28％に上り，小学生も12％であった。

この調査結果について心理学者である延世大学のソ・ウングク教授は「自分の好みや信念，価値観よりは他人の視線と評価，形式を重視して比較する傾向が強いことが影響している」と分析した。また，ソウル大学のチェ・インチョル教授は「従来の韓国社会では，自分の現在の階級と階層を越えられる唯一の手段は，試験でよい成績をとり，よりよい学歴を持つことであったが，1997年末の通貨危機の影響で，お金が即座に階級や階層を決定する最も強力な手段になったこともひとつの理由である」と述べた。

ここで指摘された問題は，子どもや青少年自身というより，社会や親の価値観の問題である。もちろんすべてというわけではないが，多くの社会や親にこのような傾向があり，それが子どもにも影響を及ぼしている。韓国の親は教育熱心であると言われているが，それはよい大学に進学し，よい職場に就職するためである場合が多い。それにより，どうしたらより多い収入を獲得できるかに大きな関心が向けられていると思われる。このような親の価値観が子どものお金に対する意味づけに影響を及ぼしているのであろう。

3-2 韓国の子どものお金のもらい方

第1章に書かれているように，ソウルである母親に今の子どものお金に対する感覚について尋ねると，「子どもの時はお母さんのことを考えて，自分からお金をくださいとは言わなかったし，必要なものしか買わなかった。でも今の子どもはちょうだいと言えばもらえるものと思っていて，それを当然だと思っている。それは自分からするとおかしな感じだ」と答えていた。また，この研究のための予備調査の際，別の母親も「現在の子どもはカードを入れれば，お金は機械から出るものだと思っている」と言っていた。韓国の子どもがこのよ

うに感じるのは，多くの親が，子どもがお金が必要だと言えばすぐにお金を渡していることがひとつの理由であろう。

では子どもはどのようにお金を得ているのか。インタビュー調査で，韓国の親は交通費やおやつ代以外にも，食事代や友だちの誕生日プレゼントの代金などを必要なお金としてあげていた。特に勉強関連のお金に関しては，手元にお金がなかったら貸してもあげている。さらに誰からお金をもらっているかを第1章でも取り上げた小学生5年生の女の子のインタビュー調査の事例から具体的に見てみよう。

> インタビュアー：じゃあ，こんどはお年玉や誕生日にお金をもらったことはありますか？
> 子ども：お年玉は10万ウォン（約10ウォンは1円）くらいもらっているけど，それは父母に預けています。
> インタビュアー：誰がくれますか？
> 子ども：おじいちゃん，おばあちゃん，おじ，おばがほとんどです。
> インタビュアー：お誕生日とかでお金もらうことってありますか？
> 子ども：お誕生日にお母さんから5万ウォンもらって，外に出て友だちと一緒に食べて，3万ウォンくらい残して，お母さんに返しました。

この事例でわかるように，韓国の子どもはおじいちゃん，おばあちゃん，親戚のおじ，おばからお金をもらうことが多い。また，親の友だちや知り合いからもらう場合もある。筆者も現在，おい，めいや，友人・知り合いの子どもに対して，「お年玉」「誕生日のお祝い」の他にも，会う機会があれば，ほとんどの場合おこづかいをあげている。

本研究で研究対象になっている小学生には，おこづかいとして1万ウォン，中学生には3万ウォン，高校生には場合によるが3万ウォンから5万ウォンくらいが与えられている。金額は人によるが，そのように韓国の場合は頻繁に大人が子どもにおこづかいを与えられる。

筆者がおい，めいをはじめ友だちや知り合いの子どもにおこづかいをあげる理由には，筆者の子ども時代の体験，記憶が影響している。貧しかった自分の子ども時代に，親戚のおじに会うと，いつも1万ウォンずつおこづかいをもらった。それが必要なものを買うことに役立った。その記憶が，今の子どもを同

じように喜ばせたいという思いになり，さらに私たちの時代は経済的に豊かになったために，それを実際に実現できる機会が著しく多くなったのである。

　大人は今の子どもの多くがすでに豊かな生活をしていて，それほどお金に困るようなことがないことは知ってはいるが，親からもらうお金以外に，さらに子どもが自由に使えるおこづかいがあれば，精神的にももう少し余裕を持てるのではないかという思いがある。もちろんお金でものを買うことがすべて精神的な健康につながるとは思わないとしても，やはりそのように感じることが多い。

　韓国の子どもは，交通費，おやつ代，食事代，友だちの誕生日プレゼント代など，必要なものを買うためのお金は，ほとんど親からもらえている。子どもは必要なものを手に入れるという，目的が決まったお金（目的特化金）をもらう以外に，さらに親をはじめ親戚や知り合いから「お年玉」や「誕生日のお祝い」「入学・卒業のお祝い」「お手伝いのご褒美」などの名目で自由に使えるお金をかなりもらっているのである。

　調査データを見ても，このような自由度が高いお金をもらう頻度を3件法で評定した結果は，韓国の子どもたちでその頻度が高かった。なかでも知人からもらうお金の得点が特に韓国では高く，これらの結果は上記の筆者の感覚をそのまま反映するものになっている。

　また，子どもが手にするお金には，おこづかいやお祝いなど，一方的に与えられるお金もあれば，「お手伝い」や「アルバイト」などの報酬として与えられるお金もある。

　そのうち「お手伝い」の具体的な内容としては，質問紙調査では親にマッサージをしてあげたり，白髪を抜いてあげたりしてお金をもらった経験が語られていた。また，質問紙調査のための予備調査（2009年）には，韓国の母親からの「洗いものをした時500ウォン，掃除をした時300ウォンをあげている」「靴の整理をした時100ウォンをあげている」といった回答も見られた。

　アルバイトについては，韓国の中・高校生はほとんど経験がない。経験頻度を見ると，アルバイト代を「もらったことがない」の1点から「何度ももらったことがある」の3点までの3件法で，韓国はわずかに平均が1.37にとどまっている。現在も中学生はアルバイトをあまりしていないが，高校生の場合は

105

コンビニなどでアルバイトをする事例も出てきている。

　いずれにせよ韓国では，中高校生は何よりも勉強を優先すべきであるという考えが強い。調査でも，韓国の中学生がチラシを配るアルバイトをした話を聞いて親が驚いたという事例について，中国の研究者が例として挙げていた。韓国では勉強を一生懸命せず中高校生がこのようなアルバイトをするということを親が後で知って驚くのは当然である。アルバイトをしながら，その子が親に言わないのは，アルバイトをすると言えば叱られるからである。

　また，もらい方についていえば，子どもがこれら各種のお金を手にする際，韓国では定期的にもらうよりは不定期にもらうお金が多いのもひとつの特性である。

3-3　韓国の子どものお金の使い方

　上記のように，韓国の子どもは必要なものを買うためのお金，交通費，食事代なども，親から必要なお金としてもらっている。当然それらの使い方はその目的通りの使い方になる。

　交通費に関しては，子どもが小学校は家から歩いて通う距離にあることが多いが，日本とは違って韓国では，中学生になるとバスなどを乗らなければならない場合が多いので，ほとんどの学生がそのお金をもらっている。また，食事代は学校では給食が多いのでいらないが，放課後の塾などで何かを買って友だちと一緒に食べるのに使うことが多い。

　ソウルで行ったインタビュー調査で，先に取り上げた小学5年生の女の子も語っているように，お年玉についてはもらったお金をそのまま親に預けることが多い。やはりソウルの事例で，小学校の3年生の男の子が16万ウォンの貯金を母に預けたというが，お母さんが「必要な時に使ってしまいました」と答えているように，そのお金は親が使う場合がある。子どもから預かったお金を親が気楽に使うのは，逆に子どもから必要があると求められれば親は与えなければならないからで，お互いに相手のお金を使い合っているのである。

　最近は親が将来，子どものために使うように子どもの名義で通帳を作る場合も多い。ここで将来というのは，子どもの大学の学費を想定していることが多いだろう。金額によっては将来の子どもの結婚費用や，結婚後に住宅を購入し

てあげることを考えている場合もある。

　お年玉など子どもが自由に使えるお金の使い道として，質問紙で子どもに買いたいもの，ほしいものを聞いた結果を見ると，次のような傾向が見られている。多いのは衣類，本，ゲーム，コンピュータ，ファッション，電気製品など趣味関連の項目である。この項目から見ると，韓国の子どもはすでに市場経済社会でもう一端の消費主体になってきていることがわかる。

　また，韓国ではカラオケに行った経験が中学生でも6割を超えており，高校生にもなるとほとんどが経験している。逆に過半数の子どもが「そういうものにお金を使ったことがない」と答えた項目は「友だちと賭け事」（53.2％）であった。韓国ではカラオケは幼い時から家族の集まりなどで行く機会が多く，親も子どもが友だちとカラオケに行くことについてはあまり抵抗感がないと思われる。しかし，子どもが友だちと賭け事をすれば叱られるだろう。韓国では大人が賭け事で家の財産を全部なくしたという話が結構ある。当然，子どもの時期に賭け事をして，それが習慣化することを親は懼れることになる。そのような親の考えが子どもにも影響を及ぼしている。韓国社会では，子どもが賭け事をすることを認める雰囲気は全くない。

　韓国では，学費や食事代の他でも，親の支出が継続的に増加しているという特徴が本研究を通して明らかになった。これは韓国では中学生・高校生になってもアルバイトはあまりせず，親からもらう場合が多いという状況を考えれば当然の結果ともいえる。子どもの経済生活は，日本のように高校生でアルバイト経験が増え，収入面でも「自立」が進み始めるのに対し，韓国では高校時代を通して「勉強第一」とされる結果，すべての面で親が負担する形に自然となっている。

　そのような親の負担は年々増加しており，韓国の保健福祉部（2013）が全国1万8000世帯の男女1万3385名を対象に実施した「2012年の全国結婚や出産の動向調査」と「全国出産力および家族保健福祉の実態調査」によると，子ども一人当たりの養育費（大学卒業までの22年間）は，2009年には年2億6204万ウォンだったものが，2012年には3億0896万ウォンになっている。ここには休学時にかかる費用や，語学研修の費用などは除外されており，それらを加えればさらに額は大きくなる。

それら子どもの養育費のうち、一番比率が大きいのが私教育費（塾・予備校費）で、その額は月22万8000ウォンに上った。食事代も2009年の月15万6000ウォンから20万4000ウォンに増加している。

韓国の子どもが自由に使えるお金の使い道としては、遊びと趣味などがあげられた。ところで遊びに自由に使えるということは、ただ自分が必要なものを手に入れるためにお金を使うという意味を超えて、人間関係をコントロールする意味が含まれている（竹尾ら、2005）。続いてお金を媒介にした親子関係と友だち関係について見てみる。

4. おこづかいを通して見た韓国における親子関係

お金を媒介にした親子関係を見れば、韓国の親の子ども観、つまり、親として子どもという存在をどのようにとらえているかがそこに深く関係していることがわかる。ムン・ウンヒ（문은희、2011）は、韓国の親は子どもとの関係を一生「包含関係」のようにとらえているのだという。つまり子どもを独立した一個の人格体としてより、自分の中の一部としてとらえるのである。

4-1　包含関係としての韓国の親子関係

韓国的な「包含関係」としての親子関係は、本研究の結果に見られるように、おこづかいを不定期的にあげたり、子どもが預けたお金を何気なく使う原因のひとつになるだろう。ここで9歳の男の子の語りを取り上げる。

Kくん：持っていて、で、お母さんにあげたお金が16万ウォンぐらいある。

インタビュアー：ウォーウォ！　えー！　そのお金はどうやって手に入れたの？　16万ウォンとか4000ウォンとか。

Kくん：その、祭りの日とかで、親戚からもらったお金と、自分が家の中で何かやってさっき言ったようなそんなお金を、……

(中略)

インタビュアー：お、えー！　そう。えーと、さっき、16万ウォンだったかな、16万、あ、お母さんにちょっとお伺いしたいですけど、その16万ウォンというのは貯金をされていますか、それともお家の方に？

母：必要な時に使ってしまいました。(皆、笑う)

インタビュアー：知ってました？
Kくん：知ってます。小さい時から知ってました。

　この事例でも，子どもが母親に預けたお金を母親が使ってしまっている。第2章で，日本の研究者（竹尾）は，それらに見られる韓国の親と子どもの関係を，緊密さと表現している。しかし筆者から見ると，緊密さという語は横並びの関係での距離の近さのイメージがあるのに対して，より韓国的なイメージに近づけるなら，親が子どもを自分のうちに取り込むような，ムン・ウンヒ（문은희，2011）のいう「包含関係」として表現した方がよいように思われる。
　たとえば，親は子どものものは親のものでもあると思っており，子どもも親からもらったお金をやはり親のものと感じ続けている。また，子どもが自分のお金を預かっても，それ以上のお金を親は子どもにあげるという思いがあるだろう。子どもは親の切り離せない一部という意識が韓国では特に強いかもしれない。

4-2　親の都合

　質問紙調査では，「必要な時にもらうお金」が他国に比べ韓国では多いという結果になった。これを日本の研究者（竹尾）は韓国の親子関係に特徴的なコミュニケーションのあり方が，不定期不定額型のおこづかいのもらい方の背景になっている可能性があると述べている。しかし，単に親と子の関係というだけではなく，そこにはさらに，韓国の親には金銭教育の意識があまりないように思われることや，親の都合によって子どもにおこづかいをあげている傾向，もうひとつは親が常にお金を持ってはいないという理由も関わると思われる。
　次は質問紙調査の予備調査（2009年）で得られた小学校3年生の母親の語りである。

> 「おこづかいを定められた期間に与えることはまだしていません。その前の段階として家族のみんなに役立つ家事，たとえば靴整理などを自らするようになると100ウォンずつあげています。」

　このように小学3年生になってもまだ定期的におこづかいをあげておらず，

家事手伝いへのごほうびとして不定期に渡しているにとどまっている。もし親が金銭教育の意識が強く，そのためにおこづかいを与え始めるのだとすれば，最初から定期的なおこづかいをあげるのではないかと思う。

もちろん定期的におこづかいをあげるか，不定期におこづかいをあげるかは，家の経済状況にもよると思われる。子どもに定期的におこづかいをあげたい親も，家計が苦しければ当然それは難しいだろう。このような経済事情も，韓国のおこづかいの与え方に影響している。

5. おこづかいを通して見た韓国の子どもの友だち関係

ジョージ・ベイレントらハーバード大学の研究チームは，1930年代末にハーバード大学に入学した2年生の268名の72年間を追跡し，幸福の条件は「人間関係」であることを見出した（조지 베일런트，2010）。人間関係がどの文化においても大事であることは言うまでもないことであろう。本研究では，韓国で友だちへのおごりなどについて特に積極的であることが繰り返し指摘されてきた（呉，2003; Oh, et al., 2005）。次にこの点について見てみる。

5-1 相互互恵的な韓国の友だち関係

次は韓国の済州島のインタビュー調査（2002）での母親の語りである。

　母：お父さんがよく言うことで，友だちと一緒にいるのに自分一人で買って食べることはよくない。友だちと一緒に買って食べなさいとか言う。

続いて，小学生4年生と母親のインタビュー調査（2002）での語りである。

　インタビュアー：えーと，そしたらさ，自分のおこづかいで友だちにおやつを買ってあげたりしたことある？
　子：はい。
　インタビュアー：うん，そういうことはよくある？　たまに？
　子：たまに。
　インタビュアー：自分の分を自分で買う時と，友だちに買ってあげたり買ってもらったりする時，どちらが多いかな？

子：一緒に食べる時が多い。
インタビュアー：自分だけ買って食べたりする時ってある？
子：一人でいるとき。
インタビュアー：おー，じゃ，他の友だちと一緒にいる時にはだいたい分けて食べる？
子：はい。
インタビュアー：うーん，そうか。日本の子どもたちに聞いたら，おこづかいは自分のために使うものだから，人におごるのはよくないという子もいたけど，どう思う？
子：利己的に思う。
インタビュアー：あー，そしたらね，日本の子どもにはね，相手の人が負担を感じるからあまりおごらない方がいいと言う人がいたけど，どう思う？
子：自分で買ってあげると，また次は友だちが買ってくれるし，私にお金がない時は，友だちが買ってくれたりするのはいい。

「自分の分を自分で買う時と，友だちに買ってあげたり買ってもらったりする時，どちらが多いか」と聞いたら「一緒に食べる時が多い」と答えている。また，「他の友だちと一緒にいる時にはだいたい分けて食べるか」と聞いたら「はい」と答えている。この事例にも語られているように，韓国の子どもは友だちと一緒に食べることが多い。また，友だちとだいたい分け合って食べる。

質問紙調査ではお金を媒介とした友だち関係に関して調査した。質問は友だち同士のお金の貸し借りやお菓子と食事のおごり合いに関する内容の13項目で構成されている。

韓国の友だち関係の支出の経験は友だちにご飯をおごる，プレゼントを買ってあげることを中心に，おごりや貸し借りなども学年と共に増え続けていることが明らかである。そしてやはりおごりの項目で，韓国の平均が全般的に高い。

韓国の子どもの相互互恵的な関係を表す項目の得点は，各年齢層で平均3点を越えている。また，小学生の時より高校生になると得点が高くなる傾向がある。ここにも韓国の子どもが，友だちに何かをしてあげたいという気持ちでお金を使っていることが現れている。

第3章ではそれを「相互交換的」という用語を用いて説明しているが，筆者は「相互互恵的」という表現がより適切ではないかと思う。つまり，交換とい

う言葉には「見返りを期待する」イメージが伴うが，韓国の子どもが友だちと一緒に食べたり，分け合って食べるのは，友だちも自分にやってくれるという見返りを期待してやるより，相手のためにやってあげたいという気持ちが強いと思われるからで，お互いに相手に「恵みを提供する」気持ちがあって，それが互恵になるといえるからである。

5-2　平等な関係の韓国の友だち関係

　本研究では，韓国の子どもは友だちとお互いにおごり合うことが多いことがわかった。また，第3章で明らかにされているように，韓国の子どもの友だち関係では次のような結果もあった。

　おごりは「やりすぎることや高すぎることはよくないが，普通なら必要・よい」。バレンタインデーに友だちにチョコを配ることや，遠足のような記念のイベントでお菓子を配り合うことがある。親しい少人数の友だちとおごり合う。一人がおごり，次の日はおごられた子がおごり返す。この場合はルールを意識することもなく，負担感もあまりなく，自然におごり合いが行われる。

　また，特定の仲間やグループメンバーで，順番に一人が他の全員分を払う形でおごっていくこともある。この場合は，自分の順番などを意識しており，時にはおごる側に負担が生じる。全員が同一金額を払う。自分が食べた分だけ各自払う。いずれもお互いに負担をかけずに関係を作っていることである。

　これについて日本の共同研究者から，日本で割り勘をするのは平等な関係のためという説明を受けた。それを聞いた時，おごりが不平等につながるという視点がなかった筆者は，「なるほど」と思った。つまり，日本の研究者がいうのは，一緒に食べて誰かが費用を払ったら，その人が関係の中で優位な力を持つ構造になってしまうので，その点に気を配るということである。韓国ではお互いにおごり合うので，必ずしもそういう上下関係が生まれるわけではないが，おごりではそういう上下関係の形成が問題になりうるという観点から考えると，今後韓国の子どもでも今のようによくおごるより，平等な関係を追求するような形が多くなる可能性はあるだろう。

6. おわりに

　1960年代以降の韓国は，成長志向の政策ですでに高度な市場経済社会に入っており，その変化が子どもの生活にも影響を及ぼしている。お金をめぐるインタビューと質問紙調査を通して，次のような韓国の子どもの生活世界が垣間見えた。

　まず，もう韓国の子どもはすでに市場経済社会の消費主体になっていた。親子関係では，親が中心の「包含関係」「親の都合による関係」であった。友だち関係では「相互互恵的」であり，平等な関係であった。

　韓国では意識的な金銭教育はまだあまり行われていないが，たとえば，不良食品を買ってはいけないと言われるなど，日常生活の中でお金の使い方については子どもは親に実質的には教育されている。

　市場経済社会でお金なしの生活は困難である。しかし，お金が人間の生活すべてを占めてはならない。現在，韓国の社会の価値，親の価値が物質主義的であることは筆者には残念である。お金はあくまで手段であり，手段として必要なもので，それ自体が目的になってはならないだろう。

　そのような「手段としてのお金」ということを考える上でも，本研究で見てきたようにお金は多様性を持っており，文化による解釈の違い，それぞれの社会の特質も表した「意味の違い」を見ていくことには，大事な意義があると思われる。

参考文献

보건복지부. (2013). 2012년 전국 결혼과 출산동향조사 및 전국 출산력과 가족보건복지의 실태조사. (保健福祉部. (2013). 2012年全国結婚と出産動向調査および全国出産力と家族保健福祉の実態調査.)

呉宣児 (2003). 子どものおこづかい，買い物にみる日韓の異なる論理. AERA Mook 心理学がわかる. 89号，朝日新聞社.

Oh Seon-Ah, Oh, S., Pian, C., Yamamoto, T., Takahashi, N., Sato, T., Takeo, K., Choi, S., & Kim, S. (2005). Money and the life worlds of children in Korea: Examining the phenomenon of ogori (treating) from cultural psychological perspectives.

    Bulletin of Maebashi Kyokai Gakuen College 5, 73-88.
竹尾和子・呉宣児・片成男・高橋登・サトウタツヤ・金順子・崔順子．(2005)．お金のやりとりから見た子どもの親子関係と友だち関係──ソウル調査から．発達研究，**19**, 13-28.
駐日本国大韓民国大使館．http://jpn-tokyo.mofa.go.kr/korean/as/jpn-tokyo/main/index.jsp．2013. 2. 16. 引用
京郷新聞．2013年2月16日．
문은희. (2011). 엄마가 아이를 아프게 한다. 예담. (ムン・ウンヒ．(2011)．母が子どもを痛くする．韓国：イェダム)
조지 베일런트 저, 이덕남 역. (2010). 행복의 조건. 프런티어. (ジョージ・ベイレント（著），イ・トクナム（訳）．(2010)．幸福の条件．韓国：フロンティア)

第5章

中国の都市部の子どもとお金の智恵

周　念　麗
(ジョウ　ニエン　リ)

1. はじめに

　おこづかいはポケットの中のちょっとしたお金であり，金額が少ないだけに経済学者たちからは軽んじられがちである。また，その他の分野の専門家や研究者たちからも，経済学者以上におこづかいはとるに足りない研究領域だと思われているようである。しかしおこづかいをめぐる一連のデータをみれば，教育を専門とする人々，社会的な活動に従事する人々も経済関係の仕事に従事する人々も，知恵をふりしぼって考えてみたくなるにちがいない。

　中国は依然として発展途上であるが，都市部の子どもが1年に平均してもらうおこづかいの金額は，すでに世界でも最も多いものになっている。『解放日報』(2009)は，2005年のある調査を引用している。それによると，この時点でもすでに中国の6歳から15歳の子どもが手にしているおこづかいやお年玉は56億元にものぼる。調査対象となった，北京，上海，広州など中国国内9つの大都市・中都市の6歳から15歳までの子ども450万名のうち，87%の子どもがおこづかいやお年玉をもらっており，父母や親戚から一人あたり毎月平均で60元のおこづかいと平均で730元にものぼるお年玉をもらっている。

　中国青少年研究センターが2009年6月北京，上海，寧夏，遼寧，陝西，湖南など6地域の大都市10校の1537名の高校生を対象に，毎月もらうおこづか

いの金額について調査を行っている（解放日報，2010）。高校生が毎月もらうおこづかいの金額の平均は250元であった。また，そのうち上海の高校生が毎月もらうおこづかいの平均金額は299元であり，これは中国の都市部住民の平均月収の17％にあたり，日米韓3か国よりもはるかに多かった。

中国都市部の子どもは，なぜこれほど多くのおこづかいを手にすることができるのだろうか。また，こうしたおこづかいをもらって，彼らはどのような意識や心理状態をもつようになるのであろうか。さらに，彼らはどのような消費行動を行うのだろうか。これらの問題を心理発達の観点から検討することはとても重要だといえる。

社会主義市場経済がしだいに確立し，整備されてるとともに，中国の総合的な国力と人民の生活水準は向上し，人々は財テクや消費により多くの関心をよせるようになった。なかでも株式ブーム，ファンドブームが起こり人々の話題の的となった。現在，中国の15歳から24歳の青少年人口は2.4億人を超えているが，そのような状況の中，中国の青少年に対する金銭管理教育には重大な欠陥がある。すなわち，青少年に対するこうした面での教育は，ほぼ空白に近い状態になっており，それによって，青少年の理財・消費についての考えに，間違った点や好ましからぬ結果をもたらしているのである。まだ経済的能力がないその子どもたちに対し，理財教育を行う最もよい道はおこづかいである。家庭の経済状況にかかわらず，子どもたちはさまざまなルートからさまざまな金額のおこづかいを手にしているからである。

本書の他の章ですでに比較文化研究の視点から，中国の都市部の子どもたちのおこづかいの中に潜む金銭観や価値観，消費行動が，日本，韓国，ベトナムの同年齢の子どもたちと比較されている。本章では，上に述べたような問題をめぐって，上海における調査結果にもとづき，中国都市部の子どもたちの財産や富についての知恵（財産や富についての観念，財産や富についての心理，財産や富についての行為，という3つの次元の能力を含む）について現状を述べ，あわせて調査結果に関連すると思われる要因について探索的な検討を行う。

他の章の分析が主に日中韓越の文化差に焦点をあてているのに対し，ここでは上海の異なる社会階層の子どもが通う3種類の学校（エリート校である重点校，一般の普通校，比較的低所得の自営業者が多い民営の学校）を比較調査対

象として用い，親の社会階層が子どものおこづかい世界にどのような影響を与えているかに関する分析も同時に行う。

それらの分析により，関係者が子どもたちに対する金銭管理教育をさらに重視し，実践するようになることを願う。

2. おこづかいに反映された中国都市部の子どもたちの財産と富についての知恵

本章で用いる「財産と富についての知恵」という言葉には，財産と富についての観念，財産と富についての心理，財産と富についての行為，の3つの内容が含まれている。財産と富についての知恵をもっている人間は，社会的な道徳規範に合った財産や富についての観念をもっており，財産や富について健全な心理をもち，また理性的な行為を行う。以下では，典型的な例を提示しながら 2009 年に上海の小学 4 年生 186 人，中学 2 年生 178 人，高校 2 年生 160 人に対して行った質問紙調査の結果を中心に，その他関連する研究を組み合わせて詳細に分析し，中国都市部の子どもたちの財産と富についての知恵について考える手がかりを見出したい。その際，親の経済階層の違いがもたらす影響について注目する。

2-1 おこづかいに反映された財産と富についての観念

ここで「財産と富についての観念」とは，人々の財産や富に対する態度やそれを追求する価値志向性のことであり，金銭観，消費観，理財観などを含み，価値観のカテゴリーのひとつである (Kiyosaki, & Lechter, 2000, 2011)。我々の調査の中では，上海の 524 名の 3 つの年齢段階（小学生，中学生，高校生）の子どもたちを対象に質問紙調査を行っている。調査の中で，我々は数多くの選択式（25 項目），あるいはオープンエンドな質問を通して，子どもたちの金銭使用についての価値判断や金銭使用の自由度に関する意識判断について調査した。さらにインタビューでは子どもたちがもらったお年玉をどう使うかについても聞き取り，それらを通して子どもたちの財産や富についての観念について分析を行った。

おこづかいに潜む価値観

　ここでいうところの「価値観」とは，子どもたちの金銭の使用目的に対する一種の妥当性の判断のことである。すでに第1章などで論じられたように，おこづかいの使用について小学生から高校生までの価値判断には，似たような傾向がある。調査した25項目について，その内容からいくつかのカテゴリーに分類し直して分析したところ，上海調査でおこづかいを使うべきではないと考えられたカテゴリーは，値の高いほうから順に，遊び，家で使う日用品，交通費，おもちゃ，おごり，プレゼント，文房具となる。しかしながら，それらのカテゴリーにお金を使ってもよいと考える度合いは，文房具，プレゼントなどのカテゴリーを除いて，他はすべて年齢とともにしだいに増加している。また，なかでも遊びへの金銭使用については，小学校から中学校にかけて急激に変化しており，高校になると，おこづかいを遊びに使ってもよいという判断が一般的になり，おこづかい使用の遊び性が目立って増加する。

　質問紙調査では，子ども自身がその項目におこづかいを使うことをよいと考えているかどうかと，親がその使い方を許すと思うかどうかという2つの角度から，おこづかいの使い方についての意識を調査している。上海の小学4年生の場合，おこづかいを，遊園地に行く，カラオケに行く，といった遊びの面で使ってはいけないということを理解している。だが交通費，家庭で使う日用品に使うこともよくないと考えていることについては，考えさせられるものがある。彼らはおこづかい使用の妥当性について本当の意味ではわかっていないのかもしれない。実際，遊びやおもちゃは子どもたちが最も愛するもののはずだが，その彼らがおもちゃを買うべきではないというとき，それは彼らが本当に心からそう考えているのか，あるいは親がそう教えるのでおもちゃを買うことに罪悪感を持っているだけなのかについては，より深く分析する必要があるだろう。また，友だちにご飯をおごることについても子どもたちによくないと考えられているというのは，彼らのおこづかいの金額が足りないためにおごりをすべきではないと考えている可能性もある。

　中学生の場合は，おこづかいを使うべきではないと考えるカテゴリーについては小学生とほぼ同様であるが，自分自身がよくない使い方と答えるカテゴリーと親が許さないと答えるカテゴリーの間の割合のズレは，小学生に比べて明

らかにより大きくなっている。つまり，彼らは親が許してくれる可能性を小学生より大きく見積もりながら，自分自身はそれに使うのはよくないと考えているのである。ここから見て取れるのは，中学生は小学生に比べて金銭使用についての価値判断において，より自律性が増しているということである。

　高校生についてはタイプの異なる２つの高校で調査を行ったが，この年齢段階でもおこづかいを遊びやおもちゃに使うことについての子どもたちの寛容さの度合いはさらに大幅に増加しているにもかかわらず，父母が許容する程度についての認知は小学生に近い。このことは，中学生ではある揺れを示しながらも，中国の家庭教育が一貫していることを示しており，調査に参加した３つの年齢段階の子どもたちのおこづかいに対する価値判断と親の許容度についての認知も，大枠としてはすべて一致した傾向を示しているとも考えられる。

　各項目についても，小学生では子どもたち自身が考える悪いおこづかいの使い方についての考えと，親が許容しないと子どもが考える項目は基本的に一致し，一致するものにはさまざまな遊び面での消費が含まれている。中学生では，両者が一致するのは「友だちと賭け事をする」「ゲームセンターに行く」「カラオケに行く」などになり，さらに高校生になると，「友だちと賭け事をする」と「ゲームセンターに行く」だけが残る。このことは，おこづかい使用についての価値判断が次第に親から離れ，自律していく過程を示している。

おこづかいの中に潜む理財についての考え方

　子どもたちはおこづかいをもらったあと，どのように使うだろうか。その中に彼らのどのような理財についての考えが隠されているだろうか。ここでは小・中・高・大学生を対象とした質問紙調査の回答の中から，この問題について簡単に整理してみたい。

　上海の重点小学校（父母のほとんどがホワイトカラーや公務員で社会階層や経済力が比較的高い）と民工小学校（父母は地方から来ており，主に小規模自営業者で，社会階層としては比較的低い）の子どもたちを対象に行ったインタビュー調査において，我々を驚かせたのは，重点小学校の子どもたちの中にはおこづかいで株を買っている子どもがいたことであった。それに対して後に示すようにおこづかいの少ない民工小学校の子どもたちは，その少ないお金を貯

めて母親にハンドクリームやマフラーを買ってあげたりしていた。ここにも見られるように，子どもの家庭の経済的地位が異なれば，子どものもつ理財観もまったく異なるということである。

2-2 おこづかいに表れる財産と富に関する行為

おこづかいに関連して，中国の子どもたちや親たちに，財産と富をめぐるどのような行為がみられるだろうか。以下では，子どもたちがもらうおこづかいの金額，入手経路，入手目的からこの問題について検討する。

おこづかいの入手経路と使い道

おこづかいの入手経路は年齢によらず，「お年玉」としてもらうおこづかいの割合が最も高い。経済発展と生活水準の向上にともない，子どもたちに与えるおこづかいとお年玉の金額もしだいに増加している。都市部の一般的な家庭の年総収入は約2万元から4万元であり，親たちが毎年子どもに与えるお年玉は，そのうち1％から2％を占めている。また，少数の裕福な家庭では，子どもに与えるお年玉は何万元にものぼる。たしかに，子どもに楽しく年越しをさせることはできるだろうが，逆に子どもたちにお金を浪費させ，おやつを買ったり，ネットカフェに行ったり，さらには喫煙，賭け事や多くの非常に悪い習慣まで身につけさせて，子どもたちの心身の健康を非常に損なうことにもつながる。

また我々の調査結果が示すように，「誕生日のプレゼントとしてもらうお金」「親戚や父母の友人がくれるお金」といったいくつかの項目も，子どもたちがおこづかいを手に入れる入手経路のひとつである。そして，「家事の手伝い」「アルバイト」「友だちがくれるお金」という3つの項目から得るおこづかいの割合は最も低い。子どもたちが働いておこづかいをかせぐという現象はどの年齢でも非常にまれにしか見ることができないものであり，高校生になると勉強がさらに忙しくなり，家事に参加することもむずかしくなる。また，「家事の手伝い」といったかたちでおこづかいをもらうことは幼稚で，年齢が低い子どもたちによりふさわしいものだと高校生は思っている可能性もある。

他の国の子どもたち，とりわけ高校生や大学生がアルバイトを通しておこづ

かいを稼いでいる状況とは異なり，中国の子どもたちのおこづかいは，ほとんどが親からもらうものである。このことは，中国の親が過保護であるために，子どもに自分で働いておこづかいを稼がせようとすることが少なく，おこづかいの金額もその使い道の自由度も大きい，ということを表している。その結果，中国の子どもたちに正しい財産と富についての観念を欠けさせ，適切な財産と富をめぐる行為を行わなくなるといったことを，より生じさせやすい。

同時に，少なからぬ子どもたちが，常にありとあらゆる手段を尽くして親におこづかいを要求している。最も多いのは，勉強しない，泣く，宿題をしない，などといった手段で親を脅すのである。また，機に乗じるやり方で親とおこづかいをもらう交渉をする子どももいて，たとえば家にお客さんが来た時，親が麻雀をする時，親が重要な用事があって外出する時などは，いずれもおこづかいを要求する絶好の機会となり，そういう場合には，いくら欲しいといえばそれをもらえることになっている。彼らはそうした機会を狙ってはいつも「勝利」を勝ち取るのである。

筆者が行ったある調査（未公刊）では，30名の小学生のおこづかいの使用状況についてみると，最も多かったのはおやつとおもちゃを買うことであった。また中学生の場合，リモコンのレーシングカーや四輪駆動車など主に高級玩具を買っており，おこづかいの少ない子どもたちの多くが質のよくないおもちゃやあまり衛生的でないおやつを買っていた。彼らは，見た目は大きくて派手で，価格も安く，中におもちゃもおやつも入っているようなものをいつも狙っており，特に，くじが付いているようなものには夢中である。その他に，中学生はおこづかいを使って，自分の好きなもの，たとえばCDや漫画本などを買いたいと考えていた。

もらうおこづかいの金額の比較

湖南省益陽赫山区蘭渓一中のある教師が2000年度に親や教師に調査を行った結果によれば，半数の子どもたちのおこづかいが300から400元に達し，さらに3割の子どもたちは400元を超えていた（中国教育報，2001）。彼らのおこづかい1年分は，実にその地域の大人ひとりの1年の衣料費や食費に相当する。これほど多くのおこづかいを，親はどのように与えているのか。この問題に答

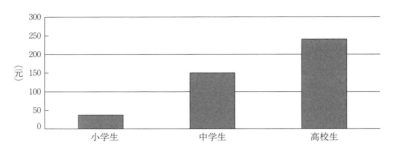

図1　上海の小中高生が毎月もらう金額

えるために，我々は上海市の小・中・高校生が受け取るおこづかいの入手経路について調査を行った。

まず，子どもの毎月のおこづかいの金額について分析する。図1には小中高生の毎月のおこづかいの金額が示されている。図1から見て取れるように，毎月の金額の平均値は，それぞれ小学生36.92元（$SD=48.62$），中学生149.87元（$SD=212.844$），高校生241.06元（$SD=296.034$）と，年齢段階が上がるにつれて増加した。

小学生の大多数は毎月の金額が50元以下であり，100元を超える者はわずか7％にとどまった。中学生では，70％近くは100元よりも少なかったが，10％近くの子どもで300から1000元となり，さらに1000元を超える者もおり，最も多い子では1700元に達していた。高校では100元以下は半数近くにとどまり，100元以上の子どもの人数は中学と比べて増加していた。なかでも300元以上の子どもは20％を超え，2000元に達する子どもさえいた。

このことは，たとえ同じ学年の子どもであっても，個人差が非常に明確に存在していることを示しており，少ない子どもは毎月数十元にも満たないことさえあるのに対して，多い子どもでは千元単位にものぼる。そこに中国の子どものおこづかい事情の特色のひとつが現れている可能性があるが，そのような大きな格差の要因として，次に我々は父親の職業との関係の点から分析を進める。

父親の職業と子どものもらうおこづかいの金額との関係

ここでは父親の職業を便宜上以下の3グループに分類した。

1 ブルーカラー（工場労働者，自営業者，パートタイマーを含む）
2 ホワイトカラー（会社員，教師，公務員を含む）
3 ゴールドカラー[1]（比較的大きな会社の経営者で，収入が非常に多い）

　この分類を用いると，我々の調査対象とした3つの学校，すなわち重点校，普通校，民工校について，生徒の親の階層分布は図2から図4の通りである。
　ここに見られるように，上海の重点校は小学校，中学校，高校いずれもゴールドカラーが相対的に多く，特に小学校の重点校ではこの社会階層の子どものみが在籍している。全体に社会階層としては重点校が一番高く，民工校は最も低い。
　次に社会階層別に，子どもたちのおこづかいの金額について，比較を行う（図5）。図5からわかるように，父親の職業的背景の異なる3つのグループの子どもたちの，毎月のおこづかいの平均金額には明らかな差を見出せる。すなわち父親の職業または社会階層は，子どもの手に入れるおこづかいの金額に対して，非常に大きく影響することは明らかである。
　これを学校間で比較しても民工小学校の子どもたちの平均26.88元に対して普通小学校は43.25元（$SD=53.83$）とかなりの差があり，普通中学校と重点中学校間では前者が平均122.13元（$SD=119.53$）なのに対し，後者は177.61元（$SD=274.365$）となり，さらに重点中学は普通中学よりも55.5元多かった。また普通高校は141.46元（$SD=155.05$）であり，重点高校は365.92元（$SD=374.717$）と，後者は前者より224.46元多い。
　以上，中学生を除き，学校間でも有意差がみられるが，その差は親の社会階層間で直接比較した場合のほうがより明確にみられることが分る。

民工小学校と重点小学校の子どものおこづかいの使い方
　さらに民工小学校の生徒と重点小学校の生徒を比べてみると，家庭背景の違いが消費意識の違いを決定するということが分ってくる。
　第一に，民工小学校で，遊び関連の消費項目に対してよくない，賛成しないと考える子どもの比率は，重点小学校の子どもたちよりもはるかに高い。非常に限られたおこづかいを遊びに使うというのは，こうした貧しい子どもたちの目からみれば，容認できないことなのである。

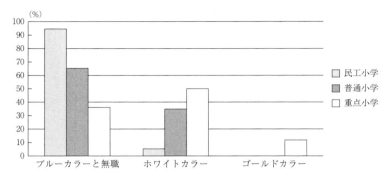

図2 父親の階層と小学生が通う学校との関連

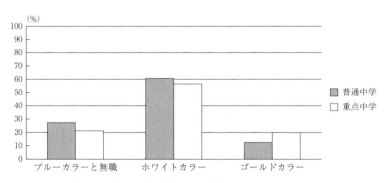

図3 父親の階層と中学生が通う学校との関連

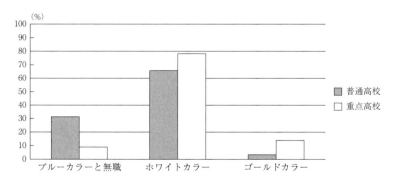

図4 父親の階層と高校生の通う学校との関連

第5章　中国の都市部の子どもとお金の智恵

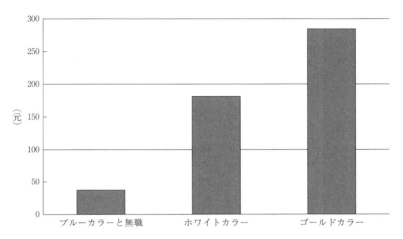

図5　父親の階層とおこづかい金額

　さらに子どもたちが，よいおこづかいの使い方で親も許していると考えている項目の中で，「家で使う日用品を買う」「家のおかずの食材などを買う」という2項目についても，民工小学校の子どもたちは重点小学校の子どもたちに比べてはるかに得点が高い。中国のことわざの「窮人的孩子早当家（貧しい家庭の子どもは早くから自立する）」がここでも該当するといえるのかもしれない。

　民工小学校の子どもたちと重点小学校の子どもたちの間のこうした違いは注目に値する。子どものお金についての認知とその使い方は，彼らの日常生活と切り離して考えることはできないものであり，同様に，子どもの価値観の形成と消費意識は，家庭の社会的地位の影響と切り離せないものである。あるいは，古典的な理論から引用すれば，「経済的な基礎が上部構造を規定する」ということになろう。

　民工小学校の親が従事する職業には「自営業」や「パートタイマー」が多いが，こうした職業は，上海のように多様性に満ちて消費水準も高い都市では，どんな位置にあるだろうか。「自営業」は上海では多くは食べ物やちょっとした商品を売る屋台や小さな店などの零細業者である。また，「パートタイマー」というのは肉体労働者のことである。親がそうした職業に従事する家庭の子どもがまず理解するのは，「お金を稼ぐのは容易ではなく，これらはすべて親が

汗を流して苦労して稼いだお金だ」ということである。したがって，消費についての価値判断の際にも，彼らは遊び消費を自分の生活における重要な部分だとは考えず，家事を手伝い，家庭内の基本的な生活を維持することを大事と考えるほうが多いのである。そのため，民工学校の子どもたちはおこづかいで「家で使う日用品を買う」「家のおかずの食材などを買う」ことをよいこととみなすと思われるのである。

逆に重点小学校の子どもたちは，親の多くが会社員，教師といった頭脳労働者の家の子どもであり，彼らは働くことの苦しさを実感しにくい。そのため，彼らの注意は生活自体ではなくて遊び消費に向きやすく，「家で使う日用品を買う」「家のおかずの食材などを買う」といった面について，こうした家庭の子どもたちは，おこづかいのよい使い方と思うことが非常に少ないのだろう。

遊び消費は精神的な楽しみであるが，それはしっかりした経済的基礎の足場があってはじめて存分に楽しめるものである。計画経済の時代には人々にとって衣食住を満たすことが重要であったが，市場経済の時代になって，人々の収入レベルが上がり基本的な衣食住が満たされた上で，さらに精神的な楽しみを享受する一定の心の余裕をもつようになったのである。重点小学校と民工小学校の違いも同様に理解できる。

第二に，「友だちにお金を貸す」「友だちからお金を借りる」といった項目の肯定度合が小学生から高校生にかけてしだいに上昇していた。さらにこれを民工小学校と重点小学校で比べてみると興味深い事実が浮かび上がる。すなわち重点小学校よりも民工小学校の子どもたちのほうがこれらの項目の肯定度合が高かったのである。これは経済条件がよい子どもたちは，基本的にお金がないといった状況が存在せず，したがって彼らにとってはお金の貸し借りの必要がないので，こうした支出に賛成しないのかもしれない。逆に，経済条件があまりよくない子どもたちは，お金がなくて欲しいものが買えない事態がしばしば起こりうる。そういう時には，仕方なく友だちに援助を求めるのが自然であり，こうしたことが子どもたちの中ではよく起こっているのかもしれない。

親の社会階層の違いが消費生活に二極分化を引き起こすのは大学生も同じである。裕福な家庭の学生は，アディダスのＴシャツを着て，ナイキの運動靴を履き，胸元に新発売の携帯やiPhoneをぶらさげ，気前よく1か月に1000元

から2000元の消費を行うのが普通のことである。他方，貧しい学生は，1か月の生活費は500元にも満たない。それでも大部分の大学生の財源は家庭や親しい友人からの資金援助によるものであり，アルバイトでお金を稼いでいるのはごく一部にとどまる。彼らの収入では，消費水準の高い上海でお腹を満たすことでさえ容易ではなく，おこづかいを遊びに使うなどということは，冗談にしかならない話なのである。

　以上の比較では，貧しい民工小学校の子どもたちのほうが，助け合いの関係においておこづかいを使う傾向がより多く見られたが，他方で中国の近年の急速な経済成長と国民全体の消費水準の向上の中でも，おこづかいを公共の利益のために使う，という理念は人々の心に深く浸透している。我々のデータでも，「寄付」の項目については，いいことであり，自由に使ってよいと多くの子どもが考えており，年齢にかかわらずそう考える割合は70％前後に達している。小学3年生へのインタビューでも次のようなやりとりが見出されている。

　問：どのようにお年玉を使うかについて，何か意見や考えはありますか？
　答：助けが必要な子がいれば，すぐに数十元を彼らに寄付します。

　このような回答は，実際，子どもたちの中に少なからず存在する。「先に一部の人が豊かになればよく，（その影響で）さらに他の一部の人が豊かになればよい」の理念（鄧小平の先富論）は中国人ひとりひとりの心に深く浸透している。子どもたちの心の中にも，貧しき者を援助し，困っている人を助ける，といった理念は，しだいに育まれている。

2-3　親の教育観について

　社会的要因と比べ，子どもたちの財産や富についての考え方の形成に対する家庭の影響は，より直接的なものである。子どものおこづかいに影響する可能性のある親の理念や行動を理解する上では，次のような点が重要なポイントとして挙げられるかもしれない。

　まず親の理念についていえば，第一に現在の社会における家庭の親の世代は，多くは計画経済の時代から生きてきた人たちであり，苦しい経済状況の中で生きてきたために，彼らは極端に走りやすい。ずっと貯蓄して消費しないか，金

銭至上主義で節度なくお金を使ってしまうか，のどちらかなのである。第二に，多くの家庭の親は，あまりよい教育，特に理財教育を受けておらず，彼らの理財の問題に対する理解は，基本的には「自学成才（独学で才ある人物となる）」式のものである。したがって，子どもの教育にもまじめに向き合わず，また科学的な方式や方法についても考えず，そういったものが必要になれば，子どもは自然と身につけていくものだ，と考えている。

　次に親の生活上の行動についていえば，次のようなことが注目される。ある調査によれば，留守児童[2]の親たちの多くが，長期にわたって出稼ぎの仕事をしているために，家に帰って子どもの面倒をみる時間が非常に少なく，そのためその埋め合わせの気持ちから，往々にして金額の小さくないおこづかいを子どもたちに与えがちになる。子どもたちは，これらのおこづかいを手に入れたあと，そのお金の使い方について指導・監督する人がいないために，非常に高いおもちゃ，流行りの携帯，ゲーム機などを買うのに使ってしまう。訪問インタビューによる研究の中でも，ある15歳の男の子の父母は，広東で働いており，1年に1度しか家に帰ってこず，毎年春節のあとで彼の親はお金を彼の祖父に渡し，祖父は毎月150元以上のおこづかいを彼に与えるという例があった。

　この場合金額はそれほど大きくないが，子どもにとってはどう使ったらよいかわからない程度には大きい金額である。そのため，彼は週末になると何人かの比較的仲のよい友だちと約束して，街に夜食を食べに行く。また，ある男の子は携帯を買って，大部分のおこづかいは毎月の電話代やインターネット代として使ってしまっていた。このように親が指導や管理をおろそかにすれば，子どもは与えたおこづかいをみだりに使い，子どもたちの健全な成長に悪影響を与えることにもなる。

　親たちの多くが，子どもにおこづかいをいくら与えるかということについては，親の経済状況によって決めてよい，と述べている。しかしながら，子どもがおこづかいをどのように使うかという問題については，親はあまり明確に考えていない。なかでも，出稼ぎをしている親たちは，一体子どものおこづかいがどのようなことに使われているのかについて知ることはさらに難しい。彼らは毎月お金を家の祖父母たちに送り，祖父母に子どもがおこづかいをどのよう

に使っているかたずねてはいる。しかし，祖父母たちがはっきり答えなくても親はそれ以上はたずねるわけでもなく，ただ毎月きちんとお金を送り，家に帰ったら子どもにお金を与える，ということを心がけるだけである。

3. 金銭教育に関する提言

現在中国では多元的な収入分配方式，資産選択形式，投資ルートが出現し，そのことは，人々が経済的知能を徹底的に発揮するための広大な舞台を提供するだけでなく，人々がいまだかつてない経済的なリスクに直面することにもつながっている。日増しに高まる個性化の波によって，消費の多様化が起こる。これらによって，しだいに膨大な消費と投資を行うようになってきた青少年という集団の経済的知能の資質について，より高い水準のものが求められるようになってきている。

2008年に全世界を巻きこんだ金融危機をきっかけに，非常に多くの親たちが財産や経済についての知識を学んで自分のために「充電」し，同時に子どもの理財意識と経済的な頭脳を養うことに注目しはじめた。しかし現在の中国社会は子どもの経済的知能についての教育が不足しており，大人になってからの理財能力が欠けていることでいくつかの問題が起きている。たとえば，毎月の収入を使い果たしてしまう「月光族」，クレジットカードの支払い超過に悩まされる「卡奴（カードの奴隷）」，親にお金を支払ってもらって生活する「啃老族（すねかじり族）」などの現象は珍しいことではなく，「富不過三代（金持ちは三代続かない）」といった悪循環も，豊かになった家庭の多くを困惑させている。これらの状況を考えれば，中国の子どもたちの財産や富についての観念と行為については，改善と向上が強く望まれる。

経済的知能（Financial Intelligence Quotient，略称はFQ）という概念が，アメリカの作家であり企業家でもあるキヨサキから提起されており（Kiyosaki, & Lechter, 2000.），これは人が金銭の運動法則を認識し，コントロールする能力のことを指す。つまり，理財の知恵なのであり，そこには財産と富についての，観念，知識，心理，行為の4つのレベルが含まれる。経済的知能は，人が最も

必要とする能力であり，同時に最もなおざりにされやすい能力でもある。それは，単独で存在しているのではなく，人のその他の知恵や能力と密接に関係しており，FQ と IQ，EQ はどれも現代の社会的能力の中で三大不可欠資質となっている。

しかしながら現在のところ，中国の全体的な教育モデルから見れば，子どもたちの経済的知能についての教育は重要な教育内容とはなっておらず，さらに子どもたちの経済的知能の資質について明確な基準は出されていない。経済的知能についての素質教育が不足していることは，我々の素質教育に欠陥と不足が存在していることを示している。

こうした状況になった原因として主に２つの要因がある。ひとつには長期にわたる中国の社会経済状況の影響がある。大衆は，小農経済，自然経済，計画経済の影響を今でも非常に深く受けている。こうした経済形態のもとでは，人々は質素で道徳的な生活を重視し，自給自足的で，収入に見合った支出をしていた。それにより，我々は，経済や社会の発展にともない，どのように正しく理財を行い，消費するかということが，子どもたちが社会で自立していく上で身につけておかなければならない基本的な技能であることを，充分に意識できないままでいるのであり，教育の停滞をもたらすことになったのである。

二つ目は，中国の伝統的な人材育成理念における「財」に対する軽蔑とさげすみである。「万般皆下品，唯有読書高（ただ学問のみが名誉をもたらしてくれる）」「視金銭如糞土（お金を汚くて価値の無いものとみなす）」「君子喩於義，小人喩於利（君子は道義を重んじ，小人は利益を重んじる）」などの教育観は，中国の現行の教育体系における理財教育の軽視に，一定程度影響を及ぼしている。

我々は，社会全体で子どもたちに経済的知能の教育を実施し，おこづかいから始めて，正しく子どもたちを指導することを望む。もし社会的な世論が子どもたちが盲目的におこづかいを使うことに対して見て見ぬふりをするのであれば，子どもたちの健全な成長に悪い影響を与えるはずである。甚だしくは，子どもに盲目的に多すぎるおこづかいを与えれば，違法犯罪行為も引き起こしやすい。なぜなら，子どもたちの金銭による侵害に対して抵抗する能力，善悪の弁別能力などはやや弱く，怠慢な人々が往々にしてこうした子どもたちを盗み，

強奪，強盗や賭博に誘う対象としがちだからである。

ではどのような教育の必要があるか。著者は次のような点が大事であると考える。

① おこづかいで子どもに買い物をさせる過程において，買う物を慎重に決めさせ，合理的な消費観念の形成と，基本的な消費能力の育成を行う。
② 需要に応じて消費することを知る。ひとりの人間の財産と地球上の資源はいずれも有限であり，節約と倹約は美徳である。節約と倹約によって，子どもたちはおこづかいをより多く有意義なことがらに使うようになる。
③ おこづかいを通して，「比較」と「選択」について学ばせる。
④ 理財を学ばせ，計画的に支出することを学ばせる。与える額もコントロールする。
⑤ 寄付などを通し，ひとをいたわる心を学ばせる。
⑥ 家事は家族のメンバーがみなできる限り果たすべき責任と義務であり，家事とおこづかいを安易に結びつけない。
⑦ 愛と金銭を混同せず，おこづかいの多寡が愛の大きさには関係ないことを分らせる。
⑧ お金をかせぐことの苦労を体得させる。

これらのように，正確な金銭意識をもたせ，子どもに科学的な理財観念を育むことは重要な意義があることを親は充分に認識すべきである。中国の実際の状況にかんがみれば，子どもたちの毎年のお年玉，おこづかいを全部合わせれば，かなりの財産になる。親は子どもにいかにこうしたお金を貯金し，あるいは使うかについて指導し，小さいころから正確な消費と貯蓄，投資といった理財観念をもたせるべきである。

親は財産と富についての理念を変えることと，それをめぐる行為を行うこと，さらにまた学校での経済的知能についての教育を通して，中国の子どもたちに本当の財産と富についての知恵を獲得させることができるのである。

(翻訳：渡辺忠温)

注
[1]（訳注）ゴールドカラーはもともと Robert Earl Kelley の *The Gold-Collar Worker* に発する概念で，(Kelly, 1985)，固定した組織に従属して仕事をするのではなく，自らの高い専門能力やマネジメント能力を自由に売って，広範囲に活躍する人をさ

す，著者の用語法とはずれる部分を持つが，ここでは著者の定義によって訳を進める．

[2]（訳注）親が都市部に出稼ぎに行くために農村部の祖父母などのもとに預けられて生活する子どもたち．

引用文献

中国教育報 2001 年 7 月 24 日《従一項調査看中学生零花銭状況》(http://www.jyb.cn/gb/2001/07/24/zy/6-xy/2.htm)

解放日報電子版 2009 年 4 月 11 日《児童理財遭遇——家長不熱乎 銀行不起勁》(http://bank.hexun.com/2009-04-11/116577929.htm)

解放日報電子版 2010 年 12 月 14 日《父母奨励孩子"不差銭"——高中生零花銭占城鎮居民月収入 17％》(http://newspaper.jfdaily.com/jfrb/html/2010-12/14/content_473302.htm)（なお，日本青少年研究所ウェブサイトに同調査が掲載されている (http://www1.odn.ne.jp/youth-study/reserch/)）

Kiyosaki, R., & Lechter, S.（2000）. *Rich dad poor dad: What the rich teach their kids about money that the poor and middle class do not!*. Warner Business Books.（清崎，R., 莱希．蕭明（訳）（2011）．富爸爸穷爸爸 中国：南海出版社．）

第6章

ベトナムの子どもとおこづかい

ファン・ティ・マイ・フォン，グエン・ティ・ホア

1. はじめに

　私たちがこれまで取り組んできた「おこづかい研究」では，日本・韓国・中国・ベトナムというアジア4か国の子どもたちのお金に関する思考と行動を明らかにし，子どもたちがどのようにお金を使うのかを調べてきた。これらの地域には，いわゆる東洋的な文化の共通性がみられるのだろうか。あるいは違いがあるのだろうか。私たちは通常，価値システム，集団主義と個人主義のような思考法やライフスタイル，行動など多くの点で，東洋の文化は西洋とは大きく異なると考えている。このことは，日韓中越を含むアジア諸国にとって，東洋的な文化が普遍性をもっていることを意味している。けれども私たちの研究からは，4か国の子どもたちの間に普遍的なパターンは見られず，このことは非常に印象深いことだった。
　たとえば日本の子どもたちは，お金に関して公正さや誠実さを非常に重視し，所有意識は明確であった。日本の子どもとお金の関係は，所有関係として特徴づけることができるだろう。韓国の子どもたちは友人に喜んでおごり，お金の使用は社会関係志向的である。韓国における子どもとお金の関係は社会的なものであり，友人関係の構築へと向かう。一方，ベトナムの子どもはお金の使用に関してはずっと親からのコントロールを受けている。彼らもまた社会関係志

向的であるが，その対象は親なのである。さらに，中国の子どもにとってのお金は韓国とベトナムの中間に位置しているように思われるが，どちらかと言えば親との関係に方向づけられている。こうしたお金に対する考え方や使い方の違いには文化ばかりでなく，社会経済的な発展の状況，家族の教育，消費社会に対する態度など，社会的な要因も反映されている。次節以降で私たちは，ベトナムの子どもたちのお金と子どもとの関係を詳しく見ていくことにする。

2. 調査地域の概要

本調査は2005年に，ベトナム北部の4都市（ハノイ，ハイフォン，タイグエン，バクニン）で実施された。ハノイはベトナムの首都であり，国の中では一番人口が多く，多くの学校，専門学校，大学がある。ハイフォンはベトナムで3番目の人口をもつ大きな港町で，都市人口が46.1%，農村人口が53.9%を占めている。タイグエンはベトナム北部，北東山地の中部にある地域で，ベトナムの中ではハノイ，ホーチミンに次ぐ3番目に大きな職業訓練センターがある。農業や林業が盛んである。タイグエンの人口は約120万人で，ベトナムの主要民族であるキン族だけでなく，他の少数民族も居住している。そのほとんどが農民である。バクニンは紅河デルタの北部に接する内陸都市で，ハノイからは北東に31キロ離れている。住民の多くが農民である。本調査では，ハノイ，ハイフォンの2都市から得られたサンプルが都市部の子どもたちを，バクニンとタイグエンからのサンプルが田舎の子どもたちを表している[1]。

3. ベトナムの子どもたちのおこづかいのもらい方

3-1 おこづかいをもらう頻度

子どもたちの間でおこづかいのもらい方には違いがあり，定期定額・不定期不定額・両方・もらっていない，に4分類された（表1）。回答した子どもたちのうち，54.7%が全くおこづかいを受け取っておらず，また，受け取っている子どものうちの約3分の2は定期的におこづかいを受け取っていなかった

(不定期不定額)。また，学校段階によって子どもたちのおこづかいのもらい方には違いが見られ，不定期不定額は小学生で多く（37.1%)，高校生は少なかった（22.5%）。概しておこづかいをもらっている子どもは多くはなく，中・高と学校段階が上がるにつれてもらう子どもは少なくなる。また，どのような点についても，性差は見られない。

3-2 月ごとにもらうお金の総額

ひと月に受け取る金額については，5000ドン[2]以下の子どもたちが最も多かった（21.9%）。10.3%が10万0001ドン以上もらっているが，ベトナムの学齢期の子どもたちの3分の2近くは，月に与えられるおこづかいが3万ドン以下であり，1日あたりでは1000ドン以下に相当する。

グループによる違いに関しては，男女差は見られないが，都市と農村の子どもたちの間には明らかな違いが見られた。特に，都市の子どもたちの多数（67.4%）が2万0001ドン以上を受け取っているのに対し，農村の子どもたちの多くは2万ドン以下しかもらっていない（87.6%）。学年について見ると，学年の上昇とともにもらう金額が増える（2万0001ドン以上もらっている子どもは小，中，高それぞれ37.2%，40.3%，70.7%である一方，5000ドン以下はそれぞれ35.0%，23.6%，4.2%であった）。

不定期におこづかいをもらう子どもたち

不定期におこづかいを受け取る子どもたちのうち，1日1回の子どもの数が最も多く（48.1%），続いて2日に1回（18.5%），7日に1回（9.9%）となっている。また，いずれの場合も子どもたちが受け取るのは少額である。多く（57.4%）が1001〜5000ドンを受け取り，その他の金額では30.2%が1000ドン以下，12.5%が5001ドン以上もらっている。

農村の子どもたちの63.31%は，一度に受け取る金額が1000ドン以下だったが，都市の子どもたちの87.40%が1001ドン以上もらっている。このことは，農村の経済状況の厳しさから容易に理解できる。今日でも，ベトナムの農村の多くでは，お金を稼ぐことが難しく，農民は主に自らが作ったもので生活し，必要な時にだけ，それらの生産物を売って他の商品を買うのである。

表1　子どもたちのおこづかいのもらい方

グループ		両方		不定期不定額		定期定額		もらわない	
		N	%	N	%	N	%	N	%
学校段階	小学生	46	14.47	118	37.11	16	5.03	138	43.40
	中学生	29	7.23	108	26.93	46	11.47	218	54.36
	高校生	15	4.02	84	22.52	33	8.85	241	64.61
地域	都市部	54	7.13	219	28.93	68	8.98	416	54.95
	農村部	36	10.68	92	27.30	27	8.01	182	54.01
性別	男子	48	9.09	151	28.60	44	8.33	285	53.98
	女子	41	7.32	157	28.04	50	8.93	312	55.71
合計		90	8.23	311	28.43	95	8.68	598	54.66

注）記入もれのある回答があるため，グループの合計が全体の合計と一致しない場合がある。
カイ二乗検定の結果：学校段階：$\chi^2(6, 1092) = 59.45$, $p = 0.00$　都市と農村：$\chi^2(3, 1094) = 4.08$, $p = 0.25$, 性別：$\chi^2(3, 1088) = 1.33$, $p = 0.72$

　子どもたちの学年によって，お金を受け取る頻度と金額は異なる。不定期不定額のおこづかいをもらっている子どものうち，小学生の半数は毎日おこづかいを受け取っているが（51.2％），金額は1000ドン以下が最も多く（53.2％），5000ドン以下がほとんどである（98.8％）。一方，高校生の51.6％が毎日おこづかいをもらっているが，週に1度という子どもも増加する（小・中・高それぞれ5.2％，11.4％，16.5％）。また，62.8％が1001～5000ドンを，30.9％が5001ドン以上のおこづかいを受け取っている。中学生はこの中間に位置し，多く（69.2％）は1001～5000ドンを受け取っている。このように，年少の子どもたちが高頻度で低額を受け取る一方で，年長の子どもたちの受け取りの頻度は低く，金額が高くなる傾向がある。このことは，親は小さな子どもには頻繁におこづかいが必要であるが，多くの金額は必要ないと考えているということを示している。彼らが要求するのは小さな贈り物や安価なおもちゃを買うためのお金なのである。あるいは，小学生はまだお金の使い方や管理の仕方を知らないと考えているのかもしれない。年長になれば，子どもたちがお金を使う目的は明確になり，金額も多くなる。さらに，お金の使い方や管理についてよく知っている。こうしたことから，彼らは毎回多くのお金を受け取るのだろう。

定期的におこづかいを受け取る子どもたち

　定期的におこづかいを受け取る子どもたちのうち，月に1回受け取る子どもが最も多く（29.4%），続いて，月に4回（26.6%），月に2回（14.1%），月に3回（7.9%）であった。金額は，半数以上（53.1%）が5001ドン以下であるが，それ以上の金額をもらっている子どもも広範囲に存在している。また，性差は見られないが，都市と農村間では，頻度・金額とも統計的に有意な差が見られた。月に1回おこづかいをもらう割合は，都市の方が農村の子どもたちよりも高く（それぞれ36.8%と15.0%），何度もおこづかいを受け取る子どもたちは，都市よりも農村に多い（それぞれ63.3%と85.0%）。子どもたちが毎回受け取るおこづかいの金額に関しては，農村においては1万ドン以下が多数（90.3%）を占める一方で，都市の子どもたちは1万ドン以下が多数を占めるものの（57.3%），2万0001ドン以上を受け取っている子どもたちの割合も高い（23.9%）。

　学校段階別に見ると，頻度については統計的に有意な違いはなかったが，全体的に見ると，学年の上昇とともに月に2回以上もらう子どもの数は減少し（小・中・高それぞれ83.1%，68.5%，57.8%），反対に月1回だけお金を受け取る子どもが増加する傾向があった（小・中・高それぞれ17.0%，31.5%，42.2%）。一方，金額については有意な違いが見られ，毎回受け取る金額は小学生が最も低く，多くが5000ドン以下であり（83.3%），それ以上もらっている子どもは少なく，2万0001ドン以上を受け取るのは1.67%だけである一方で，高校生では2万0001ドン以上が最も多くなっている（37.8%）。中学生の多く（46.0%）も5000ドン以下であるが，2万0001ドン以上もらっている子どもも16.2%おり，小学生と高校生の中間に位置していた。

子どもたちがお金をもらう理由

　お金の受け取り方については，上述した2つの方法とは別に，ベトナムの子どもたちは多くの異なる理由でお金を受け取っている。家の手伝いに対するわずかな報酬，買い物のおつり，お年玉，誕生日プレゼントとしてのお金，良い成績へのご褒美，アルバイト，親類や親の友人からもらうお金，友だちから与えられるお金。さらに，以下のような理由で親に要求するお金もある——必要

なものを買うため，外食，学校や塾に行くための交通費，友だちと遊びに行く，友だちにおごるなど。この中で，お年玉のほか，必要なものを買うためにお金をもらう機会は多いが，友だちにおごる，おごられる，買い物のおつり，家の手伝い，アルバイト，交通費をもらう機会は少ない。

　ベトナムでは，伝統的に新年の行事として，その年を通じて幸運に，成功し，幸せになるようにと願いを込めて，子どもに「お年玉」を与えることが慣習となっている。昔は象徴的な意味しかなく，大人（親類，知人）が子どもたちに少額のお金（お菓子が買える程度）を与えるだけであったが，市場経済の進行とともに，お年玉は子どもたちにとって，特に都市の子どもたちにとっては，相当な価値をもつものになっている（本，ノート，良い服や他の備品など，価値ある物を買うことに使うことができる）。

　子どもたちが何かを買うときに要求するお金もまた，結構な額になる。それは，ベトナムでは，子どもたちは常に家族の中で配慮される存在だからである。親は子どもたちに定期的にはおこづかいを与えないか，あるいはさまざまな社会・心理学的理由から，子どもたちはそもそもお金を使いたいという欲求をもっていないと考えている。しかしながら，子どもたちがお金を使う適切な理由があれば，いつでも親は子どもの要求を満たすようにする。愛する子どもたちが必要な額のお金を出せずに，友だちに馬鹿にされるのを望むような親はいないのだ。

おごるためのお金，おつり，家の手伝いによるわずかな報酬

　友だちにおごるためのお金に関しては，ベトナムの親は，子どもたちは自分でお金を稼いでいないのだから，友だちにおごる必要はないと考えている。親は子どもたちにおごることを勧めないし，そのためにお金を与えようとは考えない。しかしながら，だからといって，ベトナムの親が子どもの友だちを愛していないというわけではない。彼らはおごるためのお金は与えないが，手近にあるものや持ち帰りできるもので，子どもたちが自宅で友だちをもてなすことには前向きである。

　また，親から買い物を頼まれた時には，お駄賃として少額のおつりを受け取ることがある。ただし，親は，子どもたちがお金の使い方を知らないと考えて

おり，余計なお金を持つと，不要なものを買ったりゲームをしたりと不適切なことに使ってしまうので，たくさんのお金を持たせるべきではないと考えている。そのため，買い物を頼む時には，金額がわかっているものについては，ほぼぴったりの金額を渡すようにし，釣り銭がある場合でも，たいていの場合はそのお金を取り戻し，子どもには与えないのである。

　子どもたちが家の手伝いをしてお金をもらうことはほとんどない。なぜならベトナムの人々は，仕事や家事の手伝いを通じた教育が子どもたちに対して効果的であり，手伝いは子どもの人格形成に役立つだけでなく，親の困難を共有し，助けるのを経験することになると考えているからである。このように，ベトナムでは，子どもが家の手伝いで親を助けるのは当然であり，それにお金を支払うべきであると親は考えない。

　最後に，子どもたちが友だちからお金を受け取ることがほとんどない理由を理解するのは容易である。なぜなら彼らもほとんどお金を持っておらず，友だちにお金を与えることがそもそもできないからである。実際，ベトナムの子どもたちの友情は美しい。彼らが気持ちを表す方法は多様であり，友だちが助けを必要とする時には，彼らはさまざまな方法で助けることができる。しかしながら，お金を与えるという方法で助けることはほとんどないのである（現在，このことは，この調査を行った時期と比べると違っているかもしれない）。

4. おこづかいの使い方

4-1　消費社会への参加

　ベトナムの子どもたちも市場志向経済の中で暮らしているが，彼らはその中でどのように消費者となるのだろうか。彼らはどのようなものにお金を使うのだろうか。また，彼らにとって消費者社会とは何なのだろうか。表2に示されるように，ベトナムの子どもたちの多くは文房具に出費した経験があり，参考書や問題集，学校への支払い，服の購入や交通費への出費経験も高い。また，貯金の経験も比較的高かった。一方で，ベトナムの子どもたちにとっては，以下のものには馴染みがない——カラオケ，かけごと，友だちにご飯をごちそう

する。こうした項目ごとの支出経験の違いは，ベトナム人の習慣や彼らの年齢を考慮しても適切なものであるように思われる。特に，子どもたちの賭け事への出費が少ないことは良いことである。このことは，子どもたちの誠実さ，社会規範への完全な服従，教育，そして彼らの親の期待を反映している。また，子どもたちはカラオケに行かないが，われわれの見解では，この調査を実施した時点では，カラオケがベトナムではまだ一般化していなかったことによるものと思われる。多くのカラオケの施設は不健全な形態の下で経営されており，人々はこの種のビジネスを否定的に見ていた。これが子どもたちのカラオケについての見方に影響を与えていたのかもしれない。

4-2 お金の使い方についての子どもたちの考え方

子どもたちの視点から見たお金の使い方の善悪

子どもたちの多くは以下のようなことにお金を使うのは良いことだと考えている（表2）。文房具，参考書・問題集，学校への支払い，貯金，家族への贈り物，寄付。対照的に，子どもたちは以下のようなものにお金を使うのは良くないと考えている。賭け事，カラオケ，アクセサリーを買う，娯楽施設で遊ぶ，友だちにジャンクフードをごちそうする，外食する。

子どもたちが何にお金を使うことが良いのか知っているのは良いことである。また，このことは大人の考えや期待から見ても適切なものであり，ベトナムの社会規範にもかなっている。特に，子どもたちが慈善活動や貯金が良いことであると知っていることがわかったことは，われわれにとって嬉しいことであった。というのも，ベトナムはいまだに貧しい国であり，地方では多くの市民がいまだに貧しい状況の下で暮らしているにもかかわらず，多くの人々は不適切なものにお金を浪費しているからである。

子どもたちがお金を使うべきではないと考えている項目については，いくつかはわれわれの目から見ても適切なものであったが，いくつかは驚くべきものであった。このことについて少し掘り下げて考えてみたい。まず，賭け事が悪いと考えるのは親の期待にも沿うものであり，カラオケで歌うことや娯楽施設で遊ぶことを良くないと判断する理由も容易に想像できる。これらの社会・文化的で個人的なサービスは，子どもたちにとっては贅沢で馴染みのないもので

第6章 ベトナムの子どもとおこづかい

表2 子どもたちの支出項目

項目	善悪 (%)			許容 (%)			方法 (%)			
	よくない	どちらとも言えない	よい	そういう使い方は許されない	自分のお金でも保護者の許可が必要	自分のお金で自由に使える	経験無	親払	親特別	子払
おかしや飲み物を買う	33.51	50.78	15.72	18.93	54.39	26.68	22.28	26.16	27.98	30.30
外食をする	63.79	30.69	5.52	35.11	50.95	13.94	32.51	21.62	24.92	26.24
文房具を買う	2.25	4.66	93.09	2.94	37.48	59.59	1.65	37.13	50.33	19.97
自分の服を買う	16.61	39.45	43.94	13.13	69.08	17.79	8.25	61.22	26.90	10.40
参考書・問題集を買う	5.16	11.88	82.96	5.67	45.88	48.45	5.94	46.70	44.22	10.07
通学の交通費を払う	18.21	43.43	38.35	16.70	50.09	33.22	8.09	56.93	21.78	11.06
給食費や学費など学校納付金を払う	7.61	19.38	73.01	8.45	67.07	24.48	7.92	57.76	38.61	2.64
貯金をする	4.83	11.55	83.62	4.87	21.39	73.74	37.62	10.07	14.52	34.32
おもちゃを買う	54.39	38.38	7.23	47.41	41.03	11.55	44.39	26.24	12.71	19.80
ゲームセンターに行く	74.18	19.79	6.02	69.31	19.66	11.03	44.52	24.26	15.51	21.29
流行歌などのCDを買う	48.54	38.73	12.74	47.16	36.66	16.18	48.68	11.88	17.16	24.92
遊園地に行く	19.20	45.16	35.64	21.08	62.37	16.55	39.93	28.55	18.32	16.17
まんがを買う	33.56	38.38	28.06	34.26	38.58	27.16	37.62	12.54	17.00	34.32
アクセサリーを買う	67.76	23.79	8.45	61.49	30.05	8.46	58.42	20.79	10.23	12.73
映画をみる	32.06	46.79	21.14	31.83	53.57	14.61	56.60	19.31	10.40	13.70
カラオケに行く	86.62	9.26	4.12	85.12	9.52	5.36	88.61	2.64	2.15	7.26
おやつを友だちにおごる	61.10	31.84	7.06	57.07	21.03	21.90	58.91	3.80	6.11	32.84
友だちにご飯をおごる	39.41	47.33	13.25	40.14	39.79	20.07	74.92	2.15	3.80	19.47
友だちにお金を貸す	44.67	43.81	11.51	41.15	39.76	19.10	35.15	3.30	4.13	56.44
友だちにプレゼントを買ってあげる	5.15	37.80	57.04	8.48	42.56	48.96	11.88	14.19	34.82	45.21
家族にプレゼントを買ってあげる	5.18	23.49	71.33	5.91	34.96	59.13	36.14	7.76	11.39	47.85
家で使う日用品を買う	8.10	32.41	59.48	10.19	48.01	41.80	24.26	40.26	30.69	10.23
家のおかずの食材などを買う	11.30	30.61	58.09	10.92	46.79	42.29	11.88	35.15	48.51	10.07
友だちとかけごとをする	90.16	5.18	4.66	88.15	5.40	6.45	84.16	1.32	1.65	13.37
困っている人のために学校や教会や街などで寄付する	4.13	7.40	88.47	4.84	40.59	54.58	13.37	27.56	33.99	31.85

あり，農村に住んでいる子どもたちにとっては特にそうなのかもしれない。また，子どもたちは，友だちにジャンクフードや食事をおごることは良くないと考えている。このことは，ベトナムの集団主義社会における時代遅れな考え方から生じているのかもしれない。政府からの補助金頼みの制度のもとでは，ほとんどの活動は「要求－付与」の形式で行われるので，お金を稼ぐことが非常に難しいだけでなく，食事を提供する店もほとんどなく，外食は贅沢なものと見なされてきた。さらに，家族が集まり，みなで簡素でも温かな食事をとることを人々は高く評価し，しばしばジャンクフードを食べ，外食するような人間は良くないと考えられていた（今ではこうした考えは時代遅れなのかもしれない）。また，子どもたちの回答によれば，アクセサリーにお金を使うことも良くないことである。ベトナム社会の大人の多くも，子どもたちがあまりに早くから「おしゃれ」をするべきではないと考えている。なぜなら，おしゃれに気をとられていると学業に影響するかもしれないだけでなく，そもそも自分でお金を稼いでいない子どもたちにとっては，アクセサリーは贅沢品だからである。したがって，彼らはアクセサリーを身につけるべきではないのである。

　お金を使うことの意味についての子どもたちの概念を調査することを通じて，親，調査者，教育者にとって非常に重要なことがわかる。多くの子どもたちが，多くの物事についてお金を使うことの意味について明確な意見をもっていない可能性である。特に，彼らにはお金を使うことが良いのか悪いのか，わからないことがたくさんあるのかもしれない。調査に参加した子どもたちの半数近くが，以下のようなことについて「どちらとも言えない」という中間的な答えを選択している。おかしや飲み物を買う，映画館に行く，遊園地に行く，交通費。彼らのうちの約3分の1は，以下のものについて中間的な答えを選択している。まんがを買う，おもちゃを買う，音楽CDを買う，自分の服を買う，外食。この調査を実施した当時は，こうしたものにお金を使うことの意味について，社会の認識が明確ではなかった可能性もあるが，子どもたちにお金の使い方について，大人たちがあまり教えてこなかったのかもしれない[3]。

　お金を使うのが許されないもの
　多くの子どもたちが以下のようなものにお金を使うことは許されないと考え

ている。賭け事，カラオケ，娯楽施設での遊び，アクセサリーを買う，ジャンクフードを友だちにおごる，おもちゃを買う，音楽CDを買う。また，以下の項目については，子どもたちがお金を自分で自由に使うことができると考えている。寄付などの慈善活動，家族へのプレゼント，文房具を買う，友だちへのプレゼント，家の日用品を買う，家の食材を買う，参考書・問題集を買う。子どもたちは次のものについては，自分のお金でも親の承認が必要だと考えている。自分の服を買う，学校への支払い，お菓子や飲み物を買う，外食。

誰がお金を支払うのか

　子どもたちに関する以下の事項については，親がお金を払っている。服を買う，学校への支払い，交通費，参考書・問題集を買う。子どもの学業に関わることについては，親が直接支払っていることがわかる。また，衣服についても親が支払うことが多い。衣服は子どもにとっては高額であり，そのためのお金をもたせることに親は不安を感じている。しかも，価格の点でも，大切な自分の子どもに着せるものであるという意味でも，子どもの服は貴重なものであり，子どもにはそれに見合った色やサイズ，質をもった服を選ぶことはできないと親は考えている。親が自分で子どものために選び，支払いたいのである（この点についても現在では大きく事情は変わってきている）。また，子どもたちがお金を使うことができるもののうち，以下のものについては親にその都度お金をもらって支払っている。文房具，家の食材。一般的には，学業や家族に関わることについては，このような形で子どもが親に代わって支払うこともある。概して，子どもたちは勉強や学校，家族に関わることについてはお金を使っているが，個人的な楽しみのために使うことは少ない。子どもたちの心の中には買って良いものとそうでないものの区別があり，親は子どもの求めに応じ，また子どもは親の許可のもとでお金を使うのである。

5. おこづかいをめぐる親子関係

5-1 おこづかいは誰のものか

　調査結果によれば，59.2％の子どもがおこづかいが親のものであることを承認し，23.3％が同意しなかった。また，どちらとも言えないという子どもたちも17.5％を占めていた。子どもたちはどのようにお金を使うのかを決める権利をもっておらず，親だけがお金の使い方を決める権利をもっているので，多くのベトナムの子どもたちは，おこづかいの絶対的な所有権をもたないか，知らないと考えているのだろう（表3参照）。

　多くの子どもたちが，親の買い物に自分のお金を使っても構わないと考えており（72.3％），反対は13.3％と少数だった。しかも，半数以上が子どもから借りたお金を親は返す必要はないと考えており，子どもたちは「自分の金は親の金」と考えているようだった。なぜ自分のお金が自分のものであるという所有感覚が乏しいのだろうか。調査者の見方としては，以下の理由が考えられる。一つめの要因は，ベトナムの文化的伝統である。家族の中で，子どもたちは普段，お金にはあまり注意を払っておらず，お金に関する物事を決める権利をもっていない。そのため，そもそも子どもたちにはお金に関わり，管理する機会が失われている。第二に，他の調査国と比べるとベトナムはまだ貧しい国であり，毎月子どもたちにおこづかいを与えることは一般的ではなく，裕福な家庭や都市でしか行われない。そのため，子どもたちはお金に関わる機会がわずかしかない。第三に，子どもたちがお金に関わる機会に乏しいことから，子どものお金であっても，ほとんどの親が彼らの管理能力を信頼していない。実際，調査が行われた2005年には，子どもたちは自分のお金を持っていたが，それもわずかなものであり，1日に必要なものを買うのに過不足ない程度の金額でしかなく，子どもたちは月ごとの出費の計画や，管理する機会をわずかしかもっていなかった。第四に，子どもたち自身が，自分はまだ小さいと考えている。彼らはお金についての責任を拒むか取ろうとせず，それはおこづかいについても同様である。さらに，多くの家庭の現実からわかるように，親は子どもたち

表3　おこづかいをめぐる親子関係についての子どもたちの考え

項目	反対（%）	中間（%）	賛成（%）	平均	標準偏差
親の代わりに，私が自分のおこづかいで細かいお金などを払うのはいいことである。	13.29	14.39	72.31	4.00	1.28
親は私から借りたお金を返さなくてもいい。	23.61	17.37	59.02	3.67	1.41
もし私に臨時にたくさんのお金ができたら，その月のおこづかいを減らされてもいい。	14.59	17.22	68.19	3.94	1.25
親が私におこづかいをくれることを約束したら，どんなことがあってもその約束は守るべきである。	38.56	21.53	39.92	2.99	1.46
何かほしい物を買う時，自分のおこづかいで足りないと私は親に足りない分を要求することができる。	13.87	14.89	71.24	3.90	1.22
おこづかいをくれたのは親なので，おこづかいは私のお金ではなく親のお金である。	23.27	17.51	59.22	3.65	1.41
親が細かいお金がないからといって私からお金を借りるのはよくない。	62.33	18.75	18.92	2.24	1.38

注：反対（1），どちらかと言えば反対（2），どちらとも言えない（3），どちらかと言えば賛成（4），賛成（5）の5件法。このうち1・2を反対，3を中間，4・5を賛成としている。

におこづかいを与えるものの，子どもたちは使う前に親の了解を得なければならない。一般的に，子どもたちは親の承諾なしにお金を使うことを許されないのである。

5-2　親子関係における「要求と付与」の原則

　伝統的な考え方によれば，親は通常，子どもとの関係の中で「与える」立場にあり，子どもたちはしばしば「要求する」立場にある。こうした「要求−付与」の関係は，物質と精神，援助と慈愛の両面において，多くの意味をもっている。調査では，お金という非常に限られた側面についてしか調べていないが，「要求−付与」の原則について，何らかの傾向が見いだせるのだろうか。今回収集したデータによれば，どんなことがあっても親は約束を守らなければならないと考えている子どもの数と，場合によっては守らなくても構わないと考える子どもの数は，ほぼ同じであった。その上，68.2%の子どもたちが，お金が

十分にある場合は，親がおこづかいを減らしても問題ないと考えている。その一方で，おこづかいの不足金額を親に要求できると考えている子どもも多く，71.2％を占めている。「要求－付与」の原則は，お金に関する親子関係の多くに当てはまるように思われる。子どもたちはためらうことなく必要なものを要求することができる。しかしながら，この原則は絶対的なものではなく，親に困難が生じて約束通りにお金がもらえなくなっても我慢できるのである。

　おこづかいに関わるこうした親子の関係については，概して性差は見られなかったが，子どもたちの年齢，居住地域，親の職業による違いは顕著だった。年齢について見ると，年長の子どもほどおこづかいが親のものであると考える割合は減少し（小・中・高それぞれ71.7％，56.5％，49.5％），親による子どもからの借り入れは良くないと考える子どもの割合も減少する（それぞれ28.2％，17.5％，11.1％）。また，親は子どもから借りたお金を返す必要はない，親はどんな時でも約束を守るべきという2項目も年齢とともに減少する（「返す必要はない」は67.7％，60.3％，49.2％，また，「約束を守るべき」は47.7％，36.5％，35.4％）。また，親の職業については，農・林・漁業の子どもたちと他の職業の親をもつ子どもたちとの違いが際立っており，農・林・漁業の子どもたちは全体に年少の子どもに類似した傾向だった。

　本研究の結果と，われわれがこれまでに行ってきた研究の結果から，お金に関わる親子の関係は，共生関係，比較的独立した関係，およびその中間の関係の3つに分類できる。独立した関係の親子の場合，子どもたちはお金について親から独立しているが，お金の移動は一方向的であり，親は子どもたちにお金を与え，子どもたちは彼ら自身でそのお金を使う権利をもつ。中間に位置するグループは，おこづかいの問題を経験したことがないか，どのように行動したらよいのかがわからないために，明確な意見がない子どもたちである。

　最も割合が高いのが，共生関係である。この関係の特徴は以下のようにまとめられる。子どもたちはお金を持つが，それは親のものであると考えている。親は子どもからお金を借りることができ，それを返す必要はない。子どもたちは何かを買いたいときに親の承諾を得なければならず，子どもたちは親のために支払うことがある。また，おこづかいを与えることは親の責任ではない。子どもたちが多くのお金を持っていれば，親はそれ以上与える必要はない。親の

都合によって，おこづかいを与えるという約束を守る必要はない。さらに，子どもたちが何か買う必要があるときには，彼らは親にお金を要求することができるのである。

　子どもたちは親におこづかいを要求することができる。けれどもそれは，彼らの自由な権利に基づくものではない。彼らは親の助けを求める必要があるだけである。このことは，子どもに対する親の，お金の教育方法に起因するものであると思われる。通常，ベトナムの親は多くの面で子どもたち，特に年少の子どもに対して絶対的な力をもっている。調査結果からは，子どもに対する親の指示が，子どもたちのお金の使い方を強く制限しており，それはたいていの場合，道徳的な価値と通じるものとなっている。子どもたちはお金を使う前に許可を得る必要があり，お金に対する所有権をもたないことと同様に，お金に関する自らの権利を主張せず，親に貸したお金の返済を要求しない。これらのことは，子どもたちが素直で良い人間になるために従わなければならない，道徳的な価値として設定されているものなのである。

6. お金をめぐる友人関係

　次に，友だちにおごることや貸し‐借りの問題における子どもたちの意見を通じて，お金を取り巻く仲間関係を検討する（表4参照）。

6-1　友人関係の中でのお金の貸し借りの原理

　調査結果によれば，友だちから借りることは良くない，ということに同意するのは22.6%だけであり，54.7%の子どもたちがこの考えに異を唱え，22.7%の子どもたちは「どちらとも言えない」と回答していた。これらの数字は，多くの子どもたちがお金を借りることと道徳的価値とを結びつけてはいない，ということを示している。

　それでは，お金を借りることが友だちに迷惑をかけることになると考えるのだろうか。収集したデータによれば，子どもたちのこの点に関する判断は分かれる。45.2%はお金を借りることが友だちの迷惑になるとは考えておらず，34.5%は迷惑をかけると考えており，20.3%は「どちらとも言えない」と答え

表4 お金をめぐる友人関係についての子どもたちの考え

項目	反対（％）	中間（％）	賛成（％）	平均	標準偏差
私は友だちと一緒に買い物に行き，お金が足りなくなったとき，友だちから気軽にお金を借りることができる。	45.19	21.11	33.70	2.77	1.38
友だちから借りたお金は，たとえ，少額でもきちんと返さなければいけない。	4.82	8.03	87.15	4.52	0.91
友だちからおごってもらったら，次に私がおごるのが当たり前である。	8.79	18.85	72.36	4.03	1.07
私が友だちにおごると，その友だちは負担に思うだろう。	37.61	24.36	38.03	2.96	1.37
友だちがお金で困っているなら，私は迷わず貸してあげることができる。	14.47	18.27	67.26	3.87	1.23
友だちの間でおごったりおごられたりするのはよくない。	59.59	22.76	17.65	2.27	1.24
友だちの間でお金の貸し借りをするのはよくない。	54.68	22.70	22.62	2.46	1.30
私は友だちからおごってもらうと負担に思う。	28.13	23.82	48.06	3.27	1.33
もし友だちが私にお菓子などを買ってくれれば，私は遠慮するより一緒に楽しく食べることにする。	13.92	14.01	72.07	3.95	1.24
友だちにお菓子などを買ってあげるのは，一人で食べるより楽しい。	8.11	8.11	83.79	4.33	1.08
私は，友だちからお金を貸して欲しいといわれると負担を感じる。	46.44	28.98	24.58	2.61	1.25
友だちからお金を借りることは，たとえ，少額でも相手に迷惑をかけることになる。	45.18	20.30	34.52	2.82	1.45
友だちが私から借りたお金が少額なら，友だちはそれを私に返さなくてもいいと思う。	32.83	21.40	45.77	3.19	1.47

注：反対（1），どちらかと言えば反対（2），どちらとも言えない（3），どちらかと言えば賛成（4），賛成（5）の5件法。このうち1・2を反対，3を中間，4・5を賛成としている。

ていた。借りることが友だちに迷惑をかけるかどうか，子どもたちの中に明らかなモデルはないようだった。しかしながら，迷惑をかけるとは考えない子どもの方が多いという結果は，ベトナム文化のある部分を反映しているように思われる。ベトナムでは借りるのは普通のことであり，他人に迷惑をかけることを意味しないからである。また，子どもたちは，友だちから自分がよくお金を借りると評価されることにも，それほど居心地の悪さを感じないようである（「お金をよく借りる人であると思われることに居心地の悪さを感じるか」との問いに対し，46.4％が反対，29.0％はどちらでもないであり，賛成したのは24.6％であった）。この結果もまた，上述した見方と一致するものである。

　借りることが道徳的な価値と関係がないとすれば，子どもたちは自らの要求を満たすために，友だちから進んでお金を借りることもあるのだろうか。彼らは本当に差し迫った場合でなくてもお金を借りると述べており，それで自分が必要なものを買う。それは，子どもたちが困った時，あるいは生活の必要に迫られて友だちからお金を借りるということとはかなり意味が異なる。収集されたデータによれば，友だちと買い物に行った時，33.7％はためらいなく友だちからお金を借りると述べ，45.2％はためらい，21.1％は「どちらとも言えない」と回答している。ここでも子どもたちの考えは分かれる。ベトナムの子どもたちは消費社会に参加しつつあり，お金を使うことへの欲求をもっているが，彼らの多くはまだそれを十分にコントロールできていないように思われる。子どもたちは，どの程度の金額までなら使っても構わないか，十分に考えないままに使っているのである。

　一方，友だちにお金を貸すことについての子どもたちの考えはとてもオープンだった。多数の子どもたち（67.3％）が，必要な場合には友だちにお金を貸すようにしている。この問いに反対だったのは少数の子どもたち（14.5％）だけであった。こうした行動は，伝統的なベトナム文化における人間関係をよく反映している。

　借りたお金を返すこと
　調査によれば，友だちからお金を借りた場合には，ほとんどの子どもたち（87.2％）は，金額がわずかな場合でもそれを返さなければならないと考えて

いた。言い換えれば，子どもたちは友だちからお金を借りる時には，返す責任があることを認識していた。ではその逆に，友だちにお金を貸す場合，わずかな金額であっても友だちの方も返すべきであると考えているのだろうか。調査によれば，子どもたちの意見は分かれており，45.8％が友だちはお金を返す必要はないと考え，32.8％は返す責任があると述べており，21.4％は「どちらとも言えない」と回答している。要するに，子どもたちの大部分は借りたお金を返す責任を認識しているが，同時に，自分から借りた友だちの方は，お金を返す必要はないと考えている子どももいるのである。友だち関係における公平性は，一方向の責任があることによって成り立っている。こうした認識は，貸し借りが普通に行われる，伝統的なベトナムの農作業に由来しているように思われる。子どもたちは友だちとの関係の中で借りることは普通のことだと考えており，それが友だちに迷惑になるとは考えない。借りることは道徳的なカテゴリーの外側にある行為であるため，お金をよく借りる人間だと見られても，子どもたちは居心地の悪さを感じることはない。友だちからお金を借りる時には返す責任があるが，貸す時には友だちは同額を返す必要はないと考えている子どもが多かった。お金をめぐる仲間関係は，貸し借りをする子どもが行動の中心に位置する，相対的な性質をもつものである。すなわち，彼らは伝統的な社会から受け取った規範に従って行動するが，同時に友だちとの関係を維持するために譲歩するのである。

子どもたちの行動と認識の間にある共通性と違い

貸し借りについての行動と認識の間に一貫した関係はないようだった。データの分析から，子どもたちは以下のようなグループに分けられる。①お金を借りることは良くないと考えるが，借りようとする（7.0％），②お金を借りることは良くないと考え，借りない（12.4％），③お金を借りることは良いことと考え，借りようとする（20.3％），④お金を借りることは良いことと考えるが，借りない（24.3％）。残りの子どもたちはいずれかで「どちらとも言えない」と答えており（36.0％），その中の7.79％は借りるという行動と考えのいずれも「どちらとも言え」ず，28.2％は考えか行動のどちらか一つについて「どちらとも言えない」と回答している。したがって，子どもの認識がそのまま行動

に反映されるわけではない。特に，判断に迷っている子どもたちの中には安定した価値判断の枠組みがないように思われる。他方で，お金を借りることは道徳的なカテゴリーに属するものではないため，彼らは真剣に考えてみたこともなかったのだろう。さらに，子どもたちの友だち関係のどこかに，個々の消費活動における仲間集団の圧力の影響があるのかもしれない。

また，この傾向は年齢による違いはなく，どの年齢にも上述したようなグループが存在する。一方，親の職業との関連では，親が農業・漁業・林業である子どもたちに明らかな違いがある。これらの子どもたちは，彼らがどのように考えているかにかかわらず，買い物に行った時に友だちから借りようとはしない。結論としては，お金を借りることを取り巻く仲間関係は，年齢グループによってではなく，家庭環境による影響が大きい。

6-2 友だちにおごり・おごられること：おごり合いについての一般的な見方

おごり合いには，友だちにおごることと，友だちからおごられることの両方が含まれる。おごり合いに対する一般的な意見を分析することにより，子どもたちがそれをどう考えているのかが明らかになるだろう。調査によれば，子どもたちの多くは，「友だち間のおごり合いは良くない」という考えに反対である（59.6％）。この考えに同意するのは少数であり（17.7％），22.8％は「どちらとも言えない」と回答した。このように，子どもたちはおごり合いを否定するどころか，普通のことと見なしている。言い換えると，子どもたちの考えの中では，おごり合いは道徳的なカテゴリーに関係するものではない。

彼らはなぜこのように考えるのだろうか。データによれば，子どもたちの大多数が一人で食事するよりも友だちと一緒の方が楽しいと答えている（83.8％）。また，72.1％の子どもたちが友だちとキャンデーやビスケットを食べることは儀礼ではなく，楽しみのためであると考えていた。友だちと一緒に食べるのは，食べることそのものではなく，友だちとの心地よい雰囲気や，やりとりが目的となっている。食事は現実生活の中で，友だち関係を形成し，維持することを媒介する活動であると言えるだろう。

では，子どもたちはどのように友だちにおごるのだろうか。データによれば，ほとんどの子どもたちが，友だちにおごってもらった場合にはおごり返す責任

があると考えている（72.4％）。この意見に反対なのは少数にとどまり（8.8％だけ），18.9％は「どちらとも言えない」と答えている。つまり，おごることは，子どもたちの間では伝統的な「相互性」に基づく行動であると考えられる。

反対の場合，つまり子どもたちがお金を払う場合に，友だちが負担を感じると考えるのだろうか。データによれば，子どもたちの判断は分かれる。おごられた場合，友だちは負担を感じるかもしれないと考える子どもと，そうは考えない子どもの割合はほぼ等しく，それぞれ38.0％，37.6％であった。4分の1近く（24.4％）が「どちらとも言えない」と回答している。

子どもたちは，相手の立場に立って，相手の考えや感情について考えているが，それは同じ行動についての自分自身の考えでもある。おごった時に友だちが負担を感じるだろうと考える時，それは彼らが友だちからおごられた時に感じるものでもあるのである。

まとめると，友だちにおごること，友だちからおごられることについての子どもたちの見方は次のようなものである。お互いにおごることは良いことであり，一緒に食べることは楽しく，気兼ねすることはない。おごることの目的は，食べることではなく，友だち関係の維持である。お金をめぐる友だち関係は相互的なものであり，貸し借りにおいて極めて公正なものである。ただし，いくつかの価値は安定的に承認されたものではなく，そのため，ためらう子どもたちもいる。

お金を取り巻く子どもたちの友人関係から以下のことがわかる。友だちとの関係の中で，お金に関わる行動は，いくつかの点で道徳的な意味をもっている。しかしながら，友だち関係はそれ自身で子どもたちにとって意味をもつものであり，お金によるつながりを通じて，友だち関係を維持したいと考える子どももいる。そうした子どもにとって，互いにおごることは関係を維持することを仲介する活動である。

7. 結論と将来への示唆

本調査が実施された当時（2005年）は，2つの方法（定期的か不定期か）でおこづかいをもらっていたベトナムの子どもは少なく，もらう金額も小さかっ

た。家族の経済的な事情によるものであるが，それだけでなく，お金のやりとりが感謝のなさと結びついているという伝統的な考え方もまた影響している。他方，子どもたちはお金と接する機会に乏しいことから，どうやってお金を保管し，正しい目的で使用したらよいのかわからないようだった。

　ベトナムにはいまだに「女児より男児を好む」という風潮が生きている。けれども本研究の結果を見るとおこづかいのもらい方に男女差は見られず，女児の方がお金の保管法，使用法について男児よりもよく知っているという意味で，女児の方が優位な立場にあるとさえ言えるのである。

　お金を使う意味に関する結果を見ると，使用の権利についての考え方や事実は極めて一貫しており，親や教育者の期待に沿ったものとなっている。子どもたちは特に，賭け事，カラオケ，アクセサリーなどの購入，おかしのおごりなどは悪い使い方であると考えている。一方で，適切で良いと考える使い方に関しては，子どもたちは自由に使っても良いと考えている。自分で支払える金額であれば自分で支払うだろうし，授業料などのように，そうでなければ親に払ってもらうだろう。いくつかのものについては，親しか支払うことができず，また親は最良のものを選択すると親子ともが考えている。

　お金をめぐる親子関係や友だち関係については，以下のようないくつかの特徴が見られた。まず，ベトナムの子どもたちも消費社会に参加しているが，それは限定された範囲においてである。このことは，適切なお金の使い方を知るために，子どもたちはお金の問題について教育される必要があることを示している。2つめに，親子関係の中で，多くの親が規範に従って子どもたちの出費をコントロールしている。しかしながら，お金は友人関係を確立するのを仲介するツールでもある。ここから，お金は2つの面の価値をもつものであることがわかる。子どもたちが親のコントロールを受け入れる場合，彼らは友だちとの関係を制限しなければならないことから，彼らが社会化する過程では，内面に大きな矛盾を抱えることになる。こうした場合，子どもたちは親の規範と友人関係のどちらを選ぶのだろうか。このことは子どもたちに，現在の市場メカニズムの中で，お金に関する安定した価値システムと適切なお金の使い方を学ぶことを求める。繰り返しになるが，子どもたちに対してはお金に関する教育が必要なのである。3つめの特徴は，お金は子どもたちにとって，自己を肯定

する可能性をもった道具であるという点である。お金は人間関係を築く上で役割を果たすが，それは同時に，子どもたちがお金を使うことを通じてそうしたお金の価値を確認することにもなるのだろう。今日のベトナムでも，楽しみが好まれるものであり，そのために子どもたちはお金を使っている。このことは，子どもたちのためのスキルトレーニングプログラムの中でも認められるべきものであろう。

（翻訳：高橋登・藤井貴之［大阪教育大学］）

注

[1]（訳注）本書第1～3章のベトナムデータはハノイ・ハイフォンのものであり，本章ではこれにバクニン・タイグエンのデータを加え，都市部と農村部の比較も行う。

[2]（訳注）調査が行われた2005年当時のレートでは143ドン＝1円だった。

[3]（訳注）「どちらとも言えない」という選択項目は，必ずしも善悪が「わからない」子どもだけではなく，善でも悪でもないということを知っている場合もあり得る。この点には注意が必要であろう。

第7章

日本の子どもたちにとってのお金
発達の生態学的分析から

高 橋　　登

1. 日本の概要

　日本は中国・朝鮮半島の東にある島国である。少数民族，外国籍の人間もいるが数は少なく，大部分が日本人で，人口は1億2000万人。言語も日本語である。表記は主要には平仮名と漢字の併用で，中国語起源の語彙も多い。地理的な状況もあり，宗教や文字，その他多くの点で文化的に中国の強い影響を受けてきた。ただし，中国の直接支配を受けることはなく，政治的な意味で強い影響を受けることもなかった。また儒教も国の宗教であったことはなく，むしろ支配階層の教養として受け入れられてきた。宗教は大乗仏教と神道であるが，両方の信者となっている場合も多い。GDPは一人あたり3万2486ドル（IMFの2015年度統計による）。19世紀後半に，日韓中越4か国の中では最初に西洋的な意味での近代的な国民国家を樹立した。欧米からの知識の導入にあたって漢語化された語彙が他の3国に輸入されているものも多い。

2. 日本の子どもたちにとってのお金：4か国比較から見えてくるもの

　最初に第1～3章で明らかになった日本の子どもたちの特徴をまとめておこう。第一の特徴は，現在の子どもたちはどっぷりと消費社会に浸かっていると

いう点である．子どもたちがほしい物としてあげるものは，文房具のような必需品ではなく，ファッションや家電製品のような趣味に関わる項目が多い．また，お菓子やおもちゃなど25項目について消費経験の有無を見ると，日本の子どもで消費経験が少ないのは「友だちとの賭け事」「友だちにご飯をおごる」の２項目だけであり，他はすべて50％以上の子どもたちに支出経験がある．カラオケも，小学校段階から半数以上の子どもが経験している．また，「まんがを買う」や「お菓子を買う」といった楽しみのための消費も肯定的に評価され，そうしたものにお金を使うことは許されると判断する．さらに高校生になればアルバイトによって自分で金を稼ぎ，場合によっては趣味のため，楽器のように高額な品物もその金で購入する．日本の子どもたちにとって，自らが欲望を持ちそれを充足するためにお金を使うことは許される行為であり，楽しみのためにお金を使うことに対しても肯定的な評価が行われるだけでなく，実際そのようにしているのである．このような点から見れば，多くは親から与えられたおこづかいの範囲のもとでの行為ではあるが，日本の子どもたちは十分に自立的な消費主体であると言えるだろう．

　また，年齢による違いに注目するならば，親に支払ってもらって購入していたものの多くについて，自分のおこづかいの中から支払うようになるというように，年齢の上昇に伴って支払う主体が親から子へと移っていく．それだけでなく，友だちにご飯をおごったり友だちと賭け事をするなど，小学校段階ではそもそもそうしたものにお金を使ったことがなかった項目についても，自分の手持ちのお金で支払う経験が増えていく．親のコントロールから外れた所でお金が関与する子どもの生活世界が広がっていくのである．しかも，そうした項目にお金を使うことに対する善悪・許容度判断も，年齢とともにより肯定的な方向に変化する．年齢とともに自らの意思で判断し購買行動をとることのできる世界が広がるという意味で，子どもたちは自立の度合いを高めつつ消費社会に参加していく．それは，親の規範やコントロールからの「逸脱としての発達」として見ることもできるだろう．

　そして日本の子どもの特徴として際立つ第３の点は，親との関係であれ友人との関係であれ，対人関係の中にお金を介在させることに対して慎重であるという点である．親子関係で言えば，親の権威は強くなく，おこづかいをくれる

という約束は親の側の事情や都合で破棄すべきではなく，守るべきものであると考えている。つまり，日本の子どもたちは，親であってもお金に関して子どもの領分を侵すべきではないと考えており，浸食されてもしかたがないとは考えないのである。また，友だちとの関係についても，質問紙調査で見いだされた二つの因子（「自己限定」と「相互交換」）の両方で，友だちとの関係の間にお金を媒介させることについては4か国で最も慎重であることが示されている。さらに，善悪・許容度でも，友だちにご飯やお菓子をおごる，金を貸すといった項目については他国と比べ，低いところに位置するのである。

これらの結果からわかる日本の子どもたちは，消費社会に浸り，楽しみのためにお金を使うことに罪悪感はなくむしろ良いことであるとすら考える存在であり，年齢の上昇とともに，より自立した消費主体として消費社会の中に立ち現れる，そうした存在である。ただし，4か国比較で際立つのは，親子関係であれ友だち関係であれ，そこにお金を介在させることには慎重であり，場合によってはそれを否定的に見ているという点である。その意味で日本の子どもは，自分の意思で自分の欲望に基づいてお金を使う消費主体でありながら，他の3か国のように対人関係がそこに絡んでこないように，あるいはむしろそれを避けるようにする，そうした意味で「個人的な」主体なのである。

本章では，質問紙調査と同様に大阪府下の子どもたちの買い物の様子の観察をまとめる。そこから，質問紙の結果として第1～3章で見いだされた日本の子どもたちの特徴が，実際の行動とどのように結びついているのか考えてみたい。そのことを通じて，日本の子どもにとってのお金の意味を重層的な形で明らかなものとすることができるだろう。

3. 買い物場面の観察に現れる日本の子どもたちとお金の関わり

3-1 方　法

観察・インタビューの対象
小学校1～6年108名について，買い物中の行動の観察と買い物後のインタ

ビューを行った[1]。学年別の内訳は，低学年（1・2年生）16名，中学年（3・4年生）37名，高学年（5・6年生）55名であった。大人と一緒に買い物に来るのではなく，一人または子ども同士で買い物に来ていた小学生のみを対象とした。

観察された地域

観察場所は大阪府下の商業・住宅地域であった。市の周辺部は近郊農業が現在も盛んであるが，中心部は主要には中小の工場が建ち並ぶ地域と，小規模な商業地域を含む住宅地域からなっていた。

観察した店の立地と特徴

まず，子どもたちが普段どのような店に買い物に行くのか，時間帯はどれくらいか，どのようなものを買っているかなどの子どもの買い物の実態を知るために予備調査を行った。先行研究と予備観察に基づき，駄菓子屋，本屋，文房具屋，おもちゃ屋，食料品のみを扱っているスーパー，いくつかのテナントが入っている大型の多目的スーパーを観察場所として選択した。

①駄菓子屋　4軒観察した。いずれも小学校の校区の中心部に位置し，公園が近くにあって子どもたちが立ち寄りやすい。しかも，車の通行の多い大通りには面しておらず，入り組んだ裏通りにあってそこに暮らす者以外には場所がわかりにくいのも共通する特徴である。

②文具屋　規模の大きな本屋で，たくさんの本が置いてあった。本のほかに，シールやメモ帳などファンシー文具も置いてあった。遊戯王カードもあり，買いに来る男の子がいた。本を買うよりも文房具を買う子どもが多かったので，文具屋として分類した。

③おもちゃ屋　2軒観察した。一方は隣に大型の靴屋があり，親がそこで買い物をしている間子どもだけで来ることの多い店，もう一方は駅前の人通りの多い場所にあった。いずれも子どもに人気のあるカード，ゲームソフト，プラモデルなどが中心的な品揃えであった。

④本屋　本，雑誌類，CD，ビデオが置いてあった。交通量が多い道路に面しているため，親と一緒に来る子どももいた。歩道もなく特に低年齢の子どもにとっては危険な場所だった。高学年は立ち読みを目的に来る子どもや遊びを目的とする子ども

もいた。
⑤食品スーパー　住宅街にあり，近くに文具屋もあるため人通りが多かった。小学校のすぐ近くにあったが，別の校区の子どもも来ていた。主に食料品が置いてあった。夕方には，親と一緒に買い物に来る子どもが多かった。
⑥大型スーパー　駅に近く，国道沿いにあり，3つの小学校の子どもが来ており，広い範囲から子どもたちが来ていた。食料品のほか，本やおもちゃ，ファンシー文具などさまざまなものを売っていた。マクドナルドもあり，ゲームセンターもあった。買い物だけでなく，ゲームで遊ぶことを目的として来る子どももいた。

観察と事後インタビュー

　子どもの買い物行動を観察し，フィールドノートに時刻，経過時間，行動，買い物の様子を記入した。特に，子どもが実際にどのようにお金を使うのか，具体的な姿を明らかにするために，次の2点を重視し，記録した。①買う物の決め方に関わる行動：1. 買う物をいろいろ迷っている，または店内をうろうろしている，2. だいたい買う物を決めている，3. 友だちに買う物を相談している，4. 買う物が決まったあとでもいろいろ見ている，5. 迷っていたが結局何も買わずに店を出る。②支払いに関わる行動：1. 合計金額を計算しながら考えて買い物をしている，2. 支払い時に自分の買い物の合計金額を理解している，3. 支払い時に店の人または友だちに助けを求める，または合計金額をたずねる。

観察の時間帯

　予備観察と店主への事前インタビューに基づき，子どもたちが買い物によく来る時間帯を観察の時間帯として設定した。その結果，2001年の1～2月の10日間。平日の14～18時，土日はさらに10～12時も観察した。どのカテゴリーの店も，全体としてほぼ同じ観察時間になるように調整した。

倫理的な配慮

　観察した店にはあらかじめ調査の趣旨を説明し，許可を得た。また，対象となった子どもたちについては，調査の性格上事前に許可を得ることはなかったが，インタビューを行う際に調査の趣旨を説明し，インタビューへの協力を依

頼した。

3-2 結　果

誰が・誰と・どこに買い物に来るのか

複数の子どもが一緒に買い物に来ていた事例を含め，全体で58ケースの観察例が得られ，108名の子どもの買い物中の行動が観察，インタビューされた。子どもたちは1・2年生，3・4年生，5・6年生それぞれを低，中，高学年の3グループに分けた。それぞれ16名，37名，55名であり，人数には学年差が見られた（$\chi^2(2, N=108) = 21.17, p<0.01$）。本研究の観察とインタビューは子どもだけで買い物に来た場合に限定しており，低学年の子どもは大人と買い物に来ていることが多かったため，観察された数は少なかった。

子どもたちは一人で買い物に来るだけでなく，グループでも買い物に来る。観察例では，23ケースが一人で買い物に来ており，35ケースが2人以上で買い物に来ていた。グループの場合，異なる学年の子どもたちのグループが6ケース，残りは同学年の子どもたちであった。全体的には，一人で来ている者が23名，残りの85名はグループで来ており，グループで買い物に来ている子どもの方が多い。

学年と観察された場所の関係を表1に示す。表1に示されるように，低学年では駄菓子屋が圧倒的に多いが，学年が上がるにつれてバリエーションが広がることがわかる。また，買い物に来た人数との関係では，一人で来たケースが多かったのは駄菓子屋で，29名中10名（低・中・高学年それぞれ4・2・4名），逆に少なかったのは大型スーパーの29名中3名（中・高学年それぞれ2・1名）で，それ以外の店舗は一人で来た子どもの割合はこの中間であり，店による大きな違いは見られなかった。

どのように買い物をするのか

店の種類ごとにそれぞれの子どもたちが店に入ってから出て行くまでの時間を測ったところ，駄菓子屋：5.4分（SD 3.28分），文具店：9.9分（SD 5.46分），おもちゃ屋：14.9分（SD 13.81分），本屋：18.2分（SD 10.16分），食品スーパー：25.8分（SD 7.36分），大規模スーパー：50.2分（SD 32.33分）と，

表1 それぞれの種類の店で買い物をした子どもの人数

	駄菓子屋	文具店	おもちゃ屋	本屋	食品スーパー	大型スーパー	合計
低学年	12（75.0%）	0（0.0%）	3（18.8%）	0（0.0%）	1（6.30%）	0（0.00%）	16
中学年	10（27.0%）	5（13.5%）	8（21.6%）	3（8.1%）	0（0.00%）	11（29.7%）	37
高学年	7（12.7%）	10（18.2%）	5（9.10%）	12（21.8%）	3（5.50%）	18（32.7%）	55
合計	29（26.9%）	15（13.9%）	16（14.8%）	15（13.9%）	4（3.70%）	29（26.9%）	108

店によって大きな違いが見られた。また，学年別の平均時間は低学年：6.7 分（SD 5.03 分），中学年：23.5 分（SD 28.04 分），高学年：26.9 分（SD 26.58 分）で，学年の上昇とともに店にいる時間も長くなる。表1の結果も踏まえるならば，低学年は駄菓子屋に行き，短い買い物時間，中・高学年では大型スーパーを含む多様な店に行き，長い買い物時間という関係がある。

さらに細分化してみると，低学年の駄菓子屋の平均買い物時間は5.7 分（SD 3.14 分），それ以外が9.3 分（SD 7.66 分），中学年では駄菓子屋が6.6 分（SD 4.07 分），大型スーパーが45.2 分（SD 35.64 分），その他が14.9 分（SD 14.26 分），高学年では駄菓子屋が3.6 分（SD 1.29 分），大型スーパーが53.2 分（SD 29.71 分），その他が16.1 分（SD 9.47 分）であった。学年の上昇によってそれぞれの種類の店での買い物時間が長くなるのではなく，大型スーパーのような店に行く子どもが多くなることにより，結果的に上の学年の子どもたちの買い物時間（店にいる時間）が長くなることがわかる。したがって，買い物に要する時間は年齢との直接的な関係よりも，むしろ場所と関係があると言えるだろう。

また，一人かグループかによっても買い物時間に違いが見られる。一人の場合の買い物時間は，駄菓子屋，大型スーパー，その他の店舗でそれぞれ3.33 分（SD 2.62 分），14.33 分（SD 4.92 分），10.44 分（SD 10.38 分）であり，グループではそれぞれ6.50 分（SD 3.06 分），54.31 分（SD 31.58 分），16.26 分（SD 11.03 分）と，店舗による時間の違いの傾向は共通なものの，一人の方が買い物時間は短い。

店にいる時間の違いは，それぞれの店における子どもたちの行動パターンの違いを反映している。駄菓子屋，大型スーパー，文具店の例を見ると，店によってなぜそれほど店にいる時間が違うのかがわかる。

観察1　駄菓子屋　2年生女子A，2年生女子B，6年生女子C
　2時10分に公園から店に直行する。3人ともお菓子を次々に取っていく。Aはさっさと100円分を自分で決めてレジに置く。だいたい買う物を決めていたようである。Bはいくつか取って店のおばさんに値段を教えてもらい，「90円」と言われ「あと10円」と言いながら，10円のガムをレジに置く。全部で100円分買った。AはBにおごってもらっていた。Cは一番迷っていたが自分で決めて買っていった。2時13分に店を出て行く。

観察2　大型スーパー　6年生女子A，6年生女子B
　4時45分にスーパー内のマクドナルドに行き2人でポテトとハンバーガーを食べる。マクドナルドではAがBにおごってあげたらしい。食べ終えたあとは文房具を見たりしていたが何も買う気はないようだ。その後メルヘンランドに行きUFOキャッチャーをのぞきこんで遊ぼうか迷っているようだった。5時15分に店を出て行く。

観察3　文具店　5年生女子A，B，C
　4時17分に店に来る。文房具コーナーの商品をいろいろ見ながらうろうろしている。Aが「ないなぁー，もうないんかなぁー……」と言っているので何か探している様子。でも，すごく探すような感じではなく，探しているけれど他のものも見ているというような感じ。筆箱の値段を見て，「350円やって，安いなぁー」と言うが買わない。5分後100円セールのコーナーを見つける。Aは探しているものが見つかって満足そう。B，Cは「何でこんなに安いのー」と言う。みんなで「かわいー」と言いながら，まずAが選び，Cが「同じのにしてもいい？」と言って同じものを取る。Bも同じものを買おうか迷っていたが，Aが「同じのにすんのー？」と（冗談？）で言ったので少し考えてやめる。Bは一人でシールのところを見て選んでいる。3人とも買う物は手に持っているが，まだうろうろしている。バッジを見て「かわいー」と口々に話しているが，3分くらい見て買わずに，また文具コーナーをうろうろする。4時32分に支払いを済ませて，店を出る。

　観察2に示されるように，大型スーパーであっても子どもたちは買う物を選ぶために時間を要しているわけではない。大型スーパーには複数のテナントが入っており，そこをうろつくのが基本的な子どもたちの行動パターンである。

そうした意味では，買い物はうろつく遊びの下位に位置づいている。一方駄菓子屋では，買う物の選択肢は少なく，スペースも狭い。ほとんどの子どもがお菓子を選んで買う。店にいる時間は食べ物を選ぶ，その時間だけである。その他の店はこの中間に位置し，ものからものへとうろつきながら，探しているものがあったとき，あるいはそこで気に入ったものがあったときに買うのである。

　買い物に要する時間以外に，店ごとの子どもたちの買い物の仕方に違いが見られるもうひとつ大きな点は，店主や店員とのやりとりの有無である。駄菓子屋以外でも子どもたちが店員とやりとりをする場面はあったが，それは探しているものの場所を尋ねる場合や，ものの値段を尋ねる場合のみであり，あったとしてもまれである。駄菓子屋以外の観察例で店員との会話が見られるのは41の観察例中3例のみ，いずれも子どもが探している商品の有無を尋ねる場合であった。一方，駄菓子屋では17例中8例で店主とのやりとりが見られ，店の種類と店主とのやりとりの間には有意な関連性が見られた（Fisherの正確確率法：$p=0.0012$，両側検定）。駄菓子屋の8例中，6例までが合計の計算を店主が行い，それに応じて子どもが買う物を調整する，買う物の相互調整が行われる場合であった。それは次のような例である。

　　観察4　駄菓子屋　1年生女子
　　3時7分，自転車に乗って一人でやって来た。あまり迷っている様子はなく，パッパと決めていた。どのお菓子がいくらぐらいするのか，わかっているようであった。お菓子を選んだあと，店のおばちゃんが計算をし「110円だよ」と言うと，10円分のお菓子を返していた。だいたいの金額は理解しているようだが，自分できっちり計算していない。3時10分，店を出た。

　観察1でも，細部の計算は店主が行い，そこでのやりとりで最終的な買い物が調整される。計算の能力が十分でない子どもたちにとっては，店主が計算を行い，その場で買う物を調整することができることは買い物に対する負担を大きく軽減する。店主や店員との間で計算や調整が行えない場合は，子どもたちにとって買い物は大きな負担になる。次のスーパーマーケットでの観察例を見てほしい。

観察5　スーパーマーケット　1年生女子
　石鹸を買ったあと，3時45分お菓子売り場に来る。おつかいに来た様子。いかそうめんやラムネ，グミ，スナック菓子など20～50円のお菓子を取ったりしながら，10分ぐらい迷っている。「20, 30」などぶつぶつ言いながら計算しているようだ。3時56分レジへ向かう。レジの手前で品物を床に置き，お金をかばんから出して並べる。結局，20円のお菓子を買う。

子どもは何を買うのか
　子どもたちが買った物は多岐にわたるが，大きくは食べ物とそれ以外のものに分類可能であった。そこで，買った物をこの2種類に分類し，それぞれの年齢群での平均購入金額を求めた。
　低学年ではお菓子を買う場合が多いが，中・高学年ではそれ以外の買い物のバリエーションも増えていく。購入金額に関しては，お菓子はものに比べると低額であり，漸増傾向が見られる。一方，ものに関しては全体に金額が大きくなっている。低・高学年の子どもについてはものの購入額が大きく，分散も大きいが，それぞれ6000円のゲームソフトを購入していた者が1名ずつ，低学年で1000円のプラモデルを購入している子どもが1名いたためである。この分を除くとそれぞれ300円（SD 141.4円），436.4円（SD 329.7円）となり，極端なばらつきはなくなる。いずれにしても，お菓子は他のものに比べて低額であり，買う物によって使用する金額が決まることがわかる。買った物と買った場所の関係に着目すると，駄菓子屋での買い物はいずれの年齢群でもお菓子が中心であり，本屋・文具屋・おもちゃ屋に関してはそれぞれの商品が，大規模スーパーではお菓子かその他の品物が購入される。
　低学年の子どもたちは，主に駄菓子屋でお菓子を比較的低額購入する。では子どもたちはお菓子を買いたいから駄菓子屋に行くのだろうか。中・高学年になると大型スーパーでも菓子類を買っていることから，菓子類を買うという目的のみから駄菓子屋が選ばれたとは言えないだろう。駄菓子屋以外の店は，低学年の子どもたちにとって近づきにくい環境にある。他の店舗は大通りに面していたり，駐車場が隣接しており，子どもたちが自由に近づくことを妨害している。一方，駄菓子屋は公園の近く，子どもたちがふだん通う学校の校区内，裏通りにあり，たどり着くのは容易である。しかも，駄菓子屋では買い物の計

算にあたって外的な援助を受けやすい。こうした子どもの空間移動能力や計算の能力の制約のために、低学年の子どもたちは駄菓子屋に行くことが多くなるのだろう。学年が上昇するにつれて、買い物の場所は多様になり、買う物も多様になる。また、大型スーパーのように、買い物が店をうろつく遊びの下位に位置づけられるようになる。

30の観察例で子どもたちは食べ物を買っていた。30例全体では56名いたが、実際に食べ物を買ったのは低学年で11名、中学年で11名、高学年で22名、合計44名であった。残りの12名は自分ではお金を支払わず、そのうち10名は友だちにおごってもらい、残りの2名は友だちの買い物にただついて来ただけだった。友だちの分も支払う例は食べ物以外には見られず、食べ物の購入に特徴的なパターンであった。グループで買い物に来たのは18例44名あったが、そのうち7例でおごりが見られた。また、同じ物を買うのは6例、それぞれが好きな食べ物を買う場合が5例であった。分ける例、同じ物を買う例、それぞれが好きな物を買う例をそれぞれあげる。

観察6　駄菓子屋　2年生女子A, B, C, D
　3時5分、四人で店にやってくる。最初はそれぞれが好きなお菓子を見ていたが、Aが「みんなで食べられるお菓子を買おう」と提案。そう言いつつ、好きなお菓子を取る。選んだお菓子について、みんなに了解を得る。きなこ棒については、分け方まで考えていた。金額をみんなで計算し、Aが100円を払った。

観察7　駄菓子屋　2年生女子A, 4年生女子B
　2時28分に店に入って来て2人で相談し始める。「これおいしいよな」「うん」「これ食べたことある？」「ある」と会話をしながら2人ともまったく同じものを選ぶ。Bが「もういい？」と言い2人でレジへ。2人ともぴったり100円分を買う。お菓子を決めるのはBでAはそれと同じものを取っていた。店内をうろうろして迷いながらいろいろなお菓子を手に取って見ていた。

観察8　駄菓子屋　2年生女子A, B, C
　2時35分、3人で店に入って来る。3人のうち2人はカゴを持ち、Aは「これとこれ」と言いながら、お菓子をカゴに入れる。Aは計算しながら、お菓子を買っている。3人で話をしながら、お菓子を選んでいる。Cは計算ができないらしく、AがCの分まで計算していた。Aは店の人と知り合いらしく、値段を聞いたり、兄弟のこ

とについて話していた。100円分のお菓子を買うつもりだったが、計算が間違っていて110円分あったため、20円のアメを10円のチョコに変えた。

　菓子類を買う際の特長は、特定のものを買うというよりは、金額があらかじめ決まっており、その金額に合わせていくような買い方が多いという点である。その点は一人で買い物に来る場合も、上記3つの観察例のようなグループの場合も同様である。その意味で、選ぶこと、とりわけ友だちと一緒に来た場合は相談しながら選んでいくことの中に、子どもたちの楽しみはあるように思われる。さらに、食べ物の場合は、買った物をともに消費する楽しみが買い物の楽しみの中に含まれている。食べ物を買う意味がこのようなものであるとするならば、友だちにおごるという行為が見られることも不思議ではないだろう。本研究の観察は、買い物の場面のみの観察であり、買い物のあとで買った物をどうするのか明らかでなく、その部分は推測に過ぎないが、大型スーパーをうろつく際の食べ物の食べ方は、この推測が妥当なものであると感じさせる。

　観察9　大型スーパー　小学校6年生男子A，B
　5時に店にやって来る。漫画を見ているが目当てはなさそうで眺めているような様子である。その後1階の駄菓子コーナーに行きAがあめ玉を2つ選びレジで精算を済ませた。Bにあめを一つあげ、2人であめをなめながら再び2階に行きおもちゃを見ている。5時38分に店を出て行く。

　観察10　おもちゃ屋　小学校4年生男子A，B，C
　3時45分、3人で店に来てゲームコーナーをうろうろする。高校生がクレーンゲームをやっているのを、横からのぞきこむ。カードを買うために店の奥へと進む。Aがカードを買う。すぐに決めた。その後、再びゲームコーナーへ。Bがクレーンゲームをする。3人でのぞきこみながら、ゲームをしていた。かっぱえびせんを獲得したが、本当はゲームソフトが欲しかったらしく、少し残念そう。3人で分け合って食べていた。その後もゲームコーナーをうろうろする。30分くらい店にいた。

　次に食べ物以外のものを買う場合について検討する。食べ物以外を購入しているケースは26例51名、そのうち多いのが玩具類で、16例27名が購入していた。なかでも多いのがカードであり、8例14名が購入していた。カード以外では、プラモデル、ミニチュアの人形、おもちゃの飛行機、ゲームソフト、

ベイブレードを購入していた。グループで買いに来る場合，自身で買い物をしない子どもも7名いたが，お菓子の場合と異なり，友だちが支払う（おごる）例は皆無であった。つまり，ものを買うケースで自身でものを買わない場合は，友だちの買い物について来るだけか，助言をするのかのいずれかであった。それぞれがものを購入する場合でも，どれを買うか子ども同士で相談し合う。

観察11　大型スーパー　小学校4年生男子A，B
　4時40分，2階のおもちゃ売り場へ。レジのガラスケースの中の遊戯王カードを眺めている。AがBに相談している様子。Bが本売り場へ。雑誌を読み始める。Aもついて行く。4時49分，Aだけがカード売り場へ行くが3分後Bのところへ帰ってきて再びカード売り場へ。設置されているビデオをしばし眺める。Bがカード売り場へ帰ってくると，すぐにAが店員さんを呼び，カードを取ってもらい購入する（150円という金額を把握していた様子）。おつりなし。購入後もカード売り場を離れず，二人で相談している様子。16時55分，Bのお金（150円）をAが預かって店員さんを呼び，カードを購入（おつりなし）。カードを手渡す。マクドナルドの方へ行き，メニューを眺め相談している。Bがチーズバーガーを購入（100円出しておつりをもらう）。座って話しながら食べる。17時5分マクドナルドを出て，ソファに座ってカードを開ける。17時10分店を出る。

　食べ物と比較した場合，ものの買い物の仕方には共通点といくつかの相違点がある。共通するのは，グループで買い物に来た場合には友だちと相談しながら買う物を決める点である。ものを買うという行為は，個人の欲求や必要に基づいて貨幣とものとを交換するという静的で個人的な行為であるわけではない。観察3で，CがAと同じものを買おうとしたり，逆にBがAに「同じものを買うの？」と揶揄されて買うことをやめてしまったり，というように，決定に際し，ものの価値を判断する上で他者が介在し，そこでのやりとりによってそのものを手に入れたいという欲求が増したり減したりもする，ダイナミックな社会的行為である。一方相違点の第一は，お菓子では100円分を買うといったように，金額で買う物を決めることが多かったのに対し，ものの場合には買う物が決まっており（人の意見で変わるのだから，固定的に決まっている，という意味ではないが），その中でどれを買うのかを決定していく。第二に，食べ物の場合と異なり，ものを共有することはなく，友だちの分を支払う（友だち

に買い与える，おごる）観察例はひとつも見られなかった。それぞれが自分の好みのおもちゃを買い，それぞれが所有する。ともに選ぶ楽しみは食べ物の場合と共通であるが，共有する，あるいはともに消費する楽しみはおもちゃの場合には見られない。

　おもちゃ以外で購入されることが多かったのは文具類であり，全体で6ケース，17名が購入していた。中身はノート，シャープペンシル，下敷きなどであるが，おもちゃの場合と同様，決まった値段分購入するという買い方ではなく，ノートならノートの中から選択する。一見すると文具類はおもちゃと比べ実用的であり，その使用価値も明確である。したがってそうした実用的な意味での必要性に基づいて最適な品物を選択し，購入しているように考えられがちであり，また実際そのような場合も多い。けれども観察やあとのインタビューからは，そうした実用性のみが購入の基準になっているわけではないことがうかがえる。

観察12　大型スーパー　小学校4年生女子 A，B
　3時41分，2階の文具売り場へ来て2人で一緒にペンを見る。Bがノート売り場へ行ったので，Aもついて行く。Bは学習ノートを何冊か手に取って品定めをしている。Aはコナンのぬりえノートを手にとってページをめくって見ている。Bは1冊の学習ノートを持ってレジへ。131円支払う（おつりがあったかは不明）。その間もAはコナンのノートを見ている。そこへBが帰ってきて，一緒に手帳売り場へ行く。少し二人で眺めたあと，別々に物色し始める。Aは手帳をもってうろうろするが買う気配はない。3時53分，一緒に店を出る。店の前でインタビュー。

　事後のインタビューでも，Bは学習用のノートを購入するために店に来たと答えており，実用的な意味での必要性が購入の目的となっていることは確かである。けれども同時に，購入に際してどれにするか迷ったと答えており，しかもその際の選択の基準は「かわいい絵で上限は150円まで」であり，最終的な選択の基準は実用性ではない。

　まとめると，グループでものを買う場合，使用価値物とお金を交換するという面を持ちつつ，それに加えて主観的に価値あるものと交換される。そして，その主観的価値は個人に閉ざされたものではなく，他者との関係に開かれ，そ

第7章　日本の子どもたちにとってのお金

の中で揺れ動く，そのような価値である。そして，そのようにして主観的に価値づけられたものを自らのものとして所有することが，子どもにとってのものを買う楽しみであると考えられる。したがって，食べ物を買う楽しみも物を買う楽しみも，ともに他者との関係の中で成立するものであるが，食べ物の場合はそれを共有し，ともに消費することが楽しみとなるのに対し，ものの場合は他者との関係の中でその価値を確認し，それを自分で所有することが楽しみとなる。

一人での買い物

グループでの買い物と異なり，一人の場合は相談しながら買う物を決めていくプロセスが存在しない分，最初から買う物を決めてきて，それを買うことが多い。実際，店にいる時間もグループの場合より短い。ただし，ものに付与される主観的な価値は，友だちという助言者（参照枠）がなくても揺れ動く。

観察13　駄菓子屋　小学校1年生男子
　　3時4分に店に来る。目当てのガチャガチャの前に立ち，ポケットから財布に入っていないお金を取り出し，200円を入れてカードを買う。容器を開けて取り出し，どんなカードが入っていたか見る。あまりいいものが入っていなかったようで少し考えてもう1回ガチャガチャをする。容器を開けようとしたが，なかなか開かない。そこへ，店のおじさんが「今の子はみんなカードとか好きやなぁ。そんなん流行ってるのか？」と話し掛けてくる。「ここに何枚かカードあるから欲しいか？」と言われるがはじめは何を言われているのか理解できない様子。でもおじさんに近づいていく。「こんなん欲しいか？」と聞かれ，うなずく。6枚くらいある中から「4枚あげるから目をつぶって取り」と言われるので，4枚選ぶ。2回目の容器を開けカードを確認したあと，全部のカードをポケットにしまう。残りのお金で何かを買おうと30円を持ちながらお菓子を見るが，なかなか決められない。5分くらい考えてようやく10円のガムを一つ手に取り，お金を払って，3時14分に店を出る。

　本児のカードへの欲望は，最初に購入した段階では収まらず，次のカードも購入してしまう。しかも，店主からさらに4枚もらう。最初のカードが欲望を満たすものでないとき，欲求はカードの購入によって減少するのではなく，逆にインフレーションを起こし，コントロールが効かなくなる。その結果が駄菓

169

子屋で 400 円使うという，低学年の子どもとしては高い金額の買い物になる。しかもそのあとでお菓子を買うのに決められずに迷う。お菓子の買い物は通常あまり迷うことなく決められることから考えると，カードの購入を引きずっているようにも思われる。こうした一連の子どもの行動を見ると，子どもがカードにおいている価値，あるいはそれが欲しいという欲求は，この 10 分間の間に揺れ動いている。欲しくて買う，満足がいかなくてさらに欲しくなる，それを手に入れても欲求に負けて予定以上に買ってしまったことを反芻する，後悔する。その意味でも子どもがものに付与する価値は，単なる金額を超えた，子ども自身が主観的においている価値であり，しかもそれは周囲との関係の中でダイナミックに変化する価値である。

4. 買い物研究から見えてくるもの

4-1 環境と子どもの発達の相互的な構成作用

　低学年は中・高学年と比べると，子どもたちだけで買い物に来ることが少なく，買い物をする場所も限られていた。買い物をする店は低年齢の子どもでもアクセスすることが容易で，買い物にあたっても金額の計算などで周囲の大人の援助を受けやすい駄菓子屋が中心であった。買い物時間は短く，必要なもの（お菓子）を選び，店主に計算を手伝ってもらって購入，というのが基本的なパターンだった。一方，中・高学年になると買い物をする場所は多様になり，低学年の子どもではアクセスが容易でない大型スーパーなどでも買い物をするようになる。しかも，そうした店では 1 時間近くも店内をうろつくことも多く，そうした場合は買い物自体が目的というよりも，友人と店内をうろつくことがむしろ目的となっており，買い物はその一部に過ぎないようになる。

　このように見ると，低学年では計算の能力のような認知能力や交通量の多い場所には近づかない（あるいは近づけない）というような移動能力の制約のために，買い物は子どもだけで行ける場所に限定され，またそうした場所であるが故に買い物のやり方も中身も制約を受けることになる。逆に高学年では，そうした制約がなくなることで新たな行動の形態が生まれることがわかる。子

もにとっての環境は，客観的に存在する外的な世界であるだけでなく，その子どもによって選び取られた，その子どもにとっての環境という意味で環世界である（Uexküll & Kriszat, 1934）。そのように考えると，子どもとお金の問題も，単に文化的な道具の習得過程という観点からだけでなく，子どもが主体的に外的環境をどの様に選び取った上で（あるいは構成した上で）経験を積み，発達していっているのか，という観点からの分析も必要であろう。子どもにとっての環境の動的な構成過程とそれによって枠付けられる経験の幅，そしてその結果としての子どもの発達とそれに伴うさらなる環境の再構成という，子どもと環境の間にあるダイナミックで相互的な構成作用・構成過程の中に，子どものお金の習得過程を位置づけて見る必要がある。

4-2 子どもにとってのものを買うことの意味

　子どものお金の理解をめぐる研究は，従来，価格の決まり方の理解のような，社会制度的な仕組みの理解に焦点を当てたものが多かった（たとえば藤村，2002; 田丸，1993; Takahashi & Hatano, 1994 など）。ものの価格は単にそのものの使用価値で決まるのではなく，需給のバランスや生産のコスト，売り手の競合など，背景にある複合的な要因が関わることを理解する必要がある。ピアジェ的な枠組みのもとでの説明では，小学校低・中学年の具体的操作期の子どもたちは目の前の具体的なものの特徴や属性が直接価格に反映されていると考えがちであり，高学年になってようやく背後の社会制度的な仕組みが価格を決めていくことを理解し始めるのである。

　しかし従来の研究は，子どもたちがなぜものを買うのか，その行動へと駆り立てる理由を説明するものではない。本章が問題としたのはその点である。子どもたちは勉強のために必要だから本を買い，文具を買うが，実際にはそこに楽しみも付加される。本章の観察事例が示しているように，単なるノートではなく「かわいいノート」を選ぶことで，実用以上の楽しみがそこに加わる。さらに，「あのノート」ではなく「このノート」を所有したいという欲望は，他者からの評価を媒介にして成り立つものである。友だちと買い物に行ったときに，「かわいー」と言われれば欲しくなり，「ダサくない？」と言われれば出しかけていた手を引っ込めてしまう。このように，欲望は他者からの評価やその

ときどきの状況によってダイナミックに変動し，揺れ動く。

　また，お菓子などの食べ物を買う場合の「楽しみ」には，食べる楽しみだけでなく，友だちと分け合い，ともに食べる楽しさも含まれているようである。質問紙の結果から受ける印象とは異なり，自分が買ったお菓子を友人と一緒に食べるというレベルでのものであれば，おごる行為は実際には広汎に見られることが本章の観察事例からわかる。

　消費社会における買い物とは，他者に媒介された欲望に促されながら，かっこいいおもちゃを所有しかわいい文具を所有するというように，楽しみのためにお金を使うことが大きな位置を占めており，そうした楽しみの中には友だちと一緒に食べることも含まれる。楽しみという付加的なもののための消費であることから，この欲望には限りがない。1年生の観察例で，ガチャガチャで出てきたカードが期待していたものではなかったときに，もう一度ガチャガチャに挑戦したいという欲望は抑えきれなくなってしまった。こうした欲望を手なずけ，コントロールできるようになることも，お金の使い方を学ぶということであり，お金を理解するということなのである（山本・片（2001）の「魔法使い」の議論も参照のこと）。

4-3　行動観察と質問紙のギャップをどう見るか

　観察した場所も質問紙調査を行った場所も同じ大阪府下であり，地域的に極端な違いはないにもかかわらず，4か国比較の結果から受ける日本の子どもたちの印象と，観察データとの間にはギャップがあるように思われる。質問紙からは，日本の子どもたちは友だち関係の中にお金を介在させること，つまりおごったりおごられたりすることに概して消極的であることが示されているが，観察では買ったお菓子を分けて食べることは頻繁に見られ，それほど珍しいことではない。この印象の違いはどこから生じるのだろうか。

　質問紙の結果から見いだされる日本の子どもたちの「おごり」に対する態度は，4か国の対比の中から見いだされるものであって，そうした対比の中から際立つ形で前面に現れているものと考えることができる。まさに，比較によって差が際立つように立ち現れたのが質問紙調査やそれに付け加わるインタビューの結果なのではないだろうか。質問紙の結果を見れば，他の3か国の子ども

たちに比べると，日本の子どもたちは友だち関係の中にお金を介在させることに消極的であることは確かであろう。ただし，実際の評定値を見ると，もう少し注意深く考える必要があるように思われる。「お金をめぐる友だち関係」について見いだされた二つの因子（「自己限定」と「相互交換」）のうち，「自己限定」項目（「おごってもらうのは負担だ」「おごったりおごられたりするのは良くない」など）は５件法（とても当てはまらない：１点〜とても当てはまる：５点）で尋ねた平均は３点を超えており，こうした項目に対しては「当てはまる」とする反応が多く，おごりに対しては概して否定的な態度であることがわかる。ただし，「友だちがお金で困っているなら，私は迷わず貸してあげることができる」「友だちにお菓子などを買ってあげるのは，一人で食べるより楽しい」「友だちからおごってもらったら，次に私がおごるのが当たり前である」といった項目群（「相互交換」の項目）も平均は３点を超えており，そうした行為に対しては必ずしも否定的なわけではない。したがって，日本の子どもたちのおごりに対する態度は，強い否定的態度というほどのものではないのではなかろうか。質問紙の結果に基づくまとめは，比較によって特徴が際立つ形で取り出された可能性があるだろう。異なる文化間の比較によってわれわれが見いだすものは何なのか。この問題に関しては本書最終章で山本が理論的に論じる。

　また，買い物の観察での子どもたちの行為は，質問紙で問われているような意味で「おごり」として子どもたちには認識されていない可能性も考えられる。質問紙調査に答えた子どもたちも，日常生活では観察で見られたような行為は頻繁に行っているが，それ自体を質問紙の答えの対象としては意味づけていない可能性である。子どもたちは質問紙の「おごり」に対応する質問に対しては規範的な意味で答えており，そこではおごりは否定的な意味が付与されるが，自分たちの日常していることはそれに該当するとは考えていないのかもしれない。

　もちろん，観察と質問紙の結果に齟齬があるように見えるからといって，観察結果が正しい子どもの姿で質問紙の結果は誤りであると主張しているわけではない。質問紙はある文脈が選び取られた結果であり，ダイナミックな揺れ動きを静的に切り取ったものである。行動に内在する意味を読み解き，意味の生

成過程を明らかにするのが文化心理学であり，そのような視点で日本の子どもたちの姿を跡づけたあとで，第1〜3章の記述を読み直すならば，ある一貫性を持った認知や意味システムが共有されていたとして，それがイコール文化なのではなく，意味生成のダイナミズムの中で動的に他者を立ち上げて行く，そのようにして立ち現れるもの文化であることが強く実感される。さらに言うならば，第1〜3章が明らかにしたのは，対比によって際立つ形で明らかになる，それぞれの文化で特徴的な規範の構造であり，本章の観察が明らかにしたのは，子どもたちはそうした規範のもとにありつつ，消費社会という大きな枠の中で自ら環境を選び，そこで楽しみのひとつとして金を使い，他者に媒介されて意味づけられたものとしての「おしゃれな」「かっこいい」ものを買い，また友だちと楽しむためにお菓子を買い，分け合う子どもたちの姿なのである。

注

[1] 観察・インタビューは赤嶺愛里，東由希子，上原由香里，小林美帆，辻岡知華，山根麻弥（いずれも大阪教育大学）によって行われた。

引用文献

藤村宣之. (2002). 児童の経済学的思考の発達——商品価格の決定因に関する推理. 発達心理学研究, 13, 20-29.

Oh, S., Pian, C., Yamamoto, T., Takahashi, N., Sato, T., Takeo, K., Choi, S., & Kim, S. (2005). Money and the life worlds of children in Korea: Examining the phenomenon of ogori (treating) from cultural psychological perspectives. *Maebashi Kyoai Gakuen College Journal*, 5, 73-88.

Takahashi, K., & Hatano, G. (1994). Understanding of the banking business in Japan: Is economic prosperity accompanied by economic literacy? *British Journal of Developmental Psychology*, 12, 585-590.

田丸敏高. (1993). 子どもの発達と社会認識. 法政出版.

Uexküll, J., & Kriszat, G. (1934). *Streifzüge durch die Umwelten von Tieren und Menschen*. (ユクスキュル, J.・クリサート（著）, G. 日高敏隆・羽田節子（訳）. (2005). 生物から見た世界. 岩波書店.)

山本登志哉・片成男. (2000). 文化としてのお小遣い——または正しい魔法使いの育て方について. 日本家政学会誌, 51, 1169-1174.

第 3 部

おこづかい研究から理論を立ち上げる

第 8 章

おこづかいの意味づけの中に親子関係の両義性をみる

片　成　男
（ペン　チエン　ナン）

1. はじめに

　現代の商品社会において，私たちは貨幣を軸にして生きている。また，消費の個人化は確実に子どもたちをもターゲットにしている。もちろん今の子どもたちは経済システムにおける生産者である前に，まずは大人からお金をもらって使う消費者として経済生活に参加していく。子どもたちが社会の経済生活に参加する形は，昔と今で大きく変わっており，おこづかいは子どもの親子関係を中心にした生活の様相とその多様性を考察する重要な手がかりとなりうる。
　たとえば，親へのおこづかいインタビューでは，貧しかった子ども時代の記憶として，「おこづかいをあまりもらえなかった」「親のことを考えてお金がほしいと言えなかった」という声が少なくなかった。しかし，今，生活が豊かになり，ものやお金がわりと手に入れやすくなった子どもたちはお金に対する感覚がかなり異なっている。極端な事例であるかもしれないが，中国のある地方都市で小学3年生の娘を持つ母親が新聞社にお年玉に関する悩みを打ち明けていた。その悩みとは，正月休みもそろそろ終わろうとしたある日の朝早く，娘が自分のお年玉帳簿を持ってきて，今まで自分がもらったはずのお年玉2万元を母親に請求したそうである。帳簿には今年のお年玉だけでなく，近年のお年玉明細までがはっきり記入されていたという。このあまりにも「意外」な申し

出に，母親のショックも大きかったようである（『北京晩報』，2008年2月14日21面）。

　このように，文化差や時代差を含めて幅広く子どもとお金のあり方をみたとき，そこにはかなり大きな違いがあることがわかる。子どものおこづかいは，普通親からもらうお金である。私たちはごく当たり前のようにおこづかいは子どものお金であると考えるが，その実態について十分深く考えてきたとは言えない。この章では，関係性という視点から子どものおこづかいについて考察する。

2. 子どもから見たおこづかい

　今の大量消費生活に慣れてしまった大人にとって，子どもがおこづかいを持ったり，またそのお金で何かを買ったりすることは，特に違和感を覚えるようなことではない。そして，子どもたちもよくおこづかいを「私のお金」として語ったりする。おこづかいは子どものお金である。これは，「おこづかい」研究においてもひとつの出発点になる。まず，子どもの視点からおこづかいがどのように認識されているかを見てみる。

2-1 「子どものお金」としてのおこづかい

　おこづかいは，子どものお金である。私たちの研究においても，子どもに「あなたはいまおこづかいをいくらもらっていますか」「あなたは自分のおこづかいをどのように使っていますか」と聞くことはそれほど無理のない質問であった。

　実際，日本の子どもに「おこづかいは誰のお金であるか」と聞いてみると，私のお金であると答える子どもが多い。このような答えは，幼い小学生にもみられる。次に引用しているのは，日本の小学2年生の男の子へのインタビューである。

　　インタビュアー：最後に一つ教えてほしいんだけど，いろいろ，たとえばお年玉とか何とかは，お母さんとかお父さんとか，それからおじいちゃん，おばあちゃんから

もらうでしょう？　そうすると，そのお金というのは，結局〇〇ちゃんのものなのかな。それとも，くれたおじいちゃん，おばあちゃんとか，お父さん，お母さんのものなのかな。どっちだと思う？

子ども：僕の。

　インタビュー調査以外にも，質問紙調査で「おこづかいをくれたのは親なので，おこづかいは私のお金ではなく親のお金である」という質問項目に対する子どもの賛成度合いを調べてみると，日本の子どもはこの意見に反対する傾向，つまり「おこづかいは親のお金ではなく，私のお金である」と認識していることがわかる (Pian et al., 2006)。集団レベルの一般的傾向として，日本の子どもは親からもらうおこづかいを「私のお金」として位置づけている。
　しかし，注目すべきところは，「私のお金」という感覚がお金のタイプによって異なるという点である。たとえば，お年玉は子どもが日常的に親からもらうおこづかいと違って，年に1回しかもらえないけど金額が多く，またくれる人も親に限らない。このような背景もあって，お年玉の使い方や管理の仕方などはおこづかいのそれとずいぶん異なるように思える。次は，日本の小学校3年生の女の子とそのお母さんへのインタビューである。

お母さん：はい。口座はあるんだよね。判子もあるよね。いくらかは知らないよね。
インタビュアー：じゃ，自分のお名前で，〇〇ちゃんの名前で通帳は持っているんですね。その通帳とか判子の管理は誰がするんですか。誰が持っている，通帳と判こは？
子ども：引き出しのところに入れてある。ママかな。
お母さん：そうだね。ここにあるよと言っているんです。
インタビュアー：あるよというのはわかっている。
お母さん：そうなんです。ですから，すごく使いたければ使えるけれども，いくらあるとか，そういうもの，銀行に行ってお金を出し入れするのは，出しは，しませんね。
インタビュアー：入れる……
お母さん：そうですね。お年玉とかもらったときに銀行に持って行くよこれだけ集まったよ，じゃあ，入れておくねってやるのは私。
インタビュアー：じゃあ，管理はわりとお母さんがやっているけど，ちゃんと〇〇ち

179

ゃんのお金だよというのは一応承知しているんですね。
お母さん：そうですね。

このように，お年玉は子どもにとって一応「私のお金」ではあるが，使わない，いくらあるか知らない，お母さんが代わりに管理するなど，子どもの実生活とはかなり離れたところにある。「私のお金」という意識も，金額や収入源などそのタイプによって，多義的であるといえよう。

2-2 おこづかい認識における文化的多様性

文化とは人間の生きる形である。異なる文化に生きる子どもたちにとって，お金がその生活の中でもつ意味は異なっており，おこづかいの意識にも違いがあることは十分に考えられる。第1章でも述べたように，おこづかいをめぐるさまざまな側面において，4つの国の間に面白い違いがみられる。たとえば，お年玉は日本の子どもだけでなく，韓国，中国およびベトナムの子どもたちも普通にもらう新年のお祝い金である。お年玉は普通大人が子どもにあげるものと考えられるが，ベトナムでは友だち同士で小額のお年玉を贈り合う習慣があったり，また中国では子どもが自分のお年玉で学費を払ったりする。

それでは，他の国の子どもたちも日本の子どもたちと同じようにおこづかいを「私のお金」だと答えるのだろうか。次は中国朝鮮族の小学3年生の男の子のインタビューである。

インタビュアー：では，おこづかいはいったい誰のものなの？
子ども：おこづかいは親のものです。
インタビュアー：親のものなの？
子ども：はい。

インタビューでみられるこのような違いは，質問紙調査ではもっとはっきり表われている。上記の「おこづかいをくれたのは親なので，おこづかいは私のお金ではなく親のお金である」という質問項目に対して，小学5年生，中学2年生，高校2年生を対象に，日本，韓国，中国，ベトナムの4か国を比較してみると，結果は次の図1に示した通りになる。得点が高いほど項目への賛成度

第8章　おこづかいの意味づけの中に親子関係の両義性をみる

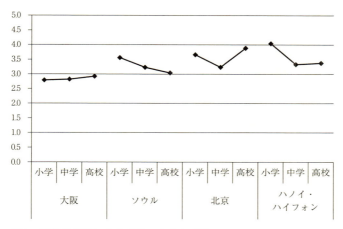

図1　国と学年別にみる「私のお金」意識

が高いことを示している。

　この質問項目において，日本は賛成度が低く，学年差はみられなかった。これに対して，韓国，中国，ベトナムでは学年差があり，賛成度も高い。つまり，おこづかいを「親のお金」として認識する傾向がみられる。4か国の比較では，おこづかいを「私のお金」だとする日本の子どもが，かえって独特であることが浮き彫りになる。

　このように，おこづかいについての子どもの認識には4か国の間で違いが見られる。異なる文化を生きる子どもにとって，親からもらうおこづかいが「私のお金」であるということは一義的に当たり前だとは言えない。異なる国または文化において，おこづかいは「親があげる－子どもがもらう」という行動レベルでのプロセスは共通するにしても，それを「子どものお金」だとするかそれとも「親のお金」だとするか，心理レベルでの意味づけは大きく異なり，またそれ自体がとても複雑な現象である。おこづかいの意味づけは，それぞれ異なる社会文化的生活全体において行われる。たとえば，おこづかいは定期定額制なのか，妥当とされる金額はいくらなのか，おこづかいは普通何に使われているのか，友だちとのお金のやりとりは許されるのか等々，それぞれの社会においてお金をめぐるやりとりの基本的なパタンやルールは異なっており，子ど

181

ものやりとりはこのルールに大きく制約されるようになっている。

2-3 おこづかいと媒介

子どもたちはただ真空の中でおこづかいをもらいまた消費するのではなく，そのお金をめぐるやりとりは必然的に社会的，文化的，歴史的に形作られたものである。人間の行為に社会文化的にアプローチする際，媒介（mediation）はひとつのキーワードになる。ワーチ（Wertsch, 1991）は人間の行為が道具や言語といった「媒介手段」を用いていること，これらの媒介手段が行為の形成に本質的に関わっていることを強く主張してきた。

おこづかいと媒介について，まずは次の2つの側面を区別することができよう。ひとつは，お金（またはその使用）が心理的道具として人間のさまざまな精神活動に媒介として関わることである。お金は実に人の知覚，記憶，思考や欲求，気持ちなどの精神活動を媒介することができる。たとえば，コール（Cole, 1996）が報告した数学のテストでは得点が低かったコミュニティの人々が，市場や他の日常場面では優れた技能をもつという事例からは，お金が心理的道具として人の計算能力に関わっていることがうかがえる。もうひとつの側面は，おごりをいいとするかどうかのように，子どものお金をめぐるやりとり自体がさまざまなルールを伴っており，そこに文化的道具としてのお金の姿をみることができる。山本と高橋（Yamamoto, & Takahashi, 2007）は，お金を文化的道具として位置づけ，その非市場経済的な原理が人間関係の重要な基盤をなしている点を指摘した。もちろん，この2つの側面は同時に深く関わっている。ロゴフが指摘するように，「思考は普通単独の個人によって行われると考えられているが，文化研究は，個人の過程に加えて対人的過程や文化過程がさまざまな形で含まれていることを明らかにしてきたのである」（Rogoff, 2003）。

おこづかい研究においても，おこづかいと媒介概念を関連づけることで，おこづかいをただ子どもに限った現象としてではなく，他者や社会文化的状況というもっと広い範囲にわたった現象として扱うことが可能になる。たとえば，毎年お正月ごろになると，メディアもよく子どものお年玉を話題として取り上げる。年に1回もらうお年玉は子どもにとって大金であり，使い方などに関する新聞記事はある社会における一般化された価値観や意見をよく代弁しており，

また，特権化された媒介手段となっていることがわかる。

　子どものお金のやりとりは，新聞などにみられる一般化された声以外に，親からの具体的な声にも強く影響される。友だちとのおごりについて，韓国の子どもたちはプラスに考えるのに対して，日本の子どもはかなりマイナス的に考えており，その違いは日本と韓国の親たちの意見にも表れている（呉ら，2006）。親子関係つまりお金をめぐる親子のやりとりは，子どものお金に関する考え方を捉えるために有効である。次のインタビュー例（中国朝鮮族の小学5年生の男の子）からは，親の声が子どもの方へと移り行く様子をうかがうことができよう。

> インタビュアー：では，あなたの貯金をあなたの家の誰かが使うときがあるの？
> 子ども：私が貯金したお金を，時には泉の水を汲みに行くとき，お父さんが細かいお金がないと私のお金を使って，次に細かいお金があるときにまた入れてくれます。
> インタビュアー：では，あなたそのお金を返してもらうの？
> 子ども：はい，父が，……
> インタビュアー：お金があるときに，またくれるの。
> 子ども：はい。
> インタビュアー：なぜ返してくれるの？
> 子ども：それは私のお金だと言って。
> インタビュアー：あなたのお金だから。

　この例で，子どもはただ父親の話を繰り返しているだけだと考えることはできない。「子どものお金である」という声は，ただ言葉として存在するのではなく，親子の実際のやりとりにしっかり埋め込まれている。子どもの方も実に「私のお金である」という声を親の「借りてから返す」行為を解釈するための合理的な理由として位置づけている。このように，親の声は子どもの声にもなっていくのだろう。他者の声を媒介手段として採用した人々にとって，それは本質的に心理的次元の様相を現すようになる。

　ワーチ（2004）は，とりわけ媒介に注目し，人間行為の基本的な分析単位を「媒介-手段を-用いて-行為する-（諸）個人」にすることがより適切だと主張する。しかし，この分析単位の切り出し方は，結局は個人に焦点を当てているという疑いを払拭できないと思われる。子どものお金をめぐるやりとりは，

必ず他者との関わりをもつことになる。社会文化的アプローチは，確かに個人を超えて他者および社会的関係へと研究の視野を広げてくれるようになる。しかし，子どもと他者，とりわけ親との関係性について，媒介を通して間接的に捉えるのではなく，もっと直接的に，相互主体的に捉える必要があるのではないか。

3. 関係性から捉えるおこづかい

上記のように，子どものおこづかいについて個体主義的にアプローチすることはある程度可能である。たとえば，「おこづかいは子どものお金である」とする。したがって，子どもはいつからおこづかいを「私のお金」だと思うようになるのかという問題提起が可能であり，「おこづかいは誰のお金なのか」という設問を通して，異なる国における子どもたちの考え方を考察できる。

しかし，このようなアプローチはいくつかの問題を抱えている。まず，おこづかいは誰のお金なのかという設問は，おこづかいは親のお金もしくは子どものお金であるという明確に相反する答えを暗黙の前提にしている。果たしてこの前提は妥当であるだろうか。次に，集団レベルで語られる個体は一般的な個人像であって，具体的な個人の姿はそれによって隠されてしまうようになる。たとえ90％の子どもがおこづかいは「私のお金」と答えたとしても，残りの10％の子どもが「親のお金」と答えたことは無視できないはずである。それでは，子どもという個体からではなく，子どもと親との関係性からアプローチするとき，子どものおこづかいはどのように見えてくるだろうか。

3-1 人間存在の関係性の問題

心理学，とりわけ主流の心理学は個体の心理を研究対象とし，そこで描かれる人間像は普通個立の風景として現れる。心理学における個体主義的アプローチは，しばしば「遊離した自己のイメージ」や「原子論」として批判の的になってきた。

その中で，一部の研究者たちは人間存在の関係性に焦点を当てている。たとえば，鯨岡（1998）は人間存在の基底にある根源的な両義性について，「主体

としての人間が，他者に開かれざるをえず，かつ自己に収斂せざるをえないという根源的な矛盾を抱え，他者もまた一個の主体として同じ事情の下にあるがゆえに，両者は共軛的な関係をなす」(鯨岡，1998) とした。

　子どものおこづかいも，このような人間の根源的な両義性から考察する必要があるのではないか。今の消費世界を生きる子どもたちは自分の欲求を充足するためにお金を必要とするが，そのためには親からおこづかいをもらわざるをえない。また，子どもは自分のためにお金を使うのだが，同時に他者に無頓着であることはできない。この矛盾が，おこづかいは誰のお金であるかという認識において，「親のお金」であると同時に「私のお金」であるという両義性として現れる。親との両義的な関係性を前提にして子どものおこづかいを捉えるとき，おこづかいは「親のお金」でありながら「子どものお金」でもあることは可能だし，決して二者択一の問題ではなくなる。

3-2　子どもと親との間のお金

　子どものおこづかいといえば，親から子どもに渡され，子どもが手にしているお金を考えられやすい。また，親が子どもにお金をあげるようになるきっかけとして，子どもが一人で学校や塾などに出かけたりするようになったとき，特別な事態に備えるための非常用金がある。この非常用金の渡し方に親から子どもに渡されるお金の特別な形態をみることができる。次は，韓国でのインタビューで出てきた非常用貯金箱の話である。インタビューに協力してくれたのは，ソウルの小学校に通っている5年生の女の子である。

　　インタビュアー：お金が足りないときはお母さんにもらってるの？
　　子ども：母にもらうときもあるし，小銭を入れてある貯金箱をあけて，使うこともあります。
　　インタビュアー：小銭を入れている貯金箱には誰がお金入れてるの？
　　子ども：父か母が入れるんですけど。
　　　　　　　　　　　　　(中略)
　　インタビュアー：小銭を入れておく貯金箱ってのは不思議な感じがするんだけど，それは一般的ですか？
　　お母さん：土日は結婚式場で働いているので，家にいないときに子どもたちがちょっ

とお金が必要なときに，使えるようにしています。子どもだからお金が足りないとどうしようもないし……，でも500ウォンくらい使うときは子どもも聞いてから使うようになっています。

インタビューにおいても，日本からやってきた研究者はこの貯金箱を不思議に思っている。その不思議さは，親が貯金して子どもが使うことにあったのではないだろうか。子どもが非常のときに使えるように，親が（子どもではなく）小銭を貯金する。貯金箱のお金は，子どもにとってまだ「私のお金」にはなっていないけれども，金額の制限があるにしても「非常のとき」に自分が使えるお金になっていく。このように，親と子どもとの間には「誰のお金であるか」という問題を曖昧にしたままの貯金箱が，具体的な形で実際に存在する。

また，子どもが言う「家のお金」という言葉からも，おこづかいが子どもと親との間に存在することをイメージしやすいのではないだろうか。前にも引用した中国朝鮮族の小学3年生の男の子とのインタビューであるが，おこづかいは親のお金だと答える直前に，次のようなやりとりがあった。

インタビュアー：おこづかいを使うとき，親は制限する権利がある？　ない？
子ども：あります。
インタビュアー：どうして？
子ども：自分の家のお金だから管理すべきです。

前記のように，この続きのインタビューで，おこづかいは「親のお金」だという判断がみられるのだが，ここで注目したいのは親による制限の権利に対する理由づけとしての「自分の家のお金」という答えである。「家のお金」は明らかに「親のお金」より意味の幅が広く，親の制限権利だけでなく，私の使用権利をも含めることができるし，親のお金であると同時に私のお金でもありうる可能性を示唆している点で，とても面白い言葉である。

子どものお金の両義性は，「非常用の貯金箱」という物だけでなく，子どもが自分のおこづかいを親に預ける行動にも現れている。日本や他の国でも，幼い子どもならお年玉など大金を親に預けることが普通にあるのだが，ベトナムでは中学生でも自分の普段のおこづかいを親に預けたりすることが，私たち研

究者にとっては非常に印象的であった（事例については，第2章を参照（p. 61））。この現象は，子どもがいったん自分のお金になったおこづかいを完全に自分で支配するのではなく，自分と親との間に戻すことで，お金をめぐるある種の共同関係を作り出しているとみることができよう。

もちろん，おこづかいがもつ両義性を指摘することは，おこづかいの帰属がいつも曖昧なままであるということではなく，それを基本構図とすることで，お金に関する文化的多様性や日常生活における実態をより的確に把握することができることに意味がある。

3-3 関係の中でのおこづかい使用

親が子どもにおこづかいをあげるとき，普通は子どもが自分のためにお金を使うことを想定している。確かに，子どもが自分の食べたいお菓子を買ったりまた遊びたいおもちゃを買ったりすることは主な使い方であり，「親があげる－子どもが使う」という構図からは子どもが親に守られている受動的な様相が強く映し出されている。しかし，子どものおこづかい使用を人との関係の中でみたとき，子どもが実際には自分のためにだけでなく，子どもなりに人のために使ったりしている。

このことは，子どもが親とか友だちのためにプレゼントを買ったりすることを考えればすぐに納得できる。人との関係の中に生きる子どもにとって，これは当たり前の使い方かもしれないが，お金の使用が自己に収束するだけでなく他者に開かれている点でその意味は大きいと言える。そして，日本，韓国，中国，ベトナムでの質問紙調査でみるように，「親にプレゼントを買う」「友だちのプレゼントを買う」ことは，4か国いずれも早くからよいとされる使い方であるし，また許される使い方である（第1章を参照）。

このように，子どものおこづかいは他者に開かれたお金でもあるが，その開かれ方はまた国や文化によってかなり異なっていると言えよう。たとえば，日本では子ども同士でプレゼント交換はしても，おごりは基本的にタブーである。日本では友だち同士のおごりを忌避するが，韓国ではかなり進んで行う（Oh, et al., 2005）。また，中国では子どもがお年玉を学費などに使ったりすることもあるが，これは日本では普通考えられない使い方である。中国延辺の朝鮮族家

庭で行ったインタビュー調査では,子どもが自分のおこづかいで忙しいお母さんの代わりに食材を買ってきて晩ご飯を作ったという感動物語にも出会った(片・山本,2001)。

人間関係に注目しながら子どものおこづかい使用をみたとき,そこには他者とともに生きる(またはそうならざるをえない)子どもの姿が映し出されている。もちろん,子どもの実生活は感動物語ばかりではない。本人の意思とはお構いなしに,日常生活の中で親が子どものお金を使ったり,またそれが当たり前のことになったりもするのである(以下のインタビューは本書108ページ参照)。

> インタビュアー:……えーと,さっき,16万ウォンだったかな,16万,あ,お母さんにちょっとお伺いしたいですけど,その16万ウォンというのは貯金をされていますか,それともお家の方に?
> お母さん:必要なときに使ってしまいました。(皆,笑う)
> インタビュアー:知ってました?
> Kくん:知ってます。小さいときから知ってました。

こうした使い方は,日本での日常の生活感覚からはかなり外れているかもしれない。しかし,ここで大事なのは,日本でこのような使い方が実際あるかないか,他の国ではどのような使い方をしているかということではなく,おこづかいにおける「子どもから親への」回路がどのようになっているかである。消費の個人化が進む中,この回路はますます見えなくなっており,だからこそ,もっとこの点に注目する必要性と重要性があるように思われる。

浜田(1999)は,人間の身体から出発してその両義的な心的構図を解説するなかで,人は個別性という本源的自己中心性と,同型性と相補性を含む本源的共同性を合わせもつのだとしている。その相補性において,人は他者と「能動-受動」のやりとりをダイナミックに行っている。おこづかいについても,私たちは「子どもが親からもらって自分のために使う」という受動的な側面をイメージしやすいが,お金の使用の実態からは,子どもがかなり能動的でもありうることがわかる。関係性に基づく「能動-受動」のやりとりという視点から,もっとミクロなレベルでダイナミックに子どものおこづかいを捉えることはこれからの研究課題でもある。

3-4 自由にならない「私のお金」

おこづかいは，子どものお金でありながらまた親のお金でもあるという本源的な両義性をもっているとした。その中で，子どもはおこづかいを「私のお金」だと思ったり，また自由にこのお金を使えると感じたりするようになる。しかし，子どもは親からおこづかいをもらって自分で使うようになる前から，何は買ってよくて何は買ったらだめなのか，いろいろ言われ続けている。おこづかいの使い方に関する親の意見は，子どもの発達のプロセスの中で内化され，やがて子ども自身の意思になっていく。内化は，親が内なる他者として子どもの考え方に影響を与え続けることでもある。次の日本の女子高生の例を見てみよう。

インタビュアー：（おこづかいの使い方を制約する権利について）親もない？
子ども：親もない。いや，でもなんかこれには使ってほしくないとか，あるかもしれないですけど，ま，とりあえずは見守ってあげる？
インタビュアー：じゃあ，たとえば親がね，これは教育上よくないものだっていう風に考えたものでも，そういう権利はない？
子ども：でも，親のお金なんですよね，一応ね。
インタビュアー：ああ，そうだね。
子ども：でも，
インタビュアー：あ，どう，どうなの？　それ，おこづかいっていうのは。もらったおこづかいね，それ，やっぱり親のお金？
子ども：うーん，どう，どう，だから，そこが難しくないですか？
インタビュアー：うーん。
子ども：でも，でもそれ言い出したら（笑い），ね，ねえ。どうも言えないんですけど。でももらったから，
インタビュアー：もらったからやっぱり自分のもの？
子ども：自分のもの，うん，ですね。
インタビュアー：そしたらもう完全に自由にできる？
子ども：そらね，親の希望もあるかもしれないですけど，やっぱ，うーん。親は，それは，でも承知，っていう部分もあるじゃないですか。

この「見守る親」や「親の希望」に，内なる他者としての親の姿を重ねてみ

ることができる。親からもらうお金は「親のお金」なのかそれとも「私のお金」なのか，これは本質的に難しい問題なのである。そして，たとえおこづかいは「私のお金」だと割り切ったとしても，その使用は完全に自由になるのではなく，親の影響から免れないことを，子どもは常に意識しているのであろう。

　もちろん，親の意見はただ内的に穏やかに影響しているだけではなく，実際激しく衝突し合うこともありうる。つまり，「私のお金」は自由にならない。子どものおこづかいをめぐる不自由については，まず親の制限など人的要因を考えやすいが，ここで人間の壁と自然の壁とを分けて考えることが重要である（浜田，2009）。たとえば，子どもが貧しさのため到底おこづかいをもらえない状況にあるとき，そこには一種の自然の壁が存在する。しかし，ただお金の使い方に関する親の厳しい制限によって自由にできないとき，それは人間の壁として子どもの前に立ち現れる。この自然の壁と人間の壁の前で，親子関係の質も大きく異なっている。市場経済が進み，経済的に豊かになった今，子どもが生活の中で体験する不自由はこの人間の壁によるものが多くなっているのではないだろうか。

3-5　親子関係の変容

　子どもがおこづかいをもらってもいいような年になると，多くの親はいつからあげた方がいいだろうか，どれぐらいあげたらいいか，どのように使わせるべきかといろいろ悩むようになる。このような「悩み」は，あげたいけどあげられなくて「困る」こととは質が異なる。親にとっての悩みは，おこづかいが欲しい子どもにとって確かに一つの壁，それも人間の壁として映る。おこづかいが完全に親の意思で決まると思われるようになるとき，おこづかいは対人の世界に限られたものとして，そこでの親子関係は親が子どもをコントロールするまたは守るという一方的な関係としてしか捉えられなくなる。このような関係は，対物の世界で自然の壁に直面した生活状況にて，「親のことを考えてお金が欲しいと言えなかった」とする子どもが親と一緒にその壁を乗り越えざるをえないような，ともに生きる関係とはあまりにも違っているはずである。

　社会経済システムの中で生活を営むために一定の収入を確保しなくてはなら

ない親にとって，限られた収入はもちろん一種の自然の壁である。もちろん普通に生活しているとき，親は常にその壁を強く意識しているわけではないかもしれない。そして，商品が豊かになり，貨幣を軸とする今の生活形態では，「自然の壁」の自然さが曖昧になり，特に子どもに伝わりにくくなっているのではないか。このような状況の中，親子関係は大きく変化する。ここでは，子どもの「手伝い」を通して，その変容の様子を簡単に描いてみる。

　おこづかいに対する親の制限は子どもが認めたくなくても，影のようにつきまとう。そして，多くの子どもは自分でお金を稼ぐようになったら親の制限を受けなくて済むと思う。親の制限を実際受けるかどうかは別にして，自分でお金を稼ぐことは子どもにとって経済的自立だけでなく，心理的自立としての意味も大きいことがわかる。もちろん，完全に自分でお金を稼ぐときにはすでに「おこづかい卒業」になるのでおこづかい研究の対象外になるが，子どもは中高生になると親からおこづかいをもらいながら自分なりにアルバイトに挑戦してみたりすることがある。またアルバイトとは異なるが，社会での労働経済活動のシミュレーションとして，金銭教育の一環として，子どもは家庭で親の手伝いをしておこづかいをもらったりもする。

　子どもが親の手伝いをしておこづかいをもらうようになった背景に，まず今の子どもたちが家であまり家事をしなくなったことを見据える必要があるだろう。実際，親は子どもに家事をさせるためにおこづかいを用いたりすることもある。そして，多くの子どもたちが今，「親の手伝いをしてお金をもらう」ことはいいことだと考えているだろう。これに対して，第2章でみた「家事はみんなのことなのでお金をもらうのは悪いです」（本書60ページ）とするベトナムの子どもの答えからは，家事をして親からお金をもらうことへの強い違和感が滲み出ている。親の手伝いをしてお金をもらうのはいいことなのか，それとも悪いことなのか。その答えに，上記の「親子がともに生きる関係」から，教育という大義のもとで「親が子どもをコントロールする一方的な関係」への変化とみることは十分可能である。もちろん，このような親子関係の変化は急激に起こるのではない。実際手伝いをしてお金をもらったりする子どもは，このことについてどのように考えているか，次のインタビュー事例を見てみよう。まずは，日本の女子高生の場合である。

インタビュアー：そういうお金のほかに，たとえば，お手伝いをしてもらうようなお金ってありますか。
子ども：お手伝い，定期的にはないですけど，もらったりするからその分手伝いとか。
インタビュアー：あー。だから，手伝いしたからもらうんじゃなくて，もらってるからお手伝いすると。
インタビュアー：じゃ，おこづかいもらわなかったら手伝いしない？
子ども：そういうわけでもないですけど。

次は，韓国ソウルの中学3年生の女の子のインタビューである。

インタビュアー：そしたらね，えーと，お手伝いをしてお金をもらうことってある？
子ども：最近はないけど，小学校のときに，食器洗いをしてもらったりしたことがありました。最近では，うん……，たとえば，小学校のころは学校でよくさせるでしょう，学校で学ぶでしょう。その，何かの仕事をしておこづかいをもらったり，お使いをしてからお金をもらうようなことを学ぶでしょう。でも，中学校に入って，年が大きくなると，母がいないときに，家事とかをしたら，母の方からご苦労と言いながらお金をくれることがあります。小学校のときは，お金をもらうためにしたけどね……

家でお手伝いをしてお金をもらうのはまったくだめなのか。お金をもらうためにお手伝いをするのか。お手伝いをしたらお金をもらえるようになってしまったのか。お金をもらうようになっているからお手伝いをしたりするのか。これらの答えを並べてみると，お手伝いとお金を媒介にした親子関係のあり方が多様に見えてくる。そして，今の子どもたちの生活環境から考えたとき，「お手伝いをしてお金をもらうことはだめ」というような声はますます聞こえなくなるのではないか。このように，お金は容赦なく親子関係に浸透し，また親子関係を変化させていく。

4. 親子関係を超えて

子どもの生活世界の広がりによって，おこづかいは親子関係を超えて，友だち関係にも広がっていく。実際，子どものおこづかいのもらい方や使い方が周

りの友だちのおこづかい事情に影響されることを考えると，子どものおこづかいはそもそも親子関係や友だち関係など関係全般においてやりとりされていると見た方がもっと正確であろう。子どもは確かに親の知らないところで友だちとお金の貸し借りをしたり，アルバイトを体験してみたりする。しかし，ここでの「親子関係を超える」はこのようなことを言おうとするのではない。親子関係と友だち関係はただ機械的に並べ合わせたらいいのではなく，重層的でかなり複雑な関係をなしているはずである。この問題に深入りすることはできないが，ここでは親子関係を基点にしつつ，友だち関係と研究の場における関係性にも視点を広げてみることにする。

4-1　おこづかいと友だち関係

前記のように，親の意見は権威的な声として友だち関係におけるお金の使い方をもコントロールしており，その影響はかなり大きい。しかし，これは親子関係と友だち関係を考察するためのひとつの側面に過ぎない。たとえば，友だち関係におけるお金のやりとりは，親子関係においてまだそれほど明確でない「私のお金」意識を強めたりする働きがあるように思われる。たとえば，おこづかいは「親に属する」と答えたある中国朝鮮族の子どもが，友だちとのお金のやりとりについては次のように答えていた。

　　インタビュアー：なぜ食べ物を買ってあげるのはいいと思って，お金を貸したり，お
　　　金をあげたりするのは悪いと思うの？
　　子ども：お金を貸してあげてから返してくれないと悪いし，お金をあげてしまうと自
　　　分のお金がなくなったかと思って，友だちとケンカすることがあります。

小学3年生のとても子どもらしい答えではあるが，そこに強い「自己」と「私のお金」意識を見出すことができる。親との関係においては「親のお金」だが，友だちとの関係においては疑いなく「私のお金」である。おこづかいを「親のお金」だと考える子どもにとって，友だち関係はおこづかいを「私のお金」として認識するための異なる枠組みを与えている。一般的に言うと，日本の子どもはおこづかいを「私のお金」として認識しているのに対して，中国や他の国の子どもは「親のお金」だと答える傾向があった。このことは別の言い

193

方をすると，子どもがおこづかいを「私のお金」だと認識する具体的な関係や文脈が異なるのである。

　おこづかいインタビューで，中国の子どもたちが誕生日に他の友だちにおごるということも，私たち研究者が驚いたことのひとつであった。誕生日は普通人に祝ってもらうと思うからである。このことについて議論するとき，筆者はその合理性として，誕生日の子どもは大人からお祝い金をもらったりするので友だちにおごるためのお金を持っていること，そして子どもが小さいころ誕生日会として友だちを家に招待することと形が似ている可能性をあげてみた。しかし，日本の研究者からすぐに「誕生日会ってやはり親から祝ってもらうことでしょう」という反論が出てきた。筆者にとっては，まさに親子関係の構造的違いを実感する一瞬であった。誕生日会は，親子がともに友だちを招待することなのか，それとも親と友だちがともに子どもを祝うことなのか。このように，親子関係と友だち関係をつなげることで，複雑な対人関係の文化的特徴がまた違う視点から見えてくるようになる。

4-2　研究という場における関係性の問題

　インタビューはまさにインタビュアーとインタビュイーの関係におけるコミュニケーションである。しかし，研究としてのインタビューではインタビュイーの語りだけが注目され，研究における関係性問題が見過ごされる傾向がある。つまり，研究自体が一種の構成作業なのである。呉（2011）は，われわれのおこづかい研究においてもインタビュアーとインタビュイーが文化差を意識し，その対の構造のもとにお互いの違いを際立たせる方向でインタビューが行われていたことを指摘している。

　子どもはおこづかいを「親のお金」または「私のお金」だとする。私たちは子どもがどのように答えるかに注目しやすいのだが，重要なのは答え自体ではなく，研究者の「おこづかいは誰のお金なのか。親のお金なのかそれとも子どものお金なのか」という問いとの関係であるといえる。この問いは子どものお金認識を理解するために必要な手がかりであるが，質問自体が「親のお金であるなら子どものお金でありえない」または「子どものお金であるなら親のお金でありえない」というニュアンスを含んでいることは確かであろう。したがっ

第8章 おこづかいの意味づけの中に親子関係の両義性をみる

て，子どもの答えは研究者との間で関係的に形成される。この点は，次の引用事例ではっきりと現れている。小学5年生の女の子（中国朝鮮族）のインタビューである。

　　インタビュアー：では，おこづかいはいったい誰のものなの？
　　子ども：おこづかい？
　　インタビュアー：そう。
　　子ども：親の。
　　インタビュアー：親のものなの？　自分のではないの？
　　子ども：おこづかい，その，母か父が私にくれると私のお金です。
　　インタビュアー：だから，あなた話してみて。いったい誰のものなの？
　　子ども：おこづかいは本人のです。
　　インタビュアー：本人のものなの？
　　子ども：はい。

　この事例で，もし結果のみに注目するならば，おこづかいは「私のお金」であるという回答になる。しかし，そのプロセスから考えると，子どもの答えはやはり研究の場での研究者との関係およびやりとりに限定されるところが大きいのではないだろうか。子どもは2つの異なる答えの間で揺れていたが，インタビューは曖昧な事柄について一応ひとつのはっきりした答えを引き出したことになる。また，前に引用した日本の高校生も「そこが難しくないですか」と反問していたところを考えると，この構図は決して幼い子どもに限ったことではない。ブルーナーが言うように，「（人生の）物語は，ある特定の人に向かって語られる時，ある深い意味において，語る者と語られる者との共同の産物である」(Bruner, 1990)。インタビューにおける子どもの答えも，一種の語りとして，インタビュアーとの共同の産物であると言えよう。

　この章で行った分析は，このようにさまざまな関係性に注目することで，回答の一般化を狙うのではなく，より多様かつ複雑な関係の中におこづかいの両義性を見出す作業でもある。

5. 物語としての子どものおこづかい

　子どものおこづかいに関するインタビュー調査で，私たちは日本，韓国，中国，ベトナムの子どもたちのさまざまな物語に出会うことができた。これらの物語に私たちは感動したり，驚いたり，違和感を感じたりもした。そして，物語は私たちが子どもの生活世界にアプローチするための素材となった。もちろん，物語に対する分析はとても不十分であるが，この章では親子関係に焦点を当てながらおこづかいの両義性を論じてきた。おこづかいは，子どものお金でありながらまた親のお金でもある。子どもはおこづかいを自由に使いながらまた自由にならないものでもある。この両義性こそ，おこづかいをめぐる多様な人間物語が成り立つ土俵であると考えられる。

　おこづかいの両義性から出発するとき，研究の問題になってくるのは子どもの静的な「私のお金」意識ではなく，お金をめぐる動的な親子関係である (Pian et al., 2006)。そこから文化的な差異や歴史的な変容を幅広く説明できる可能性が広がるのである。

　ブルーナー (1998) が論理実証モードと物語モードの二つの思考様式を区別したように，生活における物語は論理的であることを必要としない。「おこづかいは親が私にくれたので，親のお金である」ことと「おこづかいは親が私にくれたので，私のお金である」ことは論理的には矛盾するが，物語としては十分ありうることである。

　そして，ある文化における物語の成り立ち方は，他の文化の物語とまったく異なる。たとえば，北京で中学2年生の男の子に，もらったお年玉は一部しか使えずほとんど親が使ってしまうことについてさらに尋ねたところ，次のように解釈していた。「お年玉というのは，たとえば人が僕にくれると僕の親もまたその人（子ども）にあげないといけないので，結局親のお金を使うのと同じです」。この話は，大人の視点から見ればかなり現実味があり，また論理的でもあるようだが，日本の子どもたちの語りに出てくることはたぶんありえないだろう。「異文化理解は，自分の物語とは別の物語がありうることを理解することである」(やまだ，2000, p. 15)。この意味で，物語としてのおこづかいの研

究は私たちの異文化理解の実践でもあった。

　北京の『新京報』(2013年2月18日D06面)に,「息子がくれたお年玉」と題した小さな記事が載っていた。あるお父さんが家計が厳しくなったこともあって,お正月に子どもに新しい服だけ買ってあげ,お年玉はあげていなかった。ある日,お父さんが自分のまくらの下に1960元のお金と手紙が入った封筒を発見した。手紙は息子が親の苦労を察して,自分が今年もらったお年玉を家計の助けになるように,全額お年玉としてお父さんにあげるという内容であった。お父さんは幸せで胸いっぱいだったという。この物語は,冒頭にあげたお年玉請求の物語とかなり対照的である。このまったく異なる物語をどのように読み解くのか。個人差なのか,時代差なのか,文化差なのか。これらの物語を全体的に説明することはまだ容易ではないが,おこづかいの両義性という発想はそのための基本枠を与えてくれる。

　貨幣を軸にした市場経済社会で,私たちは昔よりずっと豊かな生活を送るようになったと思う。しかし,このようなラッキーなことばかりではない。貧富の格差や経済危機などが問題視されている今,子どもたちを取り巻く生活状況も一段と複雑になっている。その中で,子どもたちはどのような物語を生み出し,またそれを生きていくのだろうか。物語としてのおこづかいの研究に期待されることである。

引用文献

Bruner, J. S. (1986). *Actual minds, possible worlds*. Cambridge, MA: Harvard University Press. (ブルーナー, J. S.(著),田中一郎(訳).(1998). 可能世界の心理. みすず書房.)

Bruner, J. S. (1990). *Act of meaning*. Harvard University Press. (ブルーナー, J. S.(著),岡本夏木・仲渡一美・吉村啓子(訳).(1999). 意味の復権――フォークサイコロジーに向けて. ミネルヴァ書房.)

Cole, M. (1996). *Cultural psychology: A once and future discipline*. Cambridge, MA: Harvard University Press. (コール, M.(著)天野清(訳).(2002). 文化心理学――発達・認知・活動への文化-歴史的アプローチ. 新曜社.)

浜田寿美男. (1999).「私」とは何か――ことばと身体の出会い. 講談社.

浜田寿美男. (2009). 心はなぜ不自由なのか. PHP研究所.

鯨岡峻．(1998)．両義性の発達心理学——養育・保育・障害児教育と原初的コミュニケーション．ミネルヴァ書房．

呉宣児．(2011)．異文化理解における対の構造の中での多声性——おこづかいインタビューでみられるゆれと安定を通して．山本登志哉・高木光太郎（編）．ディスコミュニケーションの心理学——ズレを生きる私たち（pp. 49-70）．東京大学出版会．

Oh, S., Pian, C., Yamamoto, T., Takahashi, N., Sato, T., Takeo, K., Choi, S., & Kim, S. (2005). Money and the life world of children in Korea: Examining the phenomenon of ogori (treating) from cultural psychological perspectives. *Bulletin of Maebashi Kyoai Gakuen College*, 5, 73-88.

呉宣児・山本登志哉・片成男・高橋登・サトウタツヤ・竹尾和子．(2006)．異文化理解における多声性の方法——子ども同士のおごり合い現象をどう見るかに焦点を当てて．共愛学園前橋国際大学論集，6, 91-102.

片成男・山本登志哉．(2001)．子どものおこづかいと親子関係——親との面接調査から．平成10-12年度科学研究費補助金（基盤研究（A）（2）（海外））研究成果報告書「文化特異的養育行動と子どもの感情制御行動の発達——その日中比較」pp. 104-116.

Pian, C., Yamamoto, T., Takahashi, N., Oh, S., Takeo, K., & Sato, T., (2006). Understanding children's cognition about pocket money from mutual-subjectivity perspective. *Memoirs of Osaka Kyoiku University*, 55, 109-127.

Rogoff, B. (2003). *The cultural nature of human development*. Oxford University Press, U. S. A.（ロゴフ，B.（著），當眞千賀子（訳）．(2006)．文化的営みとしての発達——個人，世代，コミュニティ．新曜社．）

Wertsch, J. V. (1991). *Voices of the mind: A sociocultural approach to mediated action*. Cambridge, Mass.: Harvard University Press.（ワーチ，J. V.（著），田島信元・佐藤公治・茂呂雄二・上村佳世子（訳）．(2004)．心の声——媒介された行為への社会文化的アプローチ．福村出版．）

やまだようこ．(2000)．人生を物語る．ミネルヴァ書房．

Yamamoto, T., & Takahashi, N. (2007). Money as cultural tool mediating personal relationship: Child development of exchange and possession. In J. Val siner, & A. Rosa (eds.), *The Cambridge handbook of socio-cultural psychology*. New York, NY: Cambridge University Press.

=== 第9章 ===

おこづかい研究と TEA の誕生

時間の流れを理論化する

サトウタツヤ

1. 2001 年:ある本の出版とおこづかい研究チームの発足が同じ年に起きていた。

　TEA（複線径路等至性アプローチ）は時間を捨象せずに人生の理解を可能にしようとする文化心理学の新しいアプローチである。構造（ストラクチャー）ではなく，過程（プロセス）を理解しようというアプローチである。紙幅の都合上，細かいことは説明しないが，TEA は複線径路等至性モデリング（Trajectory Equifinality Modeling: TEM），歴史的構造化ご招待（Historically Structured Inviting: HSI），発生の三層モデル（Three Layers Model of Genesis: TLMG）を統合・統括する考え方であり，その中心は TEM（複線径路等至性モデル）である。そして，この TEM が誕生したことにはおこづかい研究が大きく関与しているのである。

　ここで，文化心理学と混同しやすい比較文化心理学，さらには——本書全体の主張である——差の文化心理学についてその差異を際立たせて説明しておくと，まず比較文化心理学は文化を容器のように考えて，複数の文化を仮定した上でその共通性と差異を描くアプローチである。

　このような実体的な文化観に対して，差の文化心理学は，一方で「明確な輪郭を持たない曖昧な幻想とも言える対象」でありながら，他方では「人の生き

甲斐や命にも関わる深刻さをもち，集団間の軍事的対立の引き金にもなりうるリアルな実体」でもあるという，文化の不思議なあり方を矛盾なく説明すること（本書終章）を目指すものである。人は生活の中でモノ・コトを意味づけるのだが，それ故に他者と出会った時に生じる際に生まれる意味づけの差異（の立ち現れ）こそが文化実践なのであり，こうした実践を異なる文化背景をもつ研究者の対話によって解明を目指す立場である。

　文化心理学は，文化という観念のエッセンスについて検討するものであり——ヴィゴツキーの心理学の影響を受け——特に記号の働きを重視するものである。言語学で言えば一般言語学にあたるものである（個別の言語の生成過程や特徴，複数の言語の比較などを前提としつつ言語そのものについて理論的考察を行うものが一般言語学である）。

　さて，思い起こせば 10 年以上前，2001 年頃のある日，後に本書の編者となる山本登志哉から，電話がかかってきた。韓国に行くから一緒に行かないか？と。韓国は，心理学史の研究で何度か訪問したことがあり，もう一度くらい，行ってみたかった。そこで OK したのである。

　その時点で，彼のことは名前くらいは知っていたが，それほど親しい関係ではなかった。その時に高橋登という名も聞いたが，その名も同様である。2 人が京都大学大学院で親しかったということは分かった。そして彼らが共同研究を行うにあたってそのウィングを広げるために，誘ってくれたらしい，ということも分かった。しかし，こちらの受け止めとしては，韓国に一度行けるならOK ！ ということでしかなかった。1 回だけ行くと思っていたのである。そして，山本・高橋のお二人の計画についてはほとんど眼中になかったのである。

　ところが，実際に色々とやりとりしてみると，かなり大がかりな国際的・共同研究を行うという計画であった。壮大な計画に気づいた時にはもう遅く，一緒に研究をすることになっていったのである。もちろん，恨みごとを言っているのではない。感謝しているのである。自分たちのネットワークの中にいなかった私に対して声をかけてくれた山本・高橋のお二人にただただ感謝するしかないのである。また，後には，私が同じようにこのネットワークに誘った人もいるのだから，お互いさまのようなところがある。

　筆者にとってこの年は立命館大学に来て 2 年目であり，同じ年，ヴァルシナ

ーによる *Comparative study of human cultural development* が公刊されていた（Valsiner, 2001）。

2. 2002 年：おこづかい研究チーム，韓国での調査

2002 年，おこづかい研究チームは，韓国での調査を実施した。この研究はフィールドワーク，面接調査を行った上でアンケート調査を行うという将来設計をもっていた。また，調査は韓国だけでなく中国，ベトナム，日本の4か国であった。さらに言えば，研究者も，日韓中越の研究者が合同で行うという気宇壮大なものであった。

2002 年 2 月，韓国済州島にて調査を行った。この時の様子は http://www.psy.ritsumei.ac.jp/~satot/diarybox/02cheju/index.html に詳しい。

同年 8 月には，韓国ソウルにて調査を行った。この時の様子は http://www.psy.ritsumei.ac.jp/~satot/diarybox/02korea/index.html に詳しい。

韓国では，実際のご家庭を訪問させていただき，面接調査が始まった。ソウルで訪問したあるご家庭ではいきなり昼食まで出していただいて，それを食べさせていただいてから，調査が始まった。恐縮至極ではあったが，一方で家庭料理が日本の雰囲気と似ている，など，文化的文脈を全体的に理解した上で調査が行えたのは大変ありがたいことであった。

この時の様子は http://www.psy.ritsumei.ac.jp/~satot/diarybox/02korea/2nd/2ndlunch.html に詳しい。このご家庭では，面接調査が終わってからも，ぜひ夕食を食べにきたらどうだ，と誘われた。

韓国の 2 回の調査で印象的だったことのひとつは，おこづかいやお年玉を貯めて犬を「買った」きょうだいがいたこと，おこづかいの使い道に「教会への寄付」があったことなど，であった。行為レベルでの目立った違いは，やはり日本人研究者に大きなインパクトを与えてくれた。

同じく 2002 年のある日（秋），当時，立命館大学文学部教授だった高木和子先生（現・名誉教授）と，どこかの廊下で立ち話となった。「次年度，招聘教授の枠が一人あいている。明日までに書類を準備できれば，誰か海外の人を呼べる」ということであった。翌日までというのはいかにも急なことである。ど

のような思考をしたかは覚えてないが，とにかく，当時クラーク大学教授だったヴァルシナー（Jaan Valsiner）にメールを出したところ，すぐさま，メールが返ってきて，招聘が可能となったのである。

ところで，この件をこの原稿を書くために資料で証拠づけようと思い，メールを掘り出してみた。すると，最初に彼にアクセスしたメールは残っていなかったが，北海学園大学の小島康次先生にヴァルシナーのメアドを尋ねていたメールが残っていた。メール発信は2002年10月1日であった。また，書類準備についても「明日」ということはなく，「2，3日」であった。個人の作ったストーリーはヒストリーとは異なる，ということを身をもって実感する結果となった。

さて，私がヴァルシナーの名前を意識したのは，1997年のことであった。福島大学行政社会学部助教授（当時）として東京大学文学部心理学研究室に内地留学を行っている時に，東京大学教育学部箕浦康子教授（当時）のゼミに参加することになり，そこでの議論でヴァルシナーの議論に触れ，面白い議論をする人だということをおぼろげに知っていたのである。また，1998年，心理学史の調査でアメリカツアーを敢行した時に，クラーク大学で歴史資料を調べるために立ち寄り，当時在外研究中だった北海学園大学・小島康次先生の仲立ちで，親しく話をしたという経験もあった。

この時の様子は http://www.ads.fukushima-u.ac.jp/~tsato/sato/diarybox/98augpsh/boston/8th/LUNCH.html に詳しい。

後で何度も驚くことになるが，心理学，特に測定に関する否定的視点をもち，心理学史にも関心をもっている，という点で，私とヴァルシナーは非常に似た思考をする。そういう意味ではいつか出会うべき必然があったのかもしれない。そしてそれは実現した。実際に，彼が立命館大学に招聘教授として来て私たちと交流したのは2003年度末（2004年1月）であった。

2003年度の春から秋にかけて，立命館大学ではヴァルシナー招聘教授を迎える準備が始まっていた。彼の学説について予習をしようということになり，彼の論文や本を読む読書会が数回にわたって行われた。当時，京都大学教授だったやまだようこさん（現・立命館大学特別招聘教授）や他大学からの参加者，立命館大学の院生を含めて読書会を行った。本人に，何を読んだら予習になる

のか？を尋ねたところ，*Comparative study of human cultural development* (Valsiner, 2001) が良いとのことだったので，これを読んだ。

非常に難渋した。

今でもすべて分かったとは言わないが，10年以上かけて彼の考えていることはだいぶ分かってきた。当時はホントにチンプンカンプンだった。

さて，せっかく海外から著名な教授を招くのに，授業だけでは参加者も限られてしまうので，もったいない。公開企画も行おう，ということになり，講演とシンポジウムを行うことにした。2004年1月25日のことである。立命館大学人間科学研究所が主催した「文化心理学と人間関係の諸相」である。当日は，立命館大学の学部学生・院生・教員だけではなく，遠く九州，関東，近畿など各地から70名近い参加者を得た。登壇者として，箕浦康子さん，やまだようこさんの恩師にあたり，ヴァルシナーと知己もある名古屋大学・小嶋秀夫先生，などにも参加していただくことにした。

この時の様子は http://www.ritsumei.ac.jp/mng/gl/koho/headline/topics/2004/01/ningenkagaku.htm に詳しい。

3. 2003年：シンポジウム準備からTEMへ

私自身はおこづかい研究からネタを探して発表しようと考えていた。準備が順調だったのか停滞していたのかは覚えていない。せっかく韓国で面接調査をしたのだから，そのデータを用いて，何かを発表しようと考えた。ある少女は定期定額のおこづかいが欲しいと親に頼んだのに，もらい始めると，管理が面倒くさくなって，親の怒りを買ってしまった。「そんなにルーズなら，もうおこづかいあげませんよ！」と脅されたのである。するとその時のその子は管理するよりはイヤだとばかり，定期定額のおこづかいを放棄してしまった。しかし，さらに月日がたつと，また定期定額のおこづかいが必要になってきた。そこでまた親に頼んでみた。よくある交渉の一場面であろう。こうしたやりとりはタイムライン的に表現することが可能である。X年3月におこづかい開始，5月に母に怒られる，6月におこづかい打ち切り，10月に再会しの交渉，というような具合である。

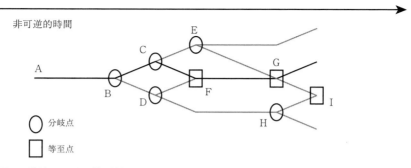

図1 発達における等至性（Valsiner, 2001）を改変した図（サトウ・安田・木戸・高田・ヴァルシナー, 2006）

　そのようなことを考えつつ，シンポジウムでの発表準備をしながら *Comparative study of human cultural development* を読んでいたところ，一つの図（Valsiner, 2001, p. 62）が目に入ってきた。
　ヴァルシナーはこの図について，ある個人の発達における可能な範囲およびその中で特定の個人が実際のライフコースとしてたどったルートを示しているとしており（Valsiner, 2001），発達心理学的な観点に等至性と複線径路を当てはめようとしていることが読み取れるのである。つまり，発達における時間ということが明確に意識されているといえる。なお，この図1において，楕円形が分岐点，四角い長方形が等至点を示すものとして書かれている。分かれる部分が分岐点，統合される点が等至点として概念化されているのである。
　では，分岐点，等至点とは何か。これらの概念については，ヴァルシナーが1999年に発刊した『文化と人間発達』（*Culture and Human Development*）の図4を見てみるのが良い。発達の多重線形性と等至性の現象（Valsiner, 1999, p. 14）というタイトルのついた図である。
　この図においてヴァルシナーは，開放システム（open system）的な性質を持つ発達は，同じ発達上の結果が複数のルートを経て可能になるということを強調した（Valsiner, 1999）。ここで開放システムは閉鎖システム（closed system）に対する概念である。閉鎖システムの方がわかりやすいので先に説明すると，閉鎖システムとは環境に依拠せず独立した単体である。一方，開放シス

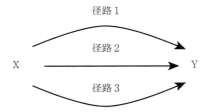

図2　発達の多重線形性と等至性の現象（Valsiner, 1999: 14）

テムは、システム内部のみで完結するのではなく、常に外界との交渉を行いながら自己システムを維持していくという特徴をもつシステムである。外界とのインタラクションを通じて安定を可能にしているようなシステムが開放システムである。そもそも、システムとは、システム論の祖とされるフォン・ベルタランフィ（Bertalanffy, 1968）によれば「相互に作用し合う要素の集合」である。

　等至性（equifinality）という概念は生気論者として知られるハンス・ドリーシュに由来する概念で、その後、フォン・ベルタランフィがシステム論に取り入れたという経緯がある。実際、彼は、開放システムと閉鎖システムの違いを、まさに等至性の有無から考えている。閉鎖システムにおいて、その最終状態は初期状態の関数であり、一義的に定まる。その一方、開放システムはそうではない。同じ最終状態が、異なる径路を経て実現するのが開放システムであり、その最終状態を等至点と呼ぶのである。そのことを逆に考えれば、同じ最終状態（等至点）に至る径路は複数あるということになるから、等至性は必然的に複数径路性をもつことになる。そして、径路が分かれる点のことを分岐点と呼ぶのである。開放システムでは、等至点に至る複数径路があり、径路が分かれる分岐点の存在もまた必要である。

　以上が、等至性および複線径路の簡潔な説明であるが、図1、図2において重要なことがもうひとつある。それは時間の表現のしかたである。

　これらの図（特に図1）には時間が描かれているのである。非可逆的時間、と描かれている矢印（→）である。これはベルグソン的な持続的で充満した時間であり、測定も不可能な時間である。これを字義通りにとれば、このように直線で描くことはモチロン不可能であるが、それでもヴァルシナーが心理学の

方法論として時間を意識するように促した功績は大きい。

一般に時間概念をクロノス的時間（時計・カレンダー的時間）とカイロス的時間（生きられた時間）に分けることがあるが，発達心理学の段階論などは前者を用いたものである。それに対して図1では，後者，つまり生きられた時間が描かれていると考えることができるのである。

当時，この図を使えば，単なるタイムライン以上のことを表現することができる，と当時の筆者がそこまで思ったかどうかは定かではないが，とにかく，先ほどの少女のストーリーをこの図のように表してみようと思い立ったのである。

4. 2004年：最初の事例発表から怒濤の発展へ

2004年のシンポジウムで発表しようとしたのは，おこづかい研究の全体の中ではごくごく一部の，自身がインタビューをした韓国のある子どもの事例である。子どもは生まれ落ちた時からおこづかいをもらっているわけではなく，あるプロセスを経てもらうようになっていく。以下，簡単な事例報告として紹介する。

インタビュー対象者はx年生の女子児童である。この学年が始まった時（韓国は3月1日）に親子で合意して定期定額のおこづかいを開始していた。しかし，子どもがおこづかいの管理を放棄してしまい，また，実際におこづかいとしてもらった金銭を使うこともほとんどなかった。机の上におこづかいを放置するようなことが続いたため，見かねた親は「そんなことならおこづかいをやめる」と通告した。すると，子どもの側も定期定額おこづかいに執着することなく「自分で管理するくらいならいらない」と定期定額おこづかいの廃止に応じたのであった。それ以前，その子は必要に応じて親と交渉して少額の金銭をもらって買い物をするという形だったのであるが，また，その形式に復帰することを親子ともども合意したということである。子どもにとって管理の手間が省けるし，親も子どもの使い途がよく分かって安心である。しかし，周りの友だちがおこづかいをもらうようになると，その子は自分も再び定期定額おこづかいが必要だと申し入れをした。親もそれに応じて再開を約束した。調査

第9章　おこづかい研究とTEAの誕生

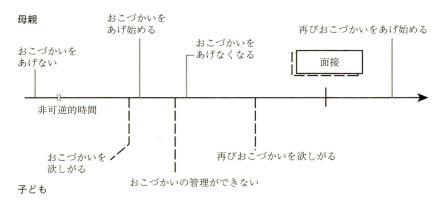

図3　おこづかい開始に関する数直線的表現

時期現在，$x+1$年の学年開始時期から再開することで親子が合意している。

以上のような経緯は単純に考えれば図3のように描くことができる。

実際，サトウタツヤ（Sato, 2004）は最初このようにプロセスを考えた。このような数直線的な描き方は，母親と子どもそれぞれの立場を明確にし，それぞれの出来事の時間的順序を表してはいる。しかし，母子関係という語があるように，ある時期までの母子は，母子を一つのシステムとして考えることもできるし，むしろその方が実態に合っているのではないかと思われる。図3における，母親と子どもは，それぞれが閉鎖システムに見え，かつそれら同士が先鋭的に対立しているように見えるのだが，実際にはそうでもないはずである。自立のプロセスにある子どもは，逆から考えれば，ある種の依存関係が前提になっているということであり，その意味で母子がそれぞれに独立した閉鎖システムであるとは考えにくい。なお，これは，母子関係に限られたことでもなく，「私たちは私たち自身の物語の共著者にすぎない」というマッキンタイア（MacIntyre, 1981）の考え方にも通じる。

子どもが定期的におこづかいをもらうということは，大げさに言うと，お金（おこづかい）を媒介として親子関係が質的変化（＝変容）を起こすということである。ここではまず単純化して母子ユニットを一つのシステムとして（もちろん開放システムとして）考えてみよう。お金は他のモノやサービスとの交換を可能にする記号であり，子どもは生まれながらにお金を知っているという

ことはない。ある時期までは，子どもが欲しいものを母が子に買い与えていたりするのである。その後，子どもが何か買いたい時に「お金ちょーだい！」というような形でせがみ，その理由の正当性が認められれば母が子にお金を渡すというような時期がある。子どもは，母の持つお金の交換可能性を全面的に利用することはできず，何と交換する場合ならばお金を手に入れられるのかという点についての最終決定権を母に委ね，その意味でそれまでの母子ユニットとあまり変わらない質を維持しながら，自分の欲しい物を入手していく。必要に応じてお金をもらってモノを買う，というのは，必要かどうかを母が決めているという意味で制約が大きい。ところが，定期的におこづかいをもらうということは，お金の使用ということに関しては母子ユニットに質的変化をもたらす出来事である。定期おこづかいを与えるということは，金銭としてのおこづかいの管理が母から子に移行することである。お金を媒介にした社会との交流の主導権が母から子に移るのである。これによって何をいつのどのように買うのか（つまり，どのような母子ユニット外のモノやサービスを，母子ユニット内のお金と交換するのか）ということの決定は子どもの側に任されることになるのである。これによってすべての自由が子どもに与えられるわけではないが，定期定額おこづかいがシステムとしての母子ユニットにもたらす影響は大きい。

　さて，この例では，定期定額おこづかいをもらうことで生じた質的変容が当初は持続しなかった。母子ユニットという開放システムがお金を媒介として外界と交流する時の主導権というか主体性を自ら発揮するには早かったのであろうか。

　ところが少し時がたち，周りの子どもたちがそれぞれの家庭でおこづかいをもらい出すと先ほどいらないと先の子どももまたおこづかいが欲しいと考えたのである。ちなみに，韓国は「おごり文化」があり，子ども同士がおやつなどをおごることが奨励されている。

　つまり，モノやサービスを得るための媒介としてのお金は定期定額おこづかいとして必要ではなかったとしても，友だちとの関係を媒介するためのお金は定期定額おこづかいとして必要になったのである。こうした質的変化（変容）は，単に母子が「おこづかい欲しい」「管理できないならあげない」「いいよ」「やっぱり欲しい」というようにボールを打ち合っているような関係ではない。

母親の方も，一度あげるのをやめたからといって，もう二度とあげないというような突き放したような態度はとれない。システムとしての母子ユニットが，子ども自身の成長や我が子と周りの子どもたちとの交流についても視野に入れざるをえないからである。そういう意味で，定期定額おこづかいが一度中断した後に再度始まる事は必然でもあった。

　図3のような表現は，単に子どもが成長してお金を管理できるようになったから再度おこづかいを開始した，というような単純成長説に依拠した表現にすぎず，それは少し単純すぎるのではないか。むしろおこづかいをもらうようになる道筋の多様な選択肢を表すことも必要なのではないだろうか。図4（次ページ）のような表現をすれば，単純に成熟したのではないような様相を描けるのではないだろうか。これはもちろん図1（発達における等至性：Valsiner, 2001）の影響を受けたものである。

　この図は図3のように母子を対立する2つの閉鎖システムとして描くことはせず，母子を1つの開放システムとして考えたうえでその軌跡のみを表現したものである。肝心の母子システム自体が描かれていないという批判もありうるが，TEM図にはシステムそのものを描き入れないことになっているので，母子システムというものだけではなく，個人というシステムでも，集団というシステムでも，何でも含意することが可能であるというメリットもある。

　この図において，分岐点Cが定期定額おこづかいの開始であると考えてみよう。しかしこの子どもはその状態から前の状態Fへと戻ることになった。Cに先立つBにおいて，この子は定期定額おこづかいをもらっていなかったのだが，Cを経て再びFという状態になったのである。ここで大事なのはその間も時間が進行していることである。元に戻った，のではなく，時間が進行するなかで元の状態を選んだのである（これを退行と概念化することもできるだろうが，それは元の状態に戻ったことを重視するような考え方である。ここでは時間が進行していることの方を重視する）。調査時期において当該児童はFとGの間におり，Gの時点で再び定期定額おこづかいが開始される予定だった。ここで，実際にたどった道は太線で示されている。本章では1事例のみしか提示しないが，たとえば複数のデータを得た時には，Eをアルバイトの開始などとして設定することが可能となる。Cで定期定額おこづかいを開始した子

第3部　おこづかい研究から理論を立ち上げる

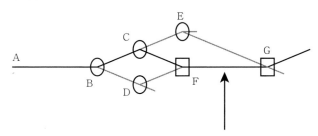

図4　定期定額おこづかい開始に関する TEM

どもは，さらにおこづかいを増やすために，アルバイトを始めるかもしれない。図4のような図式を用いるなら，複数の選択肢や径路が存在する中の一つとして，定期定額おこづかいの自発的取りやめや再開要望を位置づけることが可能だったのである。

　心理学は時間やシステムというものをうまく扱うことができない。母子をシステムとして考えることができないから図2のような母子を独立した閉鎖システムとして扱い，テニスボールを打ち合うようなやりとり型の表現になってしまう。

　図4には，実は主体としてのシステムが描かれていないという欠点はあるが，ここでの主体は母子システムに他ならない。母子システムにおけるおこづかいの位置づけの変容を時間を捨象せずに表現したのが，本当に最初の TEM 図であった。その結果，システムが取りうる他の径路が図の縦軸上に図示できることになり，多様性を目で見えるように表現できるようになった。また，時間を捨象しなかった結果として，時間軸上の径路も表せるようになったのである。

　さて，この時の基本的アイディアをもとに2人は論文の執筆を行い，「歴史的構造化モデル」（Historically Structured Sampling（HSS）: How can psychology's methodology become tuned in to the reality of the historical nature of cultural psychology?）という論考として出版された（Valsiner & Sato, 2006）。また，話は前後するが2004年8月には北京で国際心理学会が行われた。ヴァルシナーが企画した「心理学における方法論的植民地主義の終焉」（The end of methodological colonialism in psychology: Back from samples to the systemic study of individuals）というシンポジウムでサトウ・安田・木戸はTEM についての発表を行った（Sato, Yasuda, & Kido, 2004)。実はこのシンポジウムの申し込みは2003年秋であり，その時点でサトウタツヤらの発表は組み込まれていなかったのだが，急遽参加することになったのである。この国際的プレゼンテーションにおいていくつかの概念が明確になり，また，安田および木戸の研究が TEM 研究として形を整えていくこととなった。

初期の研究論文としては以下のようなものがある。

サトウタツヤ・安田裕子・木戸彩恵・高田沙織・ヤーン＝ヴァルシナー．（2006)．複線径路・等至性モデル――人生径路の多様性を描く質的心理学の新しい方法論を目指して．質的心理学研究，5, 255-275.
安田裕子・高田沙織・荒川歩・木戸彩恵・サトウタツヤ．（2008）．未婚の若年女性の中絶経験――現実的制約と関係性の中で変化する，多様な径路に着目して．質的心理学研究，7, 181-203.
木戸彩恵．（2011)．日米での日本人女子大学生の化粧行為の形成と変容――文化の影響の視点から．質的心理学研究，10, 79-96.

さらに 2 冊の本が出版されることで，日本の研究者に広く受け入れられることになった。以下の 2 冊である。

サトウタツヤ（編）．（2009)．TEM ではじめる質的研究――時間とプロセスを扱う研究をめざして．誠信書房．
安田裕子・サトウタツヤ（編）．（2012)．TEM でわかる人生の径路――質的研究の新展開．誠信書房．

また，ヴァルシナーが関係する研究者に TEM を紹介することでネットワークが世界中に広がった。特に，ブラジルでは，アナ・セシリア・バストス教授が強力な推進者になってくれており，すでにブラジルで2回の講演／講習を行っている。2012 年のブラジルでの滞在については http://www.humanservices.jp/magazine/vol8/16.pdf を参照されたい。

冒頭で簡単に紹介したように TEA（複線径路等至性アプローチ）は TEM

（複線径路等至性モデリング），HSI（歴史的構造化ご招待），TLMG（発生の3層モデル）の3要素からなる方法論へと発展している。そのキッカケをつくったのは明らかにおこづかい研究だったのである。

その一方で，おこづかい研究に何かを与えたのか？　それは分からない。ただし付記にあるようなことは確かに言えるのではないだろうか。

5. 付 記

なお，ヴァルシナー旋風は私の身にのみ起きたわけではなかった。彼の陽気な人柄は多くの人を魅了したし，また彼は日本で出会った様々な研究者に英語で論文や本の一章を書くことを勧めていた。そして本書の主題たるおこづかい研究も例外ではなく，この研究の意義をみぬいたヴァルシナーは英語論文の執筆を勧め，それは『ケンブリッジ・社会文化心理学ハンドブック』に掲載されることになった。編集はもちろんヴァルシナーであり，掲載された論文のタイトルは「個人的な関係を媒介する文化的道具としてのお金」（Money as a Cultural Tool Mediating Personal Relationships: Child Development of Exchange and Possession）というものであった（Yamamoto & Takahashi, 2007）。

>Yamamoto., & Takahashi. (2007). Money as a cultural tool mediating personal relationships: Child development of exchange and possession. In J. Valsiner & A. Rosa (Eds.), *Cambridge Handbook of Sociocultural Psychology*. New York, Cambridge University Press, pp. 508–523.

第10章

文化差が立ち現れる時・それを乗り越える時

呉 宣児
(オ) (ソン)(ア)

1. はじめに

　我々人間は，「私」という個の好み・欲求を持ちつつも，それだけに従って生きることは不可能であり，自分が住み所属している家族・職場・地域・国などにおける，当たり前な感覚——単なる習慣として，規範として，時代的なイデオロギーの中で，国の法律という範囲の中で——を意識的であれ，あまり意識しないままであれ，ある程度共有し，守り，実践するなかで暮らしている。グローバル化が進み，世界規模で人々が流動する今日においては，当たり前が当たり前ではなくなる現実に直面することを体験する人も多いだろう。
　もちろん，厳密には同じ家族・同じ職場・同じ地域・同じ国においても，個々人の差はあって当然と思っている。しかし，一方では，日常の実際の関わりの中で，私（たち）とは違うことを感じ取る時，違和感を抱き，差を意識すると同時に異なる他者（たち）と目の前で対面することになる。私（たち）と異なるその差は，時には面白く感じさせポジティブな方向を開いてくれることもあるが，時には自分（たち）の当たり前が侵害されたと感じさせ，ネガティブな方向の葛藤が生じることもある。
　我々共同研究チームは，2002年以来「お金をめぐる子どもの生活世界」をテーマとし，10年以上にわたって日韓中越の研究者がこれらの地域・国の中

で一緒に調査し，分析・議論を重ねてきた。この共同研究から得られた知見に関しては本書の各章（特に第2章，3章）で質問紙調査やインタビュー調査からのデータを用いてそれぞれの国の子どもたちの様子・特徴が客観的に示されている。これらの結果は，それぞれの国での様子がこれくらい違うということに関してデータをもとに情動抜きに記述・説明されている。

しかし，本章では「差・他者が目の前に立ち現れる時」を捉えるために，少し異なる書き方をする。国が違うから当然違うだろうと「観念的」に捉えられる差だけではなく，研究者同士の議論や調査場面，また，研究の紹介や講義の場面で，「"ここ"という場」に「あなたと私が一緒にいる」当事者として自分の身体を通した情動体験をしながら，「私（たち）」とは異なる「あなた（たち）」と対面する場を捉える。つまり，差によって他者（たち）が立ち現れる瞬間，文化が立ち現れてくる瞬間を捉えていく。

したがって本章の執筆者でもある"私"は，生活実践者・情動体験の当事者としての私（筆者）でもあり，筆者の情動体験や筆者に見えてくる他の人々の情動体験を含めて，立ち現れる差について述べていくことになる。本章の内容は，共同研究者全員で共感し了解される内容であるというよりも，共同研究者の発言やその雰囲気から筆者が主観的な受け取り，筆者が考える「差の立ち現れ」として書いていることを断っておく。

差が立ち現れる場として3つを取り上げる。①まず，研究者同士のデータ解釈やフィールドでの観察からの印象を含む議論が行われる場面で，面白さ，不愉快さ，葛藤を感じるなかに現れる差・他者，②次に，外国人研究者と現地の子どもが対面してインタビューが行われる場で差を意識せざるを得ないことからくる小さなせめぎあいの発生，③最後に，調査結果を比較しながら発表または講義する場の中で他者（たち）の立ち現れによって自分（たち）を新たに意識する場を取り上げる（図1参照）。

本書の各章でも述べられているように，我々は4か国を訪れ，家庭訪問インタビュー調査，文房具屋などのお店での買い物行動の観察をし，また学校を通した集団式質問紙調査を行ってきた。その中で特に，フィールドで出会う子どもたちの様子を見るなかで，それぞれの国の研究者たちが驚く現象がいくつかあった。思い出せる限りの内容を書くと表1のとおりである。

第10章　文化差が立ち現れる時・それを乗り越える時

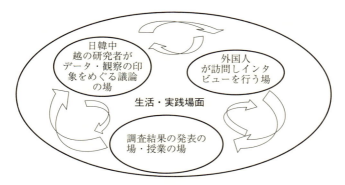

図1　本章で取り上げる差・他者が現れる場面

表1　調査中に子どもの様子から各国の研究者が驚く現象

	それぞれの国で見られた驚く現象	驚く理由	驚きを示す研究者の国籍
日本	・おこづかいで30万円もする楽器を買う。	いくらお金を持っているとしてもそんな大金を高校生が趣味に使えるか。	韓国，中国
	・徹底的な割り勘が多い，マックに友だち同士で食べに行ったとき，一人だけ何も食べないこともありうる。	一緒にいて食べない子がいるのに，よく割り勘で自分だけ食べられるものだ。	韓国，中国
	・子どもたちがあまりにも消費生活の中に潰かっている。	必要以上に物に囲まれ必要以上に買っている。	ベトナム
韓国	・おこづかいでペットの犬を買う。	家族のようなペットを子どもが買うなんて何ごと。	日本
	・子ども同士のおごり合いが多い。	そんなにおごりが多くて問題が起こらないのか。	日本
中国	・小学生の子どもが一人でタクシーを利用することがよくある。	小学生が一人で簡単にタクシーを利用するのは大丈夫なのか。	日本，韓国
	・自分のおこづかいで学費や家での食材などを買うことが珍しくない。	なんで親が親の義務を果たさず子どもに払わせるのか。	日本
	・子どものお年玉やその他のお金を親が使う。	親が子どものお年玉を勝手に使うのは，親が悪いのではないか。	日本
ベトナム	・子どもたちが朝学校に行く前に屋台などのお店で朝ごはんを食べている様子がたくさん見られる。	なんで，朝食をうちで食べないんだろう。親は何しているのだろうか。	日本，韓国
	・正月に子ども同士互いにお年玉を与える。	子ども同士でお金のやり取りをしていいのだろうか。	日本

注：ベトナムの研究者はインタビュー調査は日本だけに参加した。本表に紹介している例は，厳密に録音や記録を取ったものではなく，あくまでも筆者の主観的な記憶に基づいて書いている。

215

以上にあげた各国におけるそれぞれの現象に対して，それぞれの研究者が驚き，理解のために互いに説明を求めたり議論が起こったりもした。その中で特に子ども同士のおごり・割り勘に関しては，本プロジェクトが始まる最初から今に至るまで絶えず議論の対象になってきたテーマである[1]。本書の他の章（第1，2，3章）でも論じられているとおり，4か国それぞれに言い分があり，特に日韓において著しい差として現れた現象であった。本章では，主に，子ども同士のおごり・割り勘という現象をめぐる，研究者たちの議論の場面，子どもと親がインタビューされる場面，研究結果を用いた講義の場面において，どのような差が立ち現れ，他者として認識し，実生活における実践をどう行ってきたのかに関するプロセスを中心に示していく。

本章で用いている研究の方法論的な位置づけとして，多声性への注目がある。多声性（multivoice）は，バフチンの多声性概念（桑野，2002）によるが，2つ以上の異なる価値や視点が混在するなかで，参加者の異なるステータスが生み出され，参加者それぞれが異なる歴史的背景を持ち込み，「差異」を通して「文化」が位置づけられるという意味で使っている。多声性と関連する本研究の特徴として，①日韓中越の共同研究者全員がフィールドへ出かけ，現場の声を聞きながら常に研究者が身体で体験し，データと向き合うこと，②データ分析・解釈において各国の研究者のズレによる多様な解釈を試みる終わりなきプロセスであること，③多様な解釈や基準によって，自国のデータ・文化に新たな意味づけをしながら多文化共生を意識する，ということがあげられる。そしてその多声性は④「対の構造」の時により現れやすく，対の構造における揺れと安定の繰り返しから互いの文化を認識することができる「鏡効果」を発揮する働きがあることがあげられる。

本章ではまず，「子ども同士のおごり合い現象」を題材に，日韓の研究者が体験したプロセスの時間順に，①研究者コミュニティにおいて偶然にそして必然的に現れる対の構造と多声性に関して述べる。私を超えた私（こちらの我々）と他者を超えた他者（我々と違うあちらのあなたたち）が浮き彫りになる。②外国人研究者によるインタビュー場面が意図せぬ対の構造を生み出し，その中でまたズレ・揺れと安定の繰り返しの中で多声性が現れ，文化が浮き彫りにされていくことを示す。③インタビューで得られたデータを用いて，日韓

第 10 章　文化差が立ち現れる時・それを乗り越える時

の対の構造が安定的な異文化の論理構造として成り立っていくことを示す。④安定的に見出された日韓の論理を用いて，今度は意図的に授業や発表の場に対の構造を持ち込み，揺れと安定による多声性の拡大再生産の実践活動の様子を示す。⑤最後に対の構造を持ち込む実践活動の機能や意義，限界について考察を行う。

2. 研究者コミュニティにおいて偶然・必然に現れる対の構造と差

　日韓の子どものおこづかいの使い方の様子について研究者間で意見交換をしていくなかで，目立つ現象として浮き上がったのは韓国の子ども同士のおごり現象であった[2]。それと対比する形で日本の子どもに見られる割り勘現象も同時に浮かび上がってきた（本書第 3 章も参照）。ここで示す子ども同士のおごり合い現象とは，小学生から高校生までの子どもが自分の食べ物を分けてあげることや，一緒に食べる時，友だちの分も払う，または払ってもらうことを指す。その反対現象は，割り勘，つまり自分の分は自分だけで食べる，または自分で払うというやり方になる。共同研究のチームで調査を始める前から，日韓両国においておごりも割り勘も見られるが，相対的に韓国ではおごりが多く見られ，日本では割り勘がよく見られるということに日韓の研究者はある程度了解をしていた。

2-1　不愉快を伴う葛藤

　それでは，日韓の研究者たちの前に，おごり・割り勘はどのようにして特別な（異）文化として現れ，認識されたのか。表 2 は，おごりについて議論になった時，日本人研究者[3]たちから出てきた話である（なお，ここで取り上げた発話例は，議論の内容を録音や正確な記録を取って発話通りに示しているのではなく，重なる議論の内容を総合して，筆者（呉）が受け取った内容として構成・表現したものである。以下の発話例についても同様である）。

　韓国人の筆者には不愉快に感じられた日本人研究者のおごりへの反応
　　・「おごると相手がまたおごり返さないといけないと思ってしまうので，相手に負担

を与えていることになるんじゃないですか？」
- 「日本でもおごりはあるけどそれは上下関係の間柄であることであって，平等な関係ではしないと思いますよ」
- 「だって，おこづかいは親が自分の子どもが使うために与えているのに，それを他人のために使ってしまうのはとても悪いんじゃないですか」
- 「日本でおごりが起こっている場合はね，かつあげ的な雰囲気がありますね」

　以上のような内容は，実際に日本人共同研究者たち自身の生活感覚や日頃観察されることを当たり前の感覚として言っていただけだと思う。その「当たり前」を示す感じが強い分，違和感を受けながら聞いていた筆者は，即座にはっきりと反論ができず，自分の基盤が突き崩されたような感じを受けていた。その当時（2002・2003年頃）すでに日本居住歴10年近くになっていたにもかかわらず，もしくはだからこそ筆者はいささか衝撃を受けた。日本では，割り勘が多いことはすでに知っていたし，筆者自身割り勘の生活になじんでいた。しかし，おごりに対して日本人がこのようなネガティブな評価をしていることは知らなかった。筆者は割り勘が多い日本人社会を利己的だが便利だと思う部分もあった。そのため，上記のようなおごりをネガティブに捉える話を耳にして，「私を含めた韓国人は礼儀正しくなく，配慮もなく，そして平等ではない悪い人間というわけ？」と不愉快な感じを伴う腑に落ちなさを感じていたのである。不愉快な感じを伴う葛藤を抱えたのは，日本人研究者の話に「異なる」だけではなく，「良くない」という価値判断が含まれていたと筆者が感じたからであろう。

2-2　必死に正当性を探し，ますます韓国人になっていく私（筆者）

　日本居住歴が長い筆者は，ふだん韓国人であることを意識していないことも多い。しかし，共同研究者同士の討論の場では，筆者は個としての研究者ではなく，文化実践者として，すなわち典型的な韓国人としてふるまっていた。具体的には，おごりの正当性を懸命に探しだし声高に主張をしていた。韓国でも割り勘がないわけではないし，おごりが時には負担になることだってある。韓国では，筆者自身たくさんの場面で割り勘をしていたのである。一方で，筆者は，割り勘は人の利己的な側面の現れとして認識していたところがあった。日

本人研究者が割り勘の正当性を主張する際，自分たちに利己的な側面があることを弁解していると感じる時さえあった。そして，筆者はおごりの正当性について次のように反論をした。

　私（筆者）が行ったおごりの正当性に関する反論
　・「なんでおごられると負担を感じるのですか。いつかおごる機会がある時自分もおごればいいですよ。おごらないといけないという負担感はないんですよ」
　・「相手は食べてないのに，私だけ食べてどうしてそれが平等になりますか」
　・「私にお金がある時は買ってあげるし，私が持ってない時は友だちがおごってくれます。でもそれで友だち関係が上下関係にはなりませんよ」
　・「おこづかいは自分のために使うだけではなく，むしろ他人のために使うものです」
　・「親は，友だちと一緒にいる時は，ちゃんと友だちと一緒に食べなさいとしつけをします」

以上のようにおごりの正当性を主張すればするほどますます日本人の認識・感覚とのズレが生じその溝がますます大きくなっていくようであった。感情的にも論理的にも対立するようになっていたが，その結果，とにかくお互いの規範や考え方がとても異なるということを改めて認識し，「異なる」という認識が安定した形で確立されていったように思える。

2-3　因子名をめぐる議論に立ち現れる差・文化

　おごり・割り勘をめぐる研究者間の視点の微細な変化は，友だち同士のおごり・貸し借りと関連する項目で構成された「友だち関係」を捉える質問紙調査データで行った因子分析結果の，因子名の変化（表2参照）からも垣間見ることができる。
　もちろん，因子分析の結果は，その都度人数やデータとして含まれている国など，研究目的によって少しずつ異なり，因子に含まれる具体的な項目にも微細な違いはあるが，大まかにはおごり・貸し借りを肯定的に捉える方向と反対にネガティブに捉える方向の項目で分かれて集まっている。たとえば，表2にあげているような内容で2因子にしたとして，読者はどんな因子名を付けるだろうか。
　我々研究チームで，日本人研究者から最初に出された案は「自立」と「依

表2 友達関係の因子名の変化

	項目の内容	議論の中での因子名の変化
因子1	8. 私は友だちからおごってもらうと負担に思う。 6. 友だちの間でおごったりおごられたりするのはよくない。 7. 友だちの間でお金の貸し借りをするのはよくない。 12. 友だちからお金を借りることは，たとえ，小額でも相手に迷惑をかけることになる。 4. 私が友だちにおごると，その友だちは負担に思うだろう。	自立 おごり貸し借り否定 自己責任 自己限定
因子2	5. 友だちがお金で困っているなら，私は迷わず貸してあげることができる。 10. 友だちにお菓子などを買ってあげるのは，一人で食べるより楽しい。 3. 友だちからおごってもらったら，次に私がおごるのがあたりまえである。	依存 おごり貸し借り肯定 相互扶助 相互交換

注：具体的数値は第3章参照。因子名は上から下へ変化してきた。

存」であった。おごり・貸し借りを肯定するのは，自分の分を自分で解決していないので，「依存」であるという考え方である。その当時，筆者はこの意見に対して真っ先に反対した。日常用語として，「自立」は良いイメージ，「依存」は悪いイメージがしてしまう面があること，この因子名にすると韓国の子どもたちはみんな自立していない，何か足りない人間のようにみられる感じがしてしまうこと，そして，もちろん韓国の習慣が身についている筆者としては，割り勘にすること・貸し借りしないことをより「自立」したと捉えることにはとても納得がいかなかったからである。むしろ，当時の筆者としては，「利己的」「利他的」のほうがより納得がいくと思っていたが，口にはしなかった。「利己的」「利他的」という捉え方は，日本人研究者の「自立」「依存」という発想のちょうど反対側の同じ考え方であると思われたからである。

　良し悪しの価値判断が入ってしまわないように，因子名を抽象化しないで項目の内容を表すだけにするということで，ある時期は「おごり・貸し借り否定」「おごり貸し借り肯定」という因子名を使う時もあった。また，その後抽象化の必要性がある時は，「自己責任」「相互扶助」という因子名にしたこともあるが，本書では「自己限定」「相互交換」の因子名を用いている。筆者は「相互交換」にしてもまだフィットしているとは思っていないが，切りがないので，妥協的に承認して使っている。

表3 おごりと関連する主な質問項目

A）友だちに食べ物を買ってあげたり，買ってもらったりすることがあるか。おごりと割り勘どちらが多いか。どちらが良いか。なぜ良い・悪いと思うのか。
B）日本では（よその国では）おこづかいは自分のために使うお金だから，人におごるのは良くないという意見があるけれども，あなたはその意見に対してどう思うか。
C）日本では（よその国では），おごると（おごられた相手が）負担を感じるから良くないという意見があるけれども，あなたはその意見に対してどう思うか。

　統計に基づく客観的なデータを用いている場面では，情動や主観的な視点は関わっていないと思われがちだが，異なる生活背景を持つ研究者が一緒に議論する中に情動体験が伴っていた。ある現象を当たり前な感覚として捉える「自分（たち）」とそうでない「あなた（たち）」が立ち現れ，そこである現象を共有する「我々の文化」とそれに違和感を持つ「あなたたちの文化」が共同研究者の中でも立ち現れ，そのたびに「自文化」「他文化」を意識せざるを得ず，その背景を探りながら終わりなき議論をしてきた。

3．インタビュー場面における意図せぬ対の構造と差の現れ

　次に，韓国で行ったインタビュー調査で，どのようにしておごり賛成の語りが出てくるのかに焦点を当て，少しミクロにインタビューデータを検討する。おごりと関連するインタビューの質問項目は表3のとおりである。

3-1　インタビュー場面は他者（調査者）と出会う場面

　次にあげるのは韓国で行った小学校2年生に対するインタビュー場面である。おごったことがあると答えた子どもに対して，調査者は一所懸命に質問B）とC）への答えを求めようとするが，子どもは「分かりません」と返事をし，調査者が少し困っている。おごりの経験が多いと韓国の小学生は答えていた。日常の中で友だちと自分の個人的な気持ちでおごったりおごられたりすることを回答できても，規範としておごりが良いか悪いかを考え答えることは難しいのかもしれない。インタビューの場面でいきなり新たな規範について考えるよう強要されたと言えるのかもしれない。韓国の小学生において「おごりが良いか

悪いか」という質問に回答することができない。そのことが日本の調査者と韓国の子どもが出会うことによって顕わとなったことが重要であろう。

インタビュー1　おごりの善悪について「分からない」と答える韓国の小学校2年生
調査者：おこづかいっていうのは自分のために使うためにもらっているお金だから，それを人におごるのは良くないというふうに考える人もいると思うんだけど，そういうのはどう思いますか？
子：<u>分かりません</u>。
調査者：分からない。やっぱり難しいな。この辺，ちょっと難しい，でもこれちょっと聞いてみます。じゃね，友だちにおごったりすると，そのおごってもらった人が何か，こうなんだろうかな，負担に感じるからおごってあげることって良くないという人もいるんだけど，どう思う？
子：<u>分かりません</u>。
調査者：分からないか，うん。もういいね。それくらいかな。

(小2・女)

3-2　他者と対の構造の中での揺れと安定

　おこづかいに関するインタビューの中で，特におごりと関連する質問B）とC）を行う場面では意図せず「日本－韓国」という対の構造になっている。それは質問項目の内容だけではなく，日本人調査者と韓国人の調査対象者という関係もそうである。次の例を見ると，日本人調査者は韓国では割り勘よりはおごりが多く報告されるだろうと予想しながらインタビューを行っている姿勢がうかがえる。

インタビュー2　「割り勘が多い」という答えに対する揺れと安定
調査者：そういう時には，おごったりおごられたりすることと，それから一人ひとり割り勘にすることと，どちらが多いですか？
子：<u>割り勘が多くて，誰かが一括で払うことは少ない</u>。
調査者：お？　それは昔からずっとそうでしたか？
子：学生だからお金をたくさん持っていないし，自分が持っているお金で自分が払うお金を集めて。
通訳：どんなところ？　友だちと一緒にいくところ？
子：粉食店(ブンシク)，ファーストフード，自分は行かないけど喫茶店とか。

第 10 章　文化差が立ち現れる時・それを乗り越える時

調査者：その時の割り勘というのは，日本だったら自分が食べたものを払うが，みんなのものを平等に割るのとどっち？
子：そんなんじゃなくて，全部合計で計算して，割り勘。
調査者：<u>やっぱり割るんだね</u>。<u>やっぱり</u>ね。割り勘の意味も少し<u>違うんだね</u>。
韓国人研究者＝通訳：<u>違いますね</u>。
調査者：割り勘にも少し<u>違うんだね</u>。
通訳：<u>違います</u>。

(高3・女)

　子どもから割り勘が多いと聞いて，調査者は「うん，なるほど，そうですか」とすんなり受け入れる反応ではなく，「お？それは昔からずっとそうでしたか？」とちょっとした意外性を感じながら確認をしている雰囲気が読み取れる。この場面では調査者の方が揺さぶられている。しかし，その後割り勘の形態が「自分の分だけ払う」わけではないことから，日本との差異を見つけ，「やっぱり，違うんだね」「違うんだね」と何回も確認しながらまた安定した対の構造に戻っている。日本の割り勘とは違うという「差異」を見つけたからこそ，日本とは対の「韓国の文化」として安定した語りになっていると考えられる。
　また，次の場面では，割り勘が多いと答えた高校生に，日本の例を「対」としては出せなくなった調査者は「でも，中国では」と別の対の構造を持ち出して質問をしていく。しかし，今度の質問は「(おごりは)良くない？」という価値判断が伴う質問であり，割り勘が多いけれどもおごりもやっている子どもにとって，自分の行為の良し悪しを判断される場面となっている。

インタビュー3　「おごりの良し悪し」に対する揺れと安定
調査者：<u>日本でも割り勘が基本です</u>。<u>でも，中国では</u>，割り勘よりもおごることの方が多いかもしれない。

(中略)

調査者：あ，それだとやっぱり，あの，おごるのはあんまり<u>良くない？</u>
子：それが，良くないという感覚はない。必要な時にやる。
調査者：ああ，必要な時にね。そうか。だから，良くないっていうことは<u>ないんだ</u>。
通訳：<u>ないんですね</u>。

調査者：ないんだね。

(高2・女)

インタビュー4　「おごりが負担になる」に対する揺れと安定
調査者：それからね，日本の，やっぱり日本の子どもがね，こういうふうに言うんですよ．友だちにおごると，その人が，相手の人が負担に思うから，あんまりおごらない方がいい．わかる？　わかりますか？
子：あの，私たちは，私がおごると，次は友だちが……．だから，負担にならない。
調査者：負担には感じないのね。
通訳：はい，だからおごっても，今度私がおごったら，次は友だちがおごるので，お互い様ですね。
調査者：……やっぱりおごるというのは，良いとか悪いとかいうこととはあんまり関係ないんだよね。
通訳：関係ないですね。はい。
調査者：関係ないんだ。
通訳：やっぱり私はそう思いますよ。

(高2・女)

　この場面はまさに「韓国のおごり－日本の割り勘」が浮き彫りにされる状況であろう。この場面でほとんどの対象者は「分からない」「良くないという感覚はない」「負担にならない」といったように答えており，17人中16人は「おごりは悪い」という返答はせずに，悪くない理由を話している。そして，調査者は「関係ないんですね」と繰り返すなかで再び安定した対の構造に戻っている。紙面の関係上，詳細に紹介はできないが，ある母親は，最初は不良少年たちの問題に言及しながら子どものおごりに伴う危険性を心配していたが，母親自身のおごり経験を語ったり，日本でのおごりに対するネガティブな価値判断を聞いたりしているうちに，最終的には「少ない金額ならば」「良い友だちならば」という条件つきでおごりに賛成すると発言して，割り勘ばかりは利己的に感じると語っていた。割り勘とおごりの間，日本と韓国の間で揺れつつも，おごりに価値を見出すという結末になり，日本人調査者とは逆の対の構造として安定化している。

3-3 インタビュー場面で答える・語るということはどういうことか？

通訳者としての私（筆者）の違和感

韓国で家庭訪問をしてインタビューをする際，筆者の役目は通訳だった。通訳をしながら，時々通訳しにくさを感じ，子どもたちの顔をうかがう時があった。表3に書いたB）とC）2つの質問では特にそうであった。筆者が韓国人であるがゆえに，「子どもたちはこの質問をちゃんと理解しているのかなあ」と思ってしまったのである。

なぜなら，韓国内で韓国人研究者だけが質問をするなら，おそらく表3にあるような質問は生まれなかったかもしれないからである。そして，これら質問に「日本では」という前提条件を付けないと，そもそも韓国の子どもたちは自分が何を聞かれているかさえもすぐには分からないということも起こり得る。また，「おごられた人が」と提示しなければ，負担を感じる人は，相手ではなくおごった自分の方だと受け取る可能性が高いと思っていた。こうした質問は調査対象者である子どもたちには負担をもたらしているとは思うが，多声的な研究方法を用いる際には避けて通れない手法であると考えており，他の国の子どもたちも似たような経験をすることになるのである。

インタビュー場面は特殊な場面

外国からやってきた初めて会う人と会話することや，何かを尋ねられるということは，子どもの立場からすると，とても新奇な体験には違いない。そして，質問される内容は，ふだん当たり前のように行っていることだけれども，いざ聞かれてみると自覚的に考えたことのないことに気づきつつ，その場で改めて自分の行動を思い出し，理屈を考えながら答えることも多いのではないだろうか。その上，国際比較をする内容の質問自体にすでに良し悪しの価値判断を含んで——たとえば，おごりは良くないと思う人がいる——質問することもあった。質問B）とC）は，日本では＊＊が良くないと考えるが，あなたはどうなのか，という問いである。日本からやってきた研究者から，日本と比較することを目的に，質問B）とC）が問われると，自分と友だちの間で何気なく行っている行為が否定的に捉えられていると自覚することになり，「私」「自分」の

225

個人レベルを超え,「我々の行為」の論理を文化として整理しつつ語っていることになるのではないかと思われる。

「対の構造」で文化が浮き彫りになる

韓国にはおごりだけがあるのではなく,またおごりがとても負担に感じるということを日常場面で耳にすることがある。日常的に割り勘にすることはとても多い。しかし,インタビュー場面では,おごり賛成の声が多く,時におごりが無条件に賛美されているように感じる時さえあった。

なぜインタビューを受けた韓国人は皆,判で押したようにおごりは悪くないと答えていたのだろうか。彼らは嘘をついているのだろうか。いや,もちろん嘘をついているのではないと思う。インタビュー場面で,実生活で行っている割り勘とおごりも行為の体験に基づいて答えている。彼らは,インタビューにおいて出会った他者たちと向き合う際,自分たちの行為が他者たちの行為と比較され,目の前で「差異」が浮き彫りにされたことによって,割り勘・おごり行為にポジティブな意味づけを行っているのかもしれない。

このインタビュー場面は,具体的にある子どもが友だちとの関係や持っているお金や置かれた状況の中で,割り勘にするかおごりにするかの選択が迫られている場面とは異なる。インタビュー場面では,日本からやってきた調査者が「日本の子どもの中には,おごりは悪いと思う人もいる」と述べる瞬間,個人の調査者の声だけではなく,おごりをしない個を超える他者(性)が,韓国の子どもや親の前に立ちはだかるのである。このインタビュー場面では,韓国の人々が自分の体験を語るという個人の声とともに,立ちはだかる他者性を目の前にして,「個を超えた我々の正当性」を探し主張する声が現れる。インタビュー場面には,実態を語る声や,他者性と対になった状態で理念・文化として語る声がある。すなわち,韓国の子どもや親の声自体が多声化されているのである。

4. データによって,対の構造の中で安定的にまとめられた日韓の論理

今まで述べてきたように筆者を含む共同研究者チームは,日本と韓国,割り

第 10 章　文化差が立ち現れる時・それを乗り越える時

勘とおごりの対の構造の中でズレと揺れを体験した上で議論を行い，さらにデータを用いて，単なるズレや揺れ，葛藤や衝突ではなく，むしろ安定した対立の論理を描き出した。また，すでに本書の各章でもデータに基づきそれぞれの国の特徴が示されているが，ここでは主に日韓のインタビューデータを用いて安定化されてきた日韓の論理を示す。

4-1　データによってまとめられる論理（韓国編）

おごりに関して共同研究者間で議論する際に筆者が葛藤を抱えていたことはこれまで示してきた。その筆者が家庭訪問時のインタビューデータを用いて最初に行った研究は，韓国の子どもたちのおごり現象の分析・記述であった(Oh, et al., 2005)。さまざまな議論が起こったという点で重要なテーマであったように思える。筆者としては，韓国のおごり現象をもっと理解してほしいと思い，データを用いて冷静に語らしめようとしていた。日本人とは異なる他者としての韓国人のあり方をデータによって描きたかったのである。韓国での調査結果の概略を次に示す（詳しくは，呉・サトウ・髙橋・山本・竹尾・片，2008 参照）。

おごりに関連する韓国での調査結果の概略

　2002 年，韓国のソウルと済州島合わせて 17 組の親子にインタビューを行った。インタビューデータでは，子ども 17 人（小 2〜高 3 まで）中，おごり経験がある子どもが 16 人，不明が 1 人で，韓国（ソウルと済州）の子どもたちはほとんどが友だちに食べ物を買ってあげた経験がある。小学校高学年になってくると数人のグループの構成員が順番におごるという「順番回し」おごりの経験が報告されている。ただし，中学生・高校生たちの答えを見る限り，基本的に割り勘という答えも多い。協力者たちは，質問 A) の段階では，確かに「割り勘がいい」とは答えてないが，全員が積極的に「おごりがいい」とも答えていない。質問 B)「日本では，おこづかいは自分のために使うお金だから人におごるのは良くないと思う人がいる」，質問 C)「日本ではおごると（相手が）負担になるから良くないと思う人がいる」と関連した質問への答えは，小学生は「わからない」という答えが多く，中・高生や親は「悪いとは思わない」「（小さいものなら）負担にならない」「性格によって違う」など，少なくともおごりをネガティブには意味づけていないし，改めてポジティブに意味づけて答えるケースも見られる。

韓国における多様なおごりパターン

どんな時に誰とどのようにおごりおごられるのかに関するインタビュー項目を分析したところ子どもの年齢や置かれた状況によっておごりのパターンが異なることを見出し，最初は「分けて食べるパターン」「大人数が配り合うパターン」「親しい友だちと返報パターン」「順番回しパターン」「一方的パターン」「全員一緒に払って共食パターン」の6つに分類した（Oh et al., 2005 参照）が，その後，割り勘をより厳密に区分するために「各自払うパターン」を追加し，「おごり・割り勘の7つのパターン」にまとめている（具体的な内容は，第3章参照）。

韓国人の親子が答える「おごりは良いこと？　悪いこと？　どうして？」

おごりと割り勘どちらが多いのか，おごりは良いか悪いか，どうしてそう思うのかなどを中心に韓国の親子に調査した結果の一部は次のとおりである。

韓国人親子のおごりへの価値判断
・分からない。（小2，女）
・一人で食べるのは，利己的。（小4，男）
・分からない。でも悪いとは思わない。（小5，女）
・おごりは良い，それがあってこそ親しくなるから。（女，中1）
・あんまりやり過ぎると良くないけど，まあ，普通ならそれは良い。（中2，女）
・良くないという感覚はない。必要な時にやる。（高2，女）
・良いとか悪いとかということではない，そんなふうに考えたことがない。（母）
・おごられたら，次にはおごるというのは良い。あまり高くなければよい。（母）
・自分の分を自分で払うことは少し利己的な感じがする。（母）
・あまり頻繁にやるのは良くない，人を助けるのは良い。（母）

おごりは，金額が高過ぎること，頻繁にやり過ぎることは良くないといった回答から必ずしもポジティブなこととして受け止められていることではなく，適切な金額の範囲内という条件の中でポジティブなこととして受け止められていることが分かる。そして，おごりの背景として，「助け合い」「つきあい」「親しみ」など情緒的な理由が浮かび上がってきた。

「"おごると相手が負担を感じる"をどう思う？」

日本ではおごりにつきもののように語られる負担感だが，「"おごると相手が負担を感じる"をどう思う？」という問に対して，韓国人はどう感じているのか尋ねた結果を次に示す。

韓国人親子のおごりと負担感への考え方
・分からない。（小2，女）
・それは人による。いくらおごられても平気な人もいれば，自分の分は自分でという人もいる。（中3，男）
・あまり大き過ぎるのは負担になるけど，小さいものは良い。（中2，女）
・自分が買ってあげると，また次に友だちが買ってくれるし，私にお金がない時は買ってくれたりするのは良い。（小4，男）
・互いにおごるのが良い。自分の分だけ出すと，人情が薄いような感じ。（中2，女）
・負担にならない。（高2，女）
・負担に思うことはあるけど，でも友だちはおごる側は本当に友だちのために良い思いでやっているので，そんなに負担に思うことはないと思う。（高3，女）
・年齢に合わない高い額は負担になる。よくない。（母）

ここに示されているとおり，金額が高過ぎる場合を除いて，韓国人は「負担感」を感じることはなさそうである。適当と思われる範囲でのおごりは良いこととして認識されていることが読み取れる。

4-2 データによってまとめられる論理（日本編）

日本の調査ではどのような調査結果が得られたのであろうか。調査結果の概略を次に示す。

おごりに関連する日本での調査結果の概略
　2004年，日本の東京で13組の親子にインタビューを行った。インタビューデータでは，子ども13人（小2～高3まで）中，おごられた経験があると答えた子は7人だったが，1名以外の全員はジュースか，お菓子を分けてもらうくらいの条件付きの答えであった。小学生の場合は，少し分けてもらうパターンや，アメ・チョコなどみんなに配る形での交換のような形態を体験している。おごりの良し悪し判断に関して子どもたちは，おやつなら良いという答えもあるが，大体はネガティブな方向で答え

ている。だからと言って「割り勘がいい」という強い答えが多いわけでもない。高校生は割り勘の方がいいと言うが，特に小学生は，そもそもおごり・割り勘と言うくらいの子どもだけの買い物行動自体がない。子どもに必要なものはほとんど親が買っておくか親と一緒に買うかで，親の直接的な管理が行き渡っている様子が強かった。その分，おごりが多い割り勘が多いという質問自体が成り立たない状況が多く，おごると相手に負担かどうかという質問もしないで終わっている。親の規範意識としては，おごり回避・割り勘選好の傾向が強く，その背景には「おごり＝お金の介入」と捉えており，友だち関係にお金を介入するのは望ましくないし，「迷惑をかける」という意識が強くあるようだった。

日本人の親子が答える「おごりは良いこと？　悪いこと？　どうして？」

おごりと割り勘どちらが多いのか，おごりは良いか悪いか，どうしてそう思うのかなどを中心に日本人親子に対して行った調査結果の一部を以下に示す。

日本人親子のおごりへの価値判断
- 遊ぶ時おやつを買ってあげることはいいことだと思う。必要だから。（小3，女）
- おやつおごりは悪い，せっかくためたお金がもったいないから。（小3，女）
- 悪い，自分のお父さんが働いたお金だから。（小3，女）
- おやつおごりは良い。（小2，男）
- おやつおごりある，アメ交換などもある，おやつは悪くない。（小3，女）
- おごりまったくない，自分で買い物行かない。（小3，男）
- お菓子は買っておいて交換はある。（小4，女）
- どこかに行ってアイスやジュースを買ったこともない。（中1男）
- （おごりをしては）いけない，いけないこととかじゃないと思う。やっぱなんか，平等の方がよくないですか？（高2，女）
- 初めてバイトの給料をもらった時，おごったことある。（高3，女）
- おごりはめったにしない，ジュースなどは経験あり。（高校3，男）
- （ご飯をおごることは）あんまりいいことだとは思わないっていうか，特に理由もないのに，おごる気にはならないですね。……おごることはいいことではないと思う。（高3，女）
- おやつは持ちつ持たれつな段階だが，おごりに関してはNOを言えるように。（母）
- アイスとかジュース程度ならOK，ご飯はまだ中1なのでダメ。（母）

この例を見ると，小学校低学年ではおごりに対する価値判断として良い－悪い両方の答えがあるが，良いと答えた場合はおやつに限定している場合が多い。学年があがると，おごりはしない・良くない方向への認識がさらに強くなっていくようである。

日本人の親子が答える「"おごると相手が負担を感じる"をどう思う？」
日本人の親子におごると相手に負担をかけることについて尋ねてみた。調査結果の一部を以下に示す。

日本人親子のおごりと負担感への考え方
・（おごられる人は）自分が悪かったなと思う。（小3，女）
・おやつなどもらって，負担感じない。（小3，女）
・おごられ負担には賛成。（中1，男）
・おごられると負担感あるので，断る。（高3，女）
・おこづかいをもらっていない子がいるので，落差があるので，……駄菓子屋とか行っても，基本的におごらない，おごってもらわない，それをやっぱり親同士もそういうのがわかった場合は，基本的にそういうことはしちゃいけないという……（母）

おごられて負担に感じるか尋ねて，感じないと答えた子もいるが，多くの人は負担を感じると答えている。

全体的に，おごりは避けたいことで，ネガティブに捉えられやすいことが分かる。「おごらない」背景には，「平等にするべき」「おごりはトラブルのもと」といった意識がとても強く流れているようだ。韓国人が割り勘をネガティブに捉えて，割り勘は利己的だとか，相手に配慮していないといった感覚とはまったく異なった割り勘の認識が日本人にはある。また，調査結果を見ると，すでに買っておいたお菓子や食べ物を友だちと交換したり，あげたりすることと，駄菓子屋・コンビニなどのお店で買ってあげることをはっきりと区分して認識していることが，日本人独特のあり方として読み取れた。

一方韓国では，「一緒に食べる」という行為の共同性を認識することが多く，前もって買っておいたものを分けても，その場で買いながら払ってあげても，それは同じ共食行為として認識している場合が多い。おごりという言葉に対し

て，日本人は「お金の介入」「迷惑」というネガティブなイメージが先に浮かび，韓国人は「一緒に食べる」「ご馳走する」というポジティブなイメージが先に浮かぶという異なる特徴が見られた。

4-3 対の構造における日韓のおごり・割り勘の論理

研究者同士の揺れと葛藤の中の討論，インタビュー場面での揺れと安定，調査から得られたデータの検討を行うにつれて，研究者グループに変化が生じた。おごり・割り勘行為の背景に，互いに異なった論理が働いていることに気づき，葛藤としての揺れがだんだんと安定した異なるあり方として認識されるようになってきたのである。共同研究グループのメンバーは，自文化の基準により良し悪しを判断していたことを自覚し，異なるやり方，異なる感覚，異なる基準，異なる他者の存在を安定した対の構造の中で受け入れるようになっていく。

韓国人になって必死におごりの正当性を主張していた筆者は，同じくらい日本の割り勘の正当性を聞き，調査を行い，データをまとめつつ，両国においてまったく異なる生活規範の中で働いている背景の論理が似ていることに気づいた。おごりや割り勘の捉え方に関するキーワードをまとめたのが表4，表5である。面白いことに，日本における割り勘も韓国におけるおごりも，相手に配慮し平等を図ることが求められているという安定した図式になったのである。

表4，表5に示したように，筆者が日韓の生活規範はそれぞれ論理立てられていることに気づいてから，ようやく韓国でよく見られるおごりも，日本でよく見られる割り勘も相対的に捉えることができるようになった。ここまできて「本当の他者」に気づき，「間違った・悪い他者」ではなく，「異なる他者」「異なる文化」として，少しずつではあるが，受け入れ始めたと思える。

5. 意図的に対の構造を持ち込み，多声性を演出する：
研究成果発表・授業の場

第4節で示した安定的に確立された論理を，今度は授業などに持ち込む。そうすると，研究者グループの間で筆者や共同研究者たちが体験したような多声性によるズレと揺れをそこでも同じように体験することになる。

第10章 文化差が立ち現れる時・それを乗り越える時

表4 おごりに関する日韓の捉え方

日本人の視点	韓国人の視点
・上下関係をつくる	・おごられると嬉しい
・かつ上げ等の危険性	・親しみの行為，必要な行為
・不平等が生じる	・一緒に食べる平等
・依存（自立してない）	・助け合う，融通し合う
・負担感与える	・負担感与えない・感じない
・相手への無配慮	・相手への配慮の結果
・おごり抑制しつけ	・おごり共食誘導しつけ

表5 割り勘に関する日韓の捉え方

日本人の視点	韓国人の視点
・自立（自己責任）である	・利己的である
・相手への配慮の結果（負担与えない）	・相手へ配慮がない（相手も食べたくなる）
・平等を保つため	・自分だけ食べて不平等
・トラブルがなく人間関係がスムーズ	・情・人間関係が浅い
・割り勘を促進するしつけ	・割り勘を抑制するしつけ

5-1 韓国におけるおごりデータに対する日本人の反応

　韓国人の子どもや母親たちが自分たちのおごりについてどう思っているかに関する調査結果を学会などで日本人研究者や授業で学生たちに見せる。「ほら，韓国人当事者たちは，おごりをただちに悪いこととして捉えていないでしょう？」という説明とともに再び問いかけてみる。「韓国でよく見られるおごり現象はどう理解し，解釈しますか？」「おごり合いは互いに助け合う美徳として捉えますか？　それとも他人に依存する自己責任のなさとして捉えますか？」というふうに。このような問いかけに関して，初めて聞く日本人の研究者や学生は韓国人の捉え方を知ることになるので，自分たちの日常の規範をそ

のままは出すことはできなくなる。しかし，だからといって，おごりは良いと考えるように変わるわけでもない。部分的に，韓国式がとても良いと答える学生もいるが，大体「でも，だからといって……」と納得がいかない感じを示す。つまり，4-1，4-2項のような事例のような内容を知ると，理屈として，とりあえず「違いが分かった」けれども，心情的にまではすんなり変われないのである。日本人は自分なりに必死に考えて以下のような反応をする。

　韓国人のおごりの捉え方を知り揺さぶられた日本人の反応
　・おごりで親しみを持つという感覚は私にはないと思います。しかし，日本と韓国とではこんなにもおごりに対する考え方が違うのには驚きました。おごりを良くないとみる日本人は多いですが，けっして日本人が情が薄いと韓国人に思われてほしくないなと思いました。
　・私はおごられるのは苦手です。やはり相手に悪いような気がしてしまうからです。
　・こんなに近くの国でも考え方が全然違うことにおどろいた。文化差って怖い。大きな偏見につながります。

　　注：以上の感想は呉が担当する授業で紹介した時，寄せられた感想の一部である。

　割り勘の正当性を主張する日本人の反応
　・おごられてまたおごると結局はおごられた意味がないのではないでしょうか。
　・お金を使って親しくなることは，本当の友だちではないのではないでしょうか。
　・おごられるとどうしても借りをつくったと感じるのではないでしょうか。

　　注：上記の内容は，呉が担当している授業のレポートで書かれている内容を呉の言葉でまとめて表現した。

　このような疑問やすっきりしない感情が残るのは，ある意味当然といえる。共同研究の初期段階で日本人研究者によるおごりに対するネガティブな価値づけに筆者が葛藤を抱えていたこととちょうど反対に，日本人は自分たちが大事にしてきた規範や，暗黙のルールが破れる体験をしないといけないからであろう。しかし，韓国のやり方を全面的にポジティブに捉えるところまではいかなくても，自分たちとはずいぶんと異なるやり方をとることを知ることで認識が変化することは，他文化理解のために大きく一歩進んだといえるだろう。

5-2 日本における割り勘データに対する韓国人の反応

4-2，4-3項で示したような日本人の考え方・感覚を韓国人たちに見せて話をした。「ほら，日本人たちは，平等のためにおごらないって答えているでしょう」と投げかけ，「日本でよく見られる割り勘をどう理解し解釈しますか」「自分の分は自分でという自立として捉えますか？」「割り勘は他人のためにお金を使いたくない利己心だと思いますか？」と改めて尋ねてみる。そうすると，行動の違いは認めるもののまだすっきりしない感じで次のような反応をする。

おごりの正当性を主張する反応
・本当に，本当に韓国とは違いますね。
・駄菓子屋で自分だけ買って，相手は平等の気持ちになれるのでしょうか？
・これは，あくまで見た目平等であって，本当の内容の平等ではないんじゃないかか？
・本当は，ただ，もっともっと自分のために使いたいのではないでしょうか？

注：上記の内容は呉の知り合いと対話の中で聞いたことを呉が要約して表現したものである。

韓国人のおごりに対する日本人の納得しにくさと同じくらい，韓国人も日本人の割り勘に関して，納得がいかないようである。「本当に互いがここまで違う」ことを知りつつ，なかなか心情レベルまでは同意したくない（＝良し悪しの価値判断は変わりにくい）感覚を持ちながら，認識のレベルでは変化を体験していると言えるだろう。

6. 変化する身体・行動：「おごりで割り勘」という行為の発現

今まで日本と韓国における子どもたちのおこづかい世界の中でおごりと割り勘はどう捉えられているか検討してきた。筆者や共同研究者が，時間順に対の構造に置かれ，揺さぶられ葛藤を抱えながら異文化理解を体験してきたプロセスとして，①現場に出向いてデータを収集する前の段階での研究者同士の議論，②現場で子どもや親と向き合ってインタビューを行う場面，③データを用いてまとめていく段階，④ある程度まとめられた後の安定した状態，⑤データやま

とめられた知見を授業や発表に持ち込む段階について述べてきた。

　これら5つの段階はもちろんきれいに直線的に動いたわけではなく，行きつつ戻りつの揺れ動きの中での体験であるが，便宜上一直線のように述べた。

　以上のような流れの中で研究・生活をしてきた共同研究者の行動に少しずつ変化が起きていた。韓国で行われる研究会では，韓国人研究者から他国の研究者へのおごりがだんだん減っていき，日本で行われる研究会では，日本人研究者から他国研究者へのおごりを行う形で日韓の研究者の行動の微調節が見られるようになった[4]。日本でのおごりの形は「割り勘でおごり」，つまり，日本人研究者同士でお金を出し合い（割り勘），他国の研究者におごる形なのである。ただし，日本人研究者の他国研究者へのおごりは，快く行われたか，仕方なく行われたかは別として，とにかくおごり行為が出現したことは重要な変化だと思う。同じように，韓国人研究者のおごりが減ったことも，何か違和感を残しつつ変化したのか自然な身体感覚としての変化だったのかは別として，今までとは異なる方向に行為が調節されたこと自体は重要な変化である。

　少なくとも，異なるやり方を認識し理解したことに対する機械的な対応であれ，身体感覚そのものがおのずと動いた対応であれ，微調整をするようになってきたのである。具体的な食事場面，お茶の場面等において，おごりをするか割り勘をするかは，もちろんそれまでの関係や個人的な親密感やその時の状況によるのだが，日本人の割り勘でおごりの発生自体と，韓国人のおごりの減少は，（異）文化に了解・共感しつつ，こちらの我々の状況にうまく合わせて出た自然な成り行きの行動であったかもしれない。

7. 対の構造での多声性の有効性と弊害

　文化比較・文化理解をしようとする調査・研究活動には常に意図せぬ「対の構造」の中での多声に直面し，ズレや揺れ，葛藤が起きていた。やまだ（1987）や石井（2000，2008）が示す並ぶ関係が，並んで同じ方向を見ながら語り合う関係になるのなら，本章で述べてきたインタビュー場面や議論の場面は「対する関係」に似ていると思われる。石井（2008）は，フィールドワークにおける，「対する，ならう，並ぶ」関係を示し，対する関係をフィールドワークの初期

の様子として述べているが，本章で言及してきた「対の構造」は単に初期の様子としてではなく，むしろ「対面し続けられる対話・対決」にある働きがあるとみることができる。

　対の構造でのやりとり・議論だからこそ，他者（たち）と対面しつつ鏡効果のように自分（たち）を見つめなおすことによって互いに異文化を実感し理解するためのカギであったのである。

　目に見える現象レベルでは同じように思われても，その背景で働いている規範や基本原理がまったくの正反対の場合，対の構造がないとなかなか異なる他者として認識しづらい側面があるだろう。また，対の構造自体も，揺れ動く葛藤の対の構造から，安定した異なる論理が成り立つような対の構造に変わっていた。葛藤や揺れの中で安定した対の構造になることによって，異なる他者として異文化を受け入れることになるのではないか（最低限，認識レベルでは）。

　このような対の構造での多声性を意図的に授業や文化交流の場に持ち込むことは，文化理解のための有効な実践活動にもつながると考えられる。一方的に都市を眺めながら観光するような形での文化理解ではなく，戦争の状態のようなまったくの敵対状態で相手をやっつける形でもなく，ある程度信頼する平和な状態での実践活動のヒントである。

　筆者は自分が受け持つ授業「東アジア比較文化論」では，留学生と日本人学生，そして韓国人という筆者の位置を活用して，授業の中で常に「対の構造」を作り出し，多声性に直面させるという活動を行っている。常に当たり前のように了解されてしまっている事柄に対して異なる視点を持ち，他者性（他文化・異文化）に気づく最初の段階には有効であると思われる。

　しかし，対の構造が安定的に成り立つようになると，今度はまた常に文化を固定的に捉えてしまいがちな弊害もまたあるかもしれない。たとえば，次のような場合を想定することが考えられる。韓国人は友だちとおごり合う関係こそ，分け合う共食関係であり，相手との関係をうまくつくっていると思う。そして，おごりは友だち関係における小さなスキルとして捉えることも可能である。一方日本では，割り勘にしてこそ，友だち関係において力関係などのトラブルが起きない平等な関係であり，これこそ母たちのしつけの論理でもある。

　だが，韓国のおごり現象と日本の割り勘現象を取り上げ，議論を重ねつつ発

表していくと，韓国ではおごりが常に優位に固定的に存在し，日本では割り勘が常に優位に固定的に存在しているかのように，日韓両国の違いばかりが強調されがちになりかねない。等身大の個々人は常に状況に合わせ適切に選択しながら行動していることを忘れがちになる。

　理屈・観念のレベルでの文化理解ではなく，異なる場において直接体験しながら生活をするといつの間にか心情レベルでも異文化を理解し，気がつかないうちにすでに行動に出たりすることもあるだろう。しかし，本章で示す対の構造での多声性の体験は，まずは認識レベルの段階で大いに活用のヒントがあるということにとどめておく。

　本章のタイトルは「文化差が立ち現れる時・それを乗り越える時」となっているが，10年以上行ってきた本共同研究のプロセスから考えてみると，「差が立ち現れる時」は，違和感や葛藤・不愉快など（または反対に新奇さ，面白さ，愉快など）の情動体験が伴う時である。そして「差が立ち現れる時」は，自分（たち）と相手（たち）の違いが対立することによって自分たちのやり方も相手たちのやり方も「文化」として立ち上がる瞬間でもある。立ち現れてくる「自文化」や「他文化」を同時に捉えることにより，互いに理解への広がりは体験できるが，それがそのまま，「乗り越える」ということに簡単につながるわけではない。「乗り越える」準備，乗り越える可能性は潜在的に持っているのかもしれない。差の立ち現れの体験が，すぐ乗り越えることには直結しなくても，「差の立ち現れ」を体験することによる認識レベルの変化が起こることの意味は大きいと考えるし，実際に互いに「乗り越える」という体験に至るには，終わりなき議論のプロセスが必要であり，そのプロセスの道のりはとても長く忍耐力が必要であるだろう。

注

[1] 本章と関連する内容は Oh, Pian, Yamamoto, Takahashi, Sato, Takeo, Choi, & Kim (2005), 呉・山本・片・高橋・サトウ・竹尾 (2006), 呉・サトウ・高橋・山本・竹尾・片 (2008) にそれぞれ部分的に書かれており，さらにこれらを一つに再構成して，呉 (2011), 呉・竹尾・片・高橋・山本・サトウ (2012) にまとめられている。本章は，呉 (2010) に一部修正加筆を行ったものである。

[2] 本章で捉える「差の立ち現れ」を扱えるテーマは本書全体で検討している通り多岐にわたるが，論を見やすくするため，本書ではおごり・割り勘テーマのみを用いる。また，おごり・割り勘現象に関して，日韓のデータだけで日韓の研究者のみが議論したのではない。4か国のデータで4か国の研究者が議論したりもしたが，日韓の現象や議論がもっとも著しかったのと，日韓の議論がもっとも長く検討されてきたので，本章では便宜的に日韓中心に述べていく。

[3] 本章では，「日本人研究者たち」という表現をしばしば用いるが，その表現は日本人の共同研究者全員を意味するのではない。たった一人の発言であっても，個人の研究者としてではなく，「個人を超えた日本人」として受け取ってしまう現象が私（執筆者）に起こっていたことを示しており，そういう現象は本章においてとても重要なこととして捉える。

[4] ここで書いている，韓国人研究者の変化や日本人研究者の変化については，特に執筆者である呉の感覚が強く反映されていることを示しておく。この部分に関しては，自分は多声性的なやりとりによる認識の変化からおごりたいと思うことはないと言う研究者もおり，全員が同意されているわけではない。しかし，筆者の体験では，この研究者からもおごられたことがあり，また一緒に「割り勘でおごり」をしたこともある。

引用文献

石井宏典．(2000)．「同窓会」という共同の物語――沖縄のある集落出身たちの並ぶ場所．やまだようこ（編）．人生を物語る――生成のライフストーリー．(pp. 113-142)．ミネルヴァ書房．

石井宏典．(2008)．ならいとずらしの連環：那覇・新天地市場の形成と展開．サトウタツヤ・南博文（編）．質的心理学講座3 社会と場所の経験．(pp. 45-76)．東京大学出版会．

桑野隆（2002）．バフチン 新版＜対話＞そして＜解放の笑い＞．岩波書店．

Oh, S., Pian, C., Yamamoto, T., Takahashi, N., Sato, T., Takeo, K., Choi, S., & Kim, S. (2005). Money and the life worlds of children in Korea: Examing the phenomenon of ogori (treating) from cultural psychological perspectives. *Maebashi Kyoai Gakuen College Journal*, 5, 73-88.

呉宣児・山本登志哉・片成男・高橋登・サトウタツヤ・竹尾和子．(2006)．異文化理解における多声性の方法（マルチボイスメソッド）――子ども同士のおごり合い現象をどう見るかに焦点を当てて．共愛学園前橋国際大学論集，6, 91-102.

呉宣児・サトウタツヤ・高橋登・山本登志哉・竹尾和子・片成男．(2008)．インタビ

ューにおける〈声〉と〈文化〉——「多声性」と「対の構造」に焦点を当てて. 共愛学園前橋国際大学論集, 8, 235-245.
呉宜児. (2011). 異文化理解における対の構造のなかでの多声性:お小遣いインタビューでみられる揺れと安定を通して. 山本登志哉・高木光太郎（編）, ディスコミュニケーションの心理学:ズレを生きる私たち. 東京大学出版会.
呉宜児・竹尾和子・片成男・高橋登・山本登志哉・サトウタツヤ. (2012). 日韓中越における子ども達のお金・お小遣い・金銭感覚:豊かさと人間関係の構造. 発達心理学研究, 23(4), 415-427.
やまだようこ. (1987). ことばの前のことば:ことばが生まれるすじみち1. 新曜社.

第4部

おこづかい研究を振り返る視点
新しい文化の心理学に向けて

終章

おこづかい研究と差の文化心理学

山本登志哉

1. はじめに

　おこづかいは，一見とても些細な現象である。ところが子どもにおこづかいの話を聞いたり，大人同士でおこづかいに関する思い出を語り合っていくと，意外なほどに盛り上がることが多い。おこづかいの中には実はいろいろな親子の物語があり，友だち関係の歴史があり，そして自分が成長変化していく姿が映し出されてくる。大人でも今現在の自分のおこづかいについて人と語り合ってみると，そこにどれだけ自分の人生が織り込まれているかに気づいて，きっと驚くことだろう。おこづかいにはその人の生き方が，そしてその人の生きる社会の，文化の，時代のありようが映し出されていく。
　その豊かさが私たち共同研究者を魅了した。研究上の背景も，個人の成育歴も，社会文化的な背景もまったく異なる人々が，このテーマにだんだんと引き込まれ，時に口角泡を飛ばす議論を続けたのも，その現象の豊かさゆえだと思える。
　本書第9章にもあるように，サトウタツヤはこの研究で韓国の子どもと語り合うことから，ひとつの重要な発想を得た。それはその後おこづかい共同研究とは並行してサトウがヴァルシナーらと国際的にも展開させていったTEAの議論にも直接つながる。

後述のEMSとの関係で言えば，EMSが人間の社会的相互作用の一般構造を図式化し，文化的に生きる人間の分析に必要な要素とそれらの関係を示すツールであるのに対し，TEAを構成するTEMはその相互作用の歴史的な展開を図式化するツールとなる。EMSという形式にとっての内容の時間をとり込んだ分析方法のひとつを，TEMが可能性として示している。

　また，そこで示された複線経路のあり方は，その可能性の範囲の違いを文化として理解してみれば，本質的に多様性を持ちつつある種のまとまりを持つものとして人々に認識される「文化」の現れ方を図示する，ひとつの方法となりうる。そのような文化理解のあり方は，差の文化心理学が最も重視するポイントのひとつであり，ここでもTEMというツールは，EMSの議論の内容について，それを具体的に記述する手段となりうる。

　TEMの例にあるように，おこづかい現象はそこから多様な議論を生み出し，さらにそれらが有機的に作用し合って新たな展開を生む可能性を与えている。そういう豊かさも備えた現象である。

　私たちは一連の共同研究を通し，この興味深い現象を心理学的に論ずる理論的問題についても検討を続けてきた。その議論は主として次のような問いをめぐって行われた。第一に，おこづかいとは一体何か，そしてそもそも貨幣とは心理学的に言って何か，子どもが発達の過程において貨幣について学ぶとは，一体何を成立させていくことなのか，という問題である。これについては，私たちは「文化的道具としての貨幣（money as a cultural tool）」という視点にたどり着いた（Yamamoto, & Takahashi, 2007）。第二に，文化とは何か，文化の心理学的研究とは何か，という問題である。この問題について私たちは「差の文化心理学（cultural psychology of differences）」という新たな研究の視座を提起した（Yamamoto, Takahashi, Sato, Takeo, Oh, & Pian, 2012; 山本，2013, 2015）。第三に，貨幣を含む文化的道具を用いて他者と共に生き，またその中で不断に文化的集団なるものを機能的に実体化（functionally substantialize）し，さらにはその文化現象を対象化して研究する，という一連の文化的実践行為を可能にしている人間の心理学的構造は何か，分析の基礎単位となる概念ツールを問うことであり，この問題について私たちは「拡張された媒介構造」（EMS: Expanded Mediational Structure）の概念にたどり着く（Yamamoto, & Takahashi,

2007; 山本，2011）。

　また先行する関連諸研究と比べた場合，それらの理論的視座を生み出した私たちのおこづかい現象をめぐる共同研究の特徴は，次の三つの点にある。

　第一に，「おこづかい（韓：용돈，中：零花 錢ﾘﾝﾌｱﾁｪﾝ，越：tiên tiêu vặt）」という資源をめぐるやりとりから，子どもの発達を考えてみる切り口である。山本と高橋（Yamamoto, & Takahashi, 2007）が概観したように，これまでお金という特殊な資源の子どもの理解をめぐる研究は，「おこづかいをいくらもらっているか」といった素朴な実態調査であったり，お金の社会的機能についての知的な理解の発達という角度から分析されることが一般的であった。それに対して本共同研究では，資源をめぐる対人関係構造のあり方と発達的な変化，という観点から研究を進めてきた。ここで言う対人関係には親子関係もあれば，友だち関係もあり，またその周囲の人々との関係も含み，「自立」の問題も，子どもと周囲の人々との関係性の変化という角度から見ることで，その中に含めることができる。

　第二に，そのような「おこづかい」の問題を，子どもの文化的な発達を表す現象として把握する視点である。お金（貨幣）は通常商品交換の媒体，価値の徴表，価値貯蔵の手段といった3機能を持つ「経済的道具」として理解され，市場経済社会では個々の文化に依存しない普遍的なツールとして扱われているが，すでに本書で繰り返し示してきたように，それをいったん具体的な人間関係の中に置いてみると，その働きは極めて文化的なものであると見える。私たちはお金を単に「経済的道具」としては把握せず，経済的道具をその特殊事例として含む「文化的道具」と理解し，子どもの文化的な発達の具体的な姿をおこづかい現象に見出す道を選んだのである。

　第三に，「おこづかい」の持つ文化性を，異なる文化的な背景を持つ研究者間の対話から浮かび上がらせる「差の文化心理学」（Yamamoto, et al., 2012; 山本，2013, 2015）の方法を用いた。私たちはそれぞれお互いの社会を訪問し合い，家庭におじゃまして子どもや両親にお話を伺い，また街角で子どものお買い物を観察してインタビューをしてきた。さらに学校で質問紙調査も行っている。そこで私たちはさまざまな驚きの体験と共に，たしかに「異文化」に出会ったという確信を抱いた。だがそこで私たちが出会った「文化」とは一体何だろうか。

それはどのように記述が可能だろうか。心理学ではあまり本格的に論じられることのない，そして人類学でも多様な議論が交錯する（Geertz, 1988）難しい問題だが，私たちは文化研究をそれ自体が文化的実践的活動の一部として理解する視点から，ひとつの心理学的な道をたどった（山本，2015）。

このうち第一についてはこれまでの章で具体的なデータを基にさまざまに論じられた。本章では第二と第三の問題について理論的な整理を試みる。ただしここで述べられることは研究の中で試行錯誤の中から見通されてきたものであり，私たちの研究の全体がそのような視座によってあらかじめ整合的に構成されているわけでもない。後述のEMS概念を用いれば，ここで述べることは，文化現象という対象（object）をめぐって，私たち研究者という主体（subject）が，ゆらぎつつ模索しつつ行ってきた研究実践という文化的行為の中に対象化される規範的媒介項（normative mediator）の理念的な描出である。それは本研究の延長線上に像を結ぶ理論的な視座と言える。

以下，東アジア地域での貨幣やおこづかいに関する歴史的な状況のごく初歩的な概観ののち，資源の交換活動の中でおこづかい現象を考える視点から，動物の系統発生の中で特に親子間の資源配分活動に注目し，その中で極めて人間的な資源配分活動としておこづかい現象が成り立つことを，所有に関する法社会学的な議論を参照しつつ述べる。次に，人間的な資源配分活動には貨幣が媒体として用いられるようになるが，その市場交換の媒体が贈与的関係の中で子どもに提供され，また用いられ方においても贈与的行為を媒介する部分が重要な意味を持つのがおこづかいであることを述べる。

次にそのような交換媒体としての貨幣を可能にする人間の心理学的構造を，文化心理学の「道具」の概念を参照しつつ整理する。続いて，それらの心理学的「道具」に媒介された社会的構造が個体発生的にはどのように形成されるか，その「道具」が文化性を持つ理由は何かを明らかにする。その上で，「道具」の概念を組み込みつつ，文化性を持った人間の社会的行動を一般的に表現する分析単位としてのEMS概念を説明する。

以上の準備の上で，幻想的性格（虚構性）と実体性の矛盾を文化の本質的属性として説明し，その矛盾の解法のひとつとして差の文化心理学を位置づけ，さらに文化が機能的に実体化していくプロセスを，EMS概念から説明する。

そこから我々の文化研究それ自体がひとつの文化的実践行為としてのみ成り立つことが導かれ，研究主体と研究対象の関係が EMS 概念を用いて明らかにされる。差の文化心理学はそこで異質な共同性を持つ者同士の対話的コミュニケーション行為として展開するものとなり，本書の第 1〜3 章の意義が，その視点から説明される。

2. おこづかいとは何か

2-1 おこづかいの歴史

最初に東アジア地域での貨幣とおこづかいの歴史について，最小限の概観をしておきたい。

「おこづかい」は貨幣の形で子どもに与えられる資源であるが，それは通常はその額もたかがしれており，人間の経済現象の中で中心的な位置を占めることもありえない。

その貨幣について歴史的に見れば中国では周の時代，春秋期（紀元前 770-403）にはすでに鋳造貨幣が各地で見出されており，秦代（紀元前 221-206）には中央集権制の成立と共に貨幣の統一も試みられる。

その後東アジア地域では漢代（紀元前 206-紀元後 220）以降，3 世紀余りほぼ分裂下にあった中国を隋（581-618）や唐（618-907）が改めて統一し，巨大政権を誕生させたことに伴い，新羅による朝鮮半島の史上初の統一（井上秀雄（訳）．1980『三国史記』文武王 14 年）や，唐＝新羅連合軍に敗れた倭の諸勢力の中央集権化や「日本」という国号が使用され始める（宇治谷孟（訳）．1992『続日本紀』（上）p. 67；石原道博（訳）．1986『旧唐書倭国日本伝』）など，周辺諸地域にも激変が起こる。ベトナムは当時紀元前 203-111 にかけて VietNam の呼称が最初に国号となった南（Nam）越（Viet）国が滅びたのち，再び中国中央政権の長い統治下に入っている。

このような時代背景の中，唐代の 621 年に鋳造された銅銭「開元通宝」が交換手段として本格的に利用され（斯波，1996），やがてこれら中国銭は東アジアの周辺社会にも大量に輸出されてそれぞれの社会でも通貨として長く利用され

ていく。日本では北九州などで弥生時代（紀元前5世紀頃〜後3世紀頃。開始時期には諸説）の遺跡から中国新代（紀元後8〜23）の中国貨幣も発掘されているが，史料で流通状況に言及される時期はやはり683年まで下る。銀銭がある程度流通していた記録が見え（宇治谷孟（訳），1988 日本書紀，天武天皇12年4月15日の条），708年には官製鋳造銅貨の最初の記述が見られる（元明天皇 和銅元年1月11日の条）。

そのように唐を中心に東アジアで徐々に市場に流通し始めた貨幣が，やがて子どもの手にも渡るのはいつ頃のことか，歴史的におこづかいがどこまで遡れるかを実証的に明らかにすることは困難である。ここでは筆者が現時点までに折々に接したごく限られた断片的資料を紹介するに留める。

ところでこれまで本書ではおこづかいについて特に区別せずに検討してきたが，子どもに与えられる貨幣のうち日常的な交換に利用される狭義のおこづかいと，正月に与えられるお年玉とは，歴史的に異なる発生経緯があった可能性がある。記録に最初に出てくるのは，呪術性を持ったお年玉の系列である。そこでまずは両者を分けて状況を見てみよう。

中国では，貨幣自体が呪術的力を持つと考えられていたことから，貨幣をかたどった「厭勝（圧勝）銭」などと呼ばれるお守りが漢代（紀元前206-後220）以降の記録に残り，民俗として現代に至る（周韵，2011）。一種のお守りとして子どもに銭を与える習慣については唐代に玄宗が楊貴妃の生んだ子どもに「洗児銭」を与えた記録もある（司馬光，1084『資治通鑑』）。お年玉もこのような「圧勝銭」の流れを汲むと考えられ（施慧，2010; 佚名，2014），飛んで清代（1644-1912），敦崇の『燕京歳時記』（1906）には北京の風俗としてお年玉に関する記録が見られる（p. 238）。民国期の映画にもお年玉をめぐる上海の富裕層の子どもの物語が描かれ（張石川監督，1937『圧歳銭』），今も広い階層でふつうに見られる。ベトナムで見出され，日中韓の研究者を驚かせた「子ども間のお年玉交換」のやりとりも，そのような呪術性を伴う貨幣の贈与という歴史的背景を持って成立した可能性が見える（p. 138）。

次にこの呪術性が背景に退き，たんなる市場における交換の媒体として子どもに渡されるおこづかいについてはさらに記録が残りにくい。中国では少なくとも清末・民初に北京の子どもが小銭を渡されて食べ物を買う場面についての

記録（鳥山，1942: 58）が見える。おこづかいは貴族・富裕層や都市部に限られる現象ではない。中国西双版納傣族自治州のまだ伝統的生活を残す少数民族農村地域で行った調査（山本・片・渡辺，2006）では，比較的貧困な家庭でもおこづかい現象はふつうに見出され，ベトナム農村部でも同様である（第6章）。

日本では少なくとも江戸時代（1603-1868）には江戸の庶民層の子どもたちは1日1文から2文のこづかいをもらっており，数日で絵本が買えたという（上，1991; 森山・中江，2002）。子どもが銭を投げたりメンコのようにして遊ぶという記録も見出せる（喜多村信節，1830, p. 454; 脇坂義堂，1803）[1]。また商家の丁稚は年2回の藪入りに際してお金を渡されたり（落語「藪入り」），丁稚の機嫌取りに乳母が時々小銭を与える話もあり（永井堂亀友，1773），寺子屋では紙や筆記用具を子どもたちが売買することが禁じられるなど（江戸教育事情研究会，2004），この時期すでに都市部で子どもの世界にお金は身近に入り込んでいる。

明治時代（1868-1912）でも貧困層でこづかいを渡すことはよく見られ，興味深いことに貴族富豪よりも多額にわたることが報告される（共同長屋探見記 児童二人の小遣銭十銭に上る（pp. 258-259）『明治東京下層生活誌』中川清（編）．1994所収）。1909年の『実用家庭百科全書』には，子どもにこづかい銭を渡すことの是非がそれ以前に研究されたことが紹介された上で，どのようにこづかいを渡すべきか，すでに家庭教育の一要素としてこづかい銭問題が取り上げられる（小原・物集・三原・岸・木村，1909）。

これらの事例を考えても，おそらくある程度日常生活の中に貨幣が浸透すれば，貨幣が持つ呪術性を超えて，子どもに分与された市場交換の道具としての通俗的な「おこづかい」も自然に発生し始めることは間違いないようである。しかしその時期の経済活動全体の中ではまったく周辺的な些細な問題に過ぎないことは同じである。

そのような「些細な現象」であるにもかかわらず，貨幣を子どもに渡すことについて大人が持つ危惧は決して小さくはない。それは貨幣があらゆる商品と交換可能である，という一種の万能性を有する「魔法の力」を持ち，貨幣の使用は欲望の構造化と本質的関わりを持つからである（山本・片，2000）。その濫用は危険で大人はその使われ方について強い関心を持たざるをえない。ベトナムのインタビューでも「薬物購入」といった深刻な社会問題との絡みで子ども

にお金を渡すことの危険性が親から語られ，恐喝，カツアゲといった非行問題にも絡んでくる（内藤，2000; 山本・高橋・安蒜・辻井・濱中・松嶋，2003）。

本書でも周念麗がその重要性を説くが（第5章），お金をどう使うかは現代社会の中で「生き方」の重要な部分を構成し，それゆえ，子どもに対する金銭教育は大きな意味を持たざるをえない（金融広報中央委員会，2013; あんびる，2004; キム，2004; Duey, & Berry, 1996; 王瑛, 1998; 楊長江, 1999; 西村, 1999 他多数）。

これらの危惧にもよく表れるように，おこづかいという一見小さな現象は，その背後には人の社会文化的生活と関わる深く広大な問題領域が控える。ここでは少し視野を広くとり，まずは資源配分の系統発生という問題に位置づけて考えてみたい。

2-2 資源としてのおこづかい

人もその一員である動物にとって，資源を如何に獲得するかは生存に直結する最重要課題のひとつである。種によっては資源獲得を個体レベルで行うものもあれば，同種個体によって形成された集団である群れが主体になって狩りをしたり，さらには蟻のように「農業」や「牧畜」を集団的に行うものまで存在する（Littledyke & Cherrett, 1976）。

とりわけ集団的な資源獲得を行う場合には，あらかじめ個体数に十分な資源量がある場合は問題ないが，それが限定されていたり，あるいは獲得資源の中に質的な優劣がある場合は，資源を個体間でどのように配分するかが大きな課題となる。

個体間が縄張り制（territoriality: Howerd, 1920）によって資源配分を調整するシステムを持つ種では，縄張り形成・維持時以外には資源の争奪は通常生じない。しかしその種にとって群れることに何らかの利益がある場合は，必然的に群れ内部の個体間で日常的な資源の争奪が起こりうる。このような状況では，その都度の闘争は不経済でもあり，あらかじめ群れ内部に決められた優先順位によって配分を決める順位制（dominance hierarchy: Perrin (1955) の pecking order の発見）など，群れ内部での資源配分にかかる権力的関係が発達する。

もちろん資源配分の問題を個体間の争奪の側面からだけ理解することは適切ではない。魚類で孵化した幼魚の保護を親が行う育児行動が見出されるが

(Helfman, Collette, & Facey, 1997), 個体が自分以外の個体の利益のためにエネルギーを消費する, という意味ではこれも広義の資源配分と言える。胎生は海綿動物ですでに広く見出されるが (山岸, 1995), 胎盤が形成されればすでに栄養という資源の親から子への持続的な分与が成立している。給餌行動はさらに進化した親子間における資源の分配活動で, 鳥類・ほ乳類には広汎に見出され, 昆虫類にも例がある (齋藤, 1996)。

育児行動は親子間や真社会性 (eusociality) の動物など, いわゆる血縁選択 (kin selection) で説明可能な資源の分配行動であり, カワセミ (Alcedo atthis) などで見られる求愛給餌 (courtship feeding または婚姻ギフト nuptial gift) は生殖活動の中で成立する資源の贈与的な分配行動である。だが育児や繁殖に直接関わらない資源の分配行動も存在する。それはベギング (begging おねだり行動) によって引き起こされる食物分配ないし再分配行動で, チンパンジー等で順位が上位の個体が持つ肉を下位個体が分かち与えられるといった現象である (西田, 2001)。このような食物配分が群れ内部の社会的関係によって方向づけられ, あるいはその維持・形成に資する時 (西田, 2001), 資源の獲得は自己消費を越え, 「他者の消費」を予定した新たな質を視野に入れ始め, その先に資源の活発な交換によって成り立つ人間社会が見えてくる。

ここでヒトという種の資源の獲得法が持つ重要な特徴は, 資源が集団的・社会的に獲得・生産され, かつその生産活動はすでに自己の消費という目的を離れ, 贈与や交換, 配分を通した他者による消費をあらかじめ目的として行われることに中心的な意義が移行することである。さらに真社会性動物との決定的な差違は, 第一に他者による消費が自集団内部における分配・再分配のレベルを超え, 親子や兄弟姉妹関係などの血縁関係を超えた他集団との間の贈与や交易活動によって経済行為として実現されるようになり, 第二にそのような行為が記号媒介的な活動として成立することである。ここに広汎な資源の交換と流通という極めて人間的な行為が成立する。

さらに注目すべきことは, 血縁や生殖などの関係を超えて成立する食物配分の起源は, どうやら親子間の資源の配分に求められそうだということである (西田, 2001)。ヒトの個体発生過程を考えても, 少なくとも今回の私たちの調査データの範囲では資源の配分はまず親 (養育者, 場合によってはその周囲の

大人を含む）から子への配分から始まり，やがて友だち間へと拡がり，最終的に社会的な資源の配分関係に子どもが参入していく。その意味で，系統発生的にも個体発生的にも親から子への資源配分は，その後の多様な資源配分の基礎をなす重要な意味を持っていることになる。「おこづかい」もまた，明らかにそのような最も基本的な関係の展開の中に生まれてくるものである。その意味で，「おこづかい」は生物としてのヒトの社会的な発達と生存の根幹に触れる問題となる。

2-3 法社会学における媒介構造としての所有関係と子ども

以上のように子どものおこづかい現象は，大きく見れば動物の進化の過程に位置づけ，それとの連続性の中で考察することもできる。だがヒト以前の動物種と人間社会における資源配分の間には，重大な質的な差も存在する。

ここで目を社会科学の領域に目を移せば，人間の社会的行動，とりわけ資源の獲得・流通・消費は，二個体間の関係をはるかに超えて，極めて複雑な媒介関係を有している。たとえば資源をめぐる社会的な概念システムである「所有権法」の史的展開と近代的構造に関する，川島（1949）の法社会学的理論に見られるように，近代的市場経済における商取引を法的に基礎づける所有権概念が，国家権力に媒介されながら，主体とその所有物の関係を法的に媒介する構造の中に成立する。人間の所有権概念の史的展開過程は，この媒介構造の変遷として把握される。当然そのような社会的概念を媒介した交換と所有関係の成立は，言語空間といった記号媒介的な精神過程を必要とし，他の動物種の所有関係では見出せない。

山本は人間における所有の個体発生に関する発達心理学的な研究の中で，この法社会学的な所有権に関する歴史的研究を参照し，資源をめぐる調整構造としての人間の所有は，発達のごく初期から多様で多重的な媒介関係の中で社会的に成立するものであることに注目し，乳児期や小学生の所有行動や幼児間，友人間，親子間の所有関係について，一連の研究を行った（山本, 1991a, b, 1992; 山本・片, 1996 等）。

自然人類学の中でも，系統発生的に見ればチンパンジー（*Pan troglodytes*）まで優勢な順位制は，ボノボ（*Pan paniscus*）で明確に崩れ始め，やがて狩猟

採集民の平等制社会（egalitarian society）に移行するという議論があるが（伊谷，1987），実際日本と中国で行われた実証研究の結果，順位制概念で人間の子どもの集団構造を分析しようとする一連の主張（Strayer, & Strayer, 1976; Omark, Strayer, & Freedman, 1980など）に反し，①人の幼児集団では順位制による単純な支配＝被支配の関係構造は日中のサンプル共に機能しないこと，②すでに2歳前後から「先占の相互的な尊重」等，主体間に平等に「権利関係」を認めて初めて成り立つダイナミックな資源の移動関係に入ること，そして③そのような早期から，人の所有行動は明確な文化差を表しはじめることが明らかであった（山本，1991a, 1997, 2000, 2006; 山本・張，1997; 山本・張・片，1999）。

　資源の個体間移動や交換を成り立たせるダイナミズムを持つ所有関係は，人では幼児期初期から可能となるが，人為的には言語を習得させることもぎりぎり可能な類人猿であってもそれは見出しがたい。法的な媒介関係を有する人の所有制度や，それに媒介される経済関係も，この所有のダイナミズムの中で初めて可能になり，おこづかい現象はそうした人間的資源配分活動の一部としてのみ成り立つ。

2-4　貨幣という交換媒体と贈与的関係の中のおこづかい

　ダイナミックな資源の社会的交換活動は，やがて貨幣という特殊な交換媒体を生み出していく。貨幣にはやがて自己増殖する資本としての性格が生ずるが，子どものおこづかい現象を論じる本稿では，さしあたり交換媒体としての貨幣の次の2つの特殊な性格に注目する。

　第一に貨幣（自然貨幣，金属貨幣，紙幣，電子マネーなど，その具体的様態は問わない）はそれ自体を所有・自己消費することに最終目的があるのではなく，他の商品と交換されることによって初めて意味を持つ。すなわち貨幣は「他者の手に渡ること」によって，間接的に自己消費の対象を獲得する特殊な社会的資源である。第二に，貨幣は商品という多様な欲望対象と交換可能な「魔法の力」を持ち，それによって市場交換という社会経済的活動の媒体として，自己消費のための資源を獲得する経済的道具である。

　子どものおこづかいは貨幣の形で配分されるが，子どもがおこづかいの意味を理解することは「専ら他者による消費を予定した資源の所有」という，その

高度な所有形態が取れることであり，また先述のように貨幣が持つ「魔法の力」を知り，交換行為を通して自らの欲望を社会的に生成すると共に（第7章を参照のこと），その欲望をコントロールして「魔法の力」を適切に市場において行使する力を獲得することである（山本・片, 2000）。すなわち子どものおこづかいは，資源配分をめぐる人間の複雑な社会構造の中に，その媒体である貨幣として組み込まれており，徹頭徹尾社会的な道具として子どもに修得されていく。

ただし，子どものおこづかいは市場交換の媒体としての貨幣とは異なる側面も有する。おこづかいという貨幣は，労働力の対価としての貨幣のようにそれ自体市場交換によって子ども自身が獲得する物ではなく，大人が獲得したものを「贈与」されるものだからである。結婚式のご祝儀など，貨幣が贈与対象となることは子どものおこづかいに限られないが，おこづかいの獲得は贈与的形態が中心となる点で，大人にとっての貨幣とは異質である。

貨幣経済が家庭生活にも深く浸透した社会では，家庭でのお手伝いの対価としておこづかいが与えられる場合もある（VISA インターナショナル, 2004; あんびる, 2008）。だがそれは経済活動としてではなく，あくまで「お金はただで得られるものではない」ことを体得させる教育的活動として行われ，その証拠に子どものお手伝いには労働市場は成立しない。アメリカでは機会を見つけて子どもに家の前でジュースなどを売らせ，その収益を子どもに与えるといった例も見られるが（榊原, 2001），これも市場経済活動の「売り手」という役割を修得するための教育の意味合いが強いと考えられる。

第1章（p. 9）でも述べられているように，お手伝いは家族の一員として子どもが義務として行うべきと考えられ，対価が払われることに倫理的反発を感じる子どもも各地で見出される。すなわち家庭という共同体内における資源の再配分は市場経済的な交換関係として成り立っているのではなく，贈与的形態を取ることが基本と考えられている。おこづかいもそのような「贈与」の一種として成り立つ。

したがっておこづかいは子どもへの一方向的な贈与的関係によって得られ，ベトナムにおける子ども同士のお年玉の配り合いに見られるように，贈与交換的に用いられることもあり，そして市場においては商品交換の媒体として用い

られる，という複合的な性格を持つ。おごりはそのような貨幣の複合的性格をよく表す現象のひとつである。おこづかいを与えられて使う子どもは，そのような多様な質を持つ関係の中でおこづかいという経済的道具を獲得し，また使用する。

3. おこづかいとEMS

3-1 文化的道具と精神の媒介構造

以上，動物における資源配分関係の展開からヒトにおける社会経済活動の特殊性に言及し，その活動を媒介する経済的道具としての貨幣の性格に触れ，子どものおこづかいが共同体内部の贈与的な資源再配分関係と市場経済における交換関係の狭間に生ずる貨幣であるという性格づけを行った。

次に私たちが考えるべきは，そのような貨幣という道具は単なる経済的道具ではなく，文化心理学が人間精神の本質と見た媒介構造の中の媒体としての性格を基礎に持つことであり，かつ比較文化心理学が明らかにしようとする文化差を持つ文化的道具である，ということについての理論的整理である。そこでまず，貨幣を文化的道具として成り立たせている心理学的構造を整理しておきたい（Yamamoto, et al., 2012; 山本，2013, 2015）。

文化的道具（cultural tool）という概念は，心理学史に位置づければヴィゴツキーの道具の概念（ヴィゴツキー，1987。原著は1927）につながる。彼は人間の精神活動を系統発生的に位置づけ，チンパンジーなどに見出される物理的道具を用いた媒介的活動，すなわち「主体」が「道具」を用いて「対象」に働きかける活動の次の段階としての，「主体」が「記号」を用いて「対象」を指し示す人間の精神的活動の媒介的構造を重視する。

そこで人間の精神を成り立たせる「記号」は，決して個人内部の心的活動によって生み出されるものではない。「記号」を代表する「ことば」を考えてみれば分かるように，それは個人が生きる社会的環境の中に，すでに一定の意味を持つ媒体として流通し，関係を構造化する。その社会的なことばは，人間がそれまでの歴史的・社会的実践活動の中で生み出してきたものである。その意

味で人は歴史社会的に形成されたことばという記号を利用して，精神活動を行うのであり，その限りで人間の精神はそもそも本質的に歴史社会的な存在と考えざるをえなくなる。のちにヴィゴツキーの系譜の上に成立する文化心理学は「心が文化化される」と考えず，「心そのものが文化である」として，これまでの心理学における個体主義的な「心」の概念を根底から改変しようとするが（Cole, 1998），その基本的な発想はヴィゴツキーのこの記号の概念に負う。

ただしこの記号的活動の成立過程は，単なる歴史社会的に準備されたものを一方的に個体に刷り込まれる過程と考える必要はない。仮にそのように一方的な刷り込み的関係を想定してしまえば，文化が常に動的に変化していく側面が見失われることになる。文化継承の場である発達の最近接領域（ZPD）も創発の場として理解可能である（高木，2001）。またワーチが注目するように（Wertsch, 1998），バフチンの「声」の概念は示唆に富む。主体の発することば（声）は，常に既に他者によって語られたことばの収奪（присвоение, appropriation）として生み出される。つまり，他者の語り方を借りてその用法に従いつつ，そこになお自己の意味を重ねて自らの声として発する。子どもの言語発達も，大人や他者のことばを子どもが自己流に工夫して使い，それを調節してコミュニケーションを円滑にしていく。「声」はそれ自体が社会的であり，かつ同時に個人的なものとして成立する。

3-2 人の所有行動を可能とする媒介構造の発生過程

さらに山本は，人ではなぜ他の類人猿とは本質的な違いを持つ所有行動が，記号的活動の形成期にすでに文化差を持ち始めるのかについて，発達心理学的観点から理論的整理を試みた。

対人関係の中での乳幼児の認知的発達では，三項関係の成立（山田，1977, 1978）から社会的参照行動（Sorce, Emde, Campos, & Klinnert, 1985）などの共同注意（joint attention）への発達過程が重要な意味を持つ（大藪，2004）。日本には間主観的認識の発生過程に注目し，ヴィゴツキーとは異なる観点からピアジェの発達理論の限界を原理的に乗りこえる一連の重要な研究が 70 年代からある（鯨岡，1970, 1979, 1980; 浜田，1983, 1984, 1988; 麻生，1984, 1988）。山本も能動と受動の図地反転的構造を人間の間主観的な認識や行動の基盤に据え，ピアジ

ェのシェマ概念を批判的に検討しつつ，その後の発達を分析した結果，2歳台で第三者の目を気にしながら物を介したやりとりを行う「三極構造（triad structure）」が成立することが見出された（山本，2000）。そして幼児におけるこの構造の生成が，所有関連行動を含む幼児の自律的な人間特有の集団行動を可能にすると考えられた。

　他者に媒介されたこの行動を記述分析する際に山本が注目したのは，二つの媒介構造を持つ行動の発達であった。それは第一に物やことばを介して物的対象や他者に働きかけ，また他者からの物を介した働きかけを受け止める「対象媒介的行動（object-mediated behavior, S1—(O)→S2：ここでSは主体，Oは対象，—（ ）→は媒介関係）」である。第二に人からの働きかけを受けて，他者に媒介される形で対象に対する行動を起こしたり，他者に働きかけて他者の対象に対する行動を生み出させようとする「主体媒介的行動（subject-mediated behavior, S1—(S2)→O）」である社会的参照行動はこの枠組みで成立する。

　子どもは2歳頃，対象媒介的行動と主体媒介的行動の二つを統合し（S1=(O)→S2×S1—(S2)→O≡S1—(O)—(S2)→O）「他者S1に物やことばO1を介して働きかけられた主体S2がことばや物O2を介して働きかけ返す」という形の「やりとり」の連鎖が可能になり，人間の媒介的コミュニケーションを成立させていく（S1—(O1)→(S2)—(O2)→(S1)—(O3)→(S2)—(O4)→……）。そのような複合的媒介構造を持つ行動を山本は「二重媒介的行動（dual-mediated behavior）」として概念化した（山本，1997）。主体がこのような二重媒介性を獲得するのは，人が対象に働きかける能動的主体であると共に，他者からの働きかけを受ける受動的な主体でもあるという，主体の能動＝受動の二重性（—(S)→），すなわち他者に媒介されつつ対象に能動的に働らきかける主体であることにそもそもの根拠がある。このような他者を巻き込んだ間主観的な関係認識と，それに基づく二重媒介的な対象的活動が，ことばの交換や物の交換といった人間的なコミュニケーション行動を可能にする基本構造と考えられた。

　そのような二重媒介的行動は，自他のコミュニケーションがさらに第三者に媒介されることで，自他と第三者を含んだ三極構造を成立させる。すなわち，S3—[S1—(O1)→(S2)—(O2)→(S1)—……]という形で入れ子構造が進展し，S1とS2のやりとりがS3（第三者）に媒介される構図が可能になるのである。

このとき，第三者の調整論理を一種の「規範」として受け入れることで，人に特有の社会行動の基本形は成立する。まさにその理由によって，2歳前後のこの時期から行動の文化差も発生し，3歳にはそれが自律化し，安定するのである。子どもが参照する第三者の関係調整法が文化によって異なり，子どもの行動はそのような文化的関係調整法に媒介されるからである（山本，1997, 2000, 2015）。

3-3 拡張された媒介構造（EMS）と文化的道具としての貨幣

これらの概念は，本書で展開されたおこづかい研究の中の議論を通し，拡張された媒介構造（expanded mediational structure: EMS）の概念に統合的に組み込まれていく。これは社会文化的行動の解釈に関わる基本的概念ツールとして，揺れ動く「文化集団」の形成過程やその社会的な実体化（機能的実体化：functional substantialization）を説明するツールとして，また研究者自身がその中に巻きこまれて成立する「異文化理解」に関する研究の方法論的整理のツールとして用いられてきた（Yamamoto, et al., 2012; 山本, 2013, 2015）。それは人に固有の社会的コミュニケーションの基礎的単位構造を一般に明らかにする目的を有した議論であるため，ディスコミュニケーション分析などでも多様なコミュニケーション現象分析に用いられている（山本・高木, 2011）。以下その概要を述べる。

会話や贈与交換など，系統発生的に人の社会行動を特徴づけるコミュニケーション行動は，二者間のそれとして図式化すれば「主体a—（対象a）→（主体b）—（対象b）→（主体a）—……」といったループとして成立する（図1）。ここで主体aが主体bにことばや物（媒介対象a）によって働きかけるのは，主体bが媒介対象bによって働きかけ返してくることを予定して行われる行為であり，逆に主体bが主体aに媒介対象bを介して働きかけるのは，そのような主体aの意図をbなりに理解し，それに対する応答としてである。すなわちここで媒介対象はそれを差し出す主体の志向性や意図（intentionality）を表すものとして自他に解釈され，それが主体の次の行動を方向付けてコミュニケーションが成立する。

だが，媒介対象であることばや物をどのように理解し，そこにどのような意

図1 対象を媒介した主体間の相互作用ループ

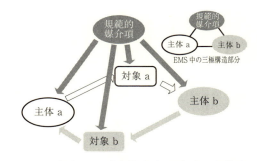

図2 拡張された媒介構造（EMS）と三極構造

図が込められていると考えてどう反応するかは，受け手に委ねられた解釈の問題であり，その解釈が著しくズレる場合にはコミュニケーションは機能しない。コミュニケーションが一定程度安定して持続するのは，主体間で一応やりとりが持続可能なレベルで，媒介対象の意味や各主体の役割について，共有された理解が成立している場合である。そのようにコミュニケーションを調整し，安定的に持続させる働きを持った共有理解は，コミュニケーションについての規範やルール（ことばの意味，文法，やりとりの慣習，倫理観，思想，法観念など）と見なされる。そしてこのような規範やルールに媒介される形で図1のような関係が維持されることになる。図1の構造にこの規範的媒介項を加えて概念化されたのがEMS（図2）である（このうち，規範的媒介項と2人の主体によって構成される部分が三極構造である）。

このような規範的媒介項が個々の具体的コミュニケーションの中でどう動的に生成してくるかはそれ自体議論すべき重要な問題であるが（たとえば大澤，1990, 1992），少なくとも人の子どもにとって大人はその規範的存在としての意味が乳児段階から極めて大きく（麻生，2000），さらには上記のように自分たちのやりとりに第三者的に介入してくる「大人の目」に対しては発達の過程である時期に極めて敏感になり，積極的にその介入論理を自ら取り込んで，自らに理解できた形で利用し始める（山本，2000）。このような第三者に媒介された行動の発生過程には文化差が見出されず（山本・張・片，1999），「規範的媒介項」を求める傾向自体は系統発生的に準備された生得的なものと考えられる。すなわち，人間はそのような規範的要素に媒介される関係構造を動的に生成し続け

259

このような EMS 構造の中に，主体間を媒介するものと位置づけられた対象が，すなわち「道具」にあたり，貨幣はその道具の一種となる。そしてこの貨幣という道具の規範的な使用については，本書で明らかにしてきたように，明確な文化差が存在する。言い換えると，貨幣という道具を通してどのようなコミュニケーションを成立させるか（すなわちどのような内容の EMS を構成するか）は，単に市場経済的な「普遍的」意味に留まらず，極めて文化的な意味づけが行われていることになる。この意味で貨幣は大人の持つ文化的規範意識に媒介され，明らかな文化的道具として子どもに修得されていくのである。

4. 文化と EMS

4-1 文化の本質的な曖昧さと実体性の矛盾

ではそこで論じられている「文化」あるいは「文化差」とは何を意味するのか。通常文化は個人を超えて何らかの集団に共有されると理解されるが，肝心のその「文化集団」の実態がよく分からない。たとえば本研究でも「日本」「中国」「韓国」「ベトナム」，あるいは「北京」「上海」「延吉」「ソウル」「済州」「ハノイ・ハイフォン」「東京」「大阪」といった名称を用いてデータを区分けし，解釈しているものの，そのようなネーミング自体，便宜的なものであるのは明らかである。文化集団の概念はそれを実体化すれば常にある種の胡散臭さが付きまとう（石黒，2010）。

実際中国とベトナムはそもそも著しい多民族国家であり，その地域に見出される文化も実に多様でとても一口に括ることができない。中国では国民の文化的アイデンティティを，各民族の上位に「中華民族」という概念をかぶせて一体化しようとする言説が有力だが，しかしその概念自体もそもそも多様な民族文化の多元一体構造であることを大前提とする（費，1999，2008）。また日本や韓国は比較的「単一民族幻想」が強い社会と思われるが，それが幻想に過ぎないことも明らかである（網野，2000）。

日本人や中国人といった概念自体は，網野の言う「国制」との関係で成立す

るに過ぎず，常に歴史的にも変動し続けるものであり，そのような「国制の下の民」や近代国民国家の概念で文化を切り分けること自体，その妥当性を厳しく問われて当然となる。では私たちは何によって「文化」を担う主体を見出し，それについて語ることができるのか。文化に関わる研究はこの問題に対して何らかの答えを呈示していく必要があり，私たちが模索する「差の文化心理学」はまさにこの問題に心理学的視点から答えようとする。

　ここで私たちは「文化の持つ曖昧さはそもそも文化現象成立の機序にもとづく，文化の本質的な属性である」と考える（山本，2013, 2015）。私たちの見方が不十分だから文化という対象を明確に記述できないのではない。そもそもそのような明確さを持たないことが，文化現象の本質なのである。ここでいう曖昧さは，文化の担い手として想定される文化集団が，その外延（誰がその文化集団の成員なのか，それが成立しているのはどの時代のどの地域のことなのか）も内包（その文化を同定する本質的な属性は何か）も明確に定義できず，常に境界は曖昧で，さらに同一の個人が複数の文化の担い手として語られることもふつうにある（たとえば同一のある人が文脈に応じ関西文化の，日本文化の，オタク文化の，男性文化の……，一員として語られるなど）ということである。それ故仮に「国籍」といった，文化には本来直接関係のない概念で文化集団の成員の同質性を規定しても，それに収まりきらない多様性を集団内部に抱え込み，そこで語られる「文化」は例外に満ちたものにならざるをえない。

　したがって，そもそも研究対象自体が明示できないのが文化集団ということになり，科学的な操作主義的定義（他の研究者と間主観的に一致しうる，対象に対する客観的な操作の仕方によって定義を行うこと）を理想とするようなオーソドックスな心理学から言えば，まともな研究が成り立つ領域ではないことになろうし，外延が定義されないのだから，当然データのサンプリングの議論（全数調査が不可能な時，対象となる母集合全体の属性をうまく代表しうるように，標本を取捨選択する手法に関する議論）もまともには成り立たない。「国籍」を操作的定義とすれば，今度はその基準を用いることの妥当性が問われ，「便宜上」とでも答えるよりなくなる。「文化という概念そのものがそもそも幻想（虚構）に過ぎない」という議論があっても当然とも言える。

　しかし，他方で私たちの生きている現実の中で，「文化」が圧倒的な実在感

を持って迫ってくることも否定しようのない事実である（10章参照）。それは異文化不適応や，文化間摩擦といった，個人にとっても集団にとっても深刻な実際上の問題の中にいくらも見出せるし，本書をご覧になった読者の皆さんも，おこづかいをめぐるさまざまな現象を見てそこに「文化の違い」をリアルに感じ取られたはずである。場合によって私たちの生命にすら影響するその力を，単に幻想といって済ませてよいはずはないし，またいくらその「幻想性」を唱えたところで，文化現象がなくなるわけでも，「文化」によって生み出されるさまざまな苦悩や対立，あるいは「文化」によって支えられる生のあり方がなくなるわけでもない。それは人間のあり方の本質にも関わる部分である。

　一方で明確な輪郭を持たない曖昧な対象でありつつ，他方では人の生き甲斐や命にも関わる深刻さを持ち，集団間の軍事的対立の引き金にもなりうるリアルな実体でもあるという，この文化の不思議なあり方を矛盾なく心理学的に説明すること，それが差の文化心理学が理論面で解決しようとする問題である。その際 EMS の概念が用いられる。

4-2　EMS 概念の特徴と差の文化心理学の視点

　ここで EMS 概念の特徴について，改めて簡単に整理しておきたい。第一に，それは人間に特徴的な，媒介的に成立する社会的コミュニケーション構造分析の最小基礎単位を表す。ヴィゴツキー的な媒介と比較した場合，主体間の能動的＝受動的なやりとり構造に注目し，構造内部に，主体としての他者（「他者主体」）を不可欠な要素として組み込んでいる点が異なる。第二に，コミュニケートする両者の関係を媒介調整する「規範的媒介項」も一種の主体的要素として含まれ，三者の三極構造になっている。第三に，EMS を構成する主体・媒介対象・規範的媒介項はいずれもゲシュタルトの一部として関係的に生成し，あらかじめ独立に存在した要素の組み合わせではない。いずれかの構成要素の変化は，他の構成要素の変化と共に生ずる。たとえば主体項としての個人は，そのような EMS の関係を離れても生理学的身体システムとしては存在しうるが，EMS を構成する要素となればそのコミュニケーション内部での独特の役割を与えられ，その性格や機能が劇的に変化する。対象項も同様で，ただの紙切れが商品交換という EMS の中で貨幣という媒介対象になりうるのも，その

EMS 内部でのみである。

　第四に，この基本単位は「関係的に生成する個」のレベルに視点をあて，その間主観的な関係認識の構造を表現し，「個」を超えた上位の「集団」は組み込まれていない。この点でエンゲストロームの拡張された三角形概念のように (Engeström, 1999)，個人レベルの要素と存在論的に異なる集団レベルの要素を一つの図式の同一平面上にいきなり組み込んでしまう概念とは性質が異なる。心理学的にはそもそも人の心理が如何に集団を可能にするかが基本的な問いのひとつで，その問いを素通りして集団を与件とできないからである。したがって EMS を元にした議論が集団を扱う場合には，「個を超えた集団の機能的実体化」といった視点から論じ直す形を取る。

　第五に，EMS は常に「誰かの視点」の中に立ち現れ，かつその見え方によって主体のコミュニケーションの実践構造が変化する。ただしこの場合，見え方は自他と対象と規範的媒介項のゲシュタルトの中で成立し，状況から「自由」な主体の「見方」によって恣意的には変わらない。むしろディスコミュニケーション事態にしばしば現れるように（山本・髙木, 2011)，人は強固にその「見え方」に縛られる傾向がある。第六に，ひとつのコミュニケーションが異なる主体に対して異なる内容を持つ EMS として立ち現れうるように，EMS は常に特定の主体の具体的視点に現れ，そこに具体的な個々人とその生きる文脈を超えた「客観的で普遍的」な視点を想定はできない。それは常に個々具体的な実践の文脈における共同主観的な存在である。第七に，EMS 概念自体もそれ自体で物理的な固定的「実体」として存在するものとは理解されず，コミュニケーション実践を対象化して研究しようとする視点の中で，その都度共同主観的に立ち現れて研究ツールとして機能的に実体化するものである。

　EMS の概念をこのように性格づけることによって，差の文化心理学は文化の本質的な曖昧さと強固な実体性という文化現象の矛盾した性格を説明可能とする。第一に，個の視点からコミュニケーションを理解することで，文化を「あらかじめ客観的に存在している集団の性質」として見る視点から自由になる。なぜなら私たちが文化を体験するのは，対象に対する意味づけや規範的行動について，自己とは異質なものが立ち現れる場合，すなわち「差」が感じられる時である。ここで重要なことは，その差は「個人差」ではなく，「集団間

の差」としてそれが立ち現れることである。以下，説明を行う。

4-3 文化の立ち現れと機能的実体化を EMS で説明する

EMS を用いて説明すれば（図2），主体 a が主体 b に対して働きかける時，対象についての意味づけや期待される応答のパターンが相互に共有されていること，言い換えれば両者が規範的媒介項を共有していることが暗黙の内に想定されている。規範は私にのみ通用するものではなく，他者にも通用し，またコミュニケーションを成り立たせるための「共同性」を有している。ところが実際には対象が自己の意味づけのパターンからずれて現れたり，相手の反応パターンが自己の期待からずれて現れ，コミュニケーション不全が生じることがある。

この時，主体 a はコミュニケーション不全を解消しようと，主体 b や対象 b の意味づけ・応答の仕方がずれる原因を探す。ある場合には個人としての主体 b に不全の原因を帰属することがあり，その場合はズレは「主体 b の逸脱」として理解される。そのズレの修復は相手の「矯正」によって可能なものと認識され，実践的に対処される。

だが不全が「個人的な逸脱」に帰属されず，規範的な媒介項のズレに帰属される場合もある。すなわち，逸脱に見える主体 b の行為や対象 b の異質な意味づけが，主体 b が自己とは異なる異質な規範的媒介項に媒介されているために発生すると見える場合である（図3）。

たとえば私がソウルのある家庭でインタビューを行い，そこで母親に「この子は父親からなぜ自分のお金で他の友だちにおごってあげたりしないのか，と怒られた」というエピソードを聞いた体験を考えてみる。この時子どもに対してそのような「おごり教育」をするような意識を持たず，また持たないことを「常識」と思い込んで育った私は，その「差」に驚く。私の生きている生活世界では逸脱した「教育」と思われるそれが，インタビュイーからは「当然のこと」として，あるいは「常識（という名の規範的媒介項）」として語られる体験をするのである。そこに私とは異質な「常識」を持った他者が存在し，私の規範的媒介項にとって逸脱であることが，彼らにとってはまったく規範的である。このとき主体 b は単なる個人としてではなく，異質な規範的媒介項を持

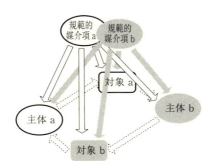

図3　ディスコミュニケーション事態
と規範的媒介項のズレ

ち，言い換えれば異なる共同性を持って生きる異質な主体として私に立ち現れている。

　すなわち，私たちが個々具体的なやりとりの中で他者に異質な文化を感じる時，それは他者の行為や対象の「個人的な」意味づけとしてそれを感じているのではなく，彼／彼女の背後に，そのような異質な意味づけを常識として共有して生きる「他者たち」を同時に感じ取り，そこに異質な共同性による意味づけとして見出している。これが文化が私たちのコミュニケーション実践の中に立ち現れる瞬間の出来事である。

　だがそのように文化として他者の実践が現れるとき，私たちは決してその文化を共有する人々の範囲を具体的に特定しているわけではない。それは明瞭に定義された集団から帰納的に導き出された概念ではなく，ただ目の前の一人の人間や少数の人間の中に，自分とは異なる共同性のあり方として現れ，その背後にそのような共同性を共有する人々の集団を予感させるに過ぎない。

　さて，そのように立ち現れる「文化」は，当の実践主体からすれば自らが生きる意味的世界を構成し，コミュニケーション実践を成り立たせるための規範性を有する共同主観的な存在である。したがってその主体が有効にコミュニケーション実践を行おうとすれば，自らも，そして相手も同様の規範を守る主体であることが必要となる。そして主体自身もそのような規範性を遵守する主体としてのアイデンティティを形成することになる。それに逸脱する行動は相互のコミュニケーション実践を破壊する行動として認識されることになり，そこ

にはさまざまな形でサンクションが発生する。このとき，文化は自他に対して潜在的に強制力を持つものとして立ち現れることになり，ここで文化集団がそのサンクションの主体として機能的に実体化する。ただし現実のサンクション主体は「集団」それ自体ではなく，そこに想定された共同性を自ら体現する，個々の具体的な個人である。

このようにして本来曖昧さを本質とする「文化の担い手としての集団」が，個々人の実践行為の中でリアルな実体として機能するに至るのであり，しかしながらそれはあくまでも個々人の実践行為の中に生成するのだから，実際にはその集団が個々具体的なコミュニケーション実践の外部に固定的に存在するわけではなく，その曖昧さは失われることがない。むしろその曖昧さこそが文化現象の持つダイナミズムの根源ともなるのである。そのように「個の見えの世界の中での共同性の差としての文化の現れと，それが現れることによる実践構造の変化」という視点から共同主観的な存在として文化を見ることで，上記の矛盾は心理学のレベルでは一応一貫した説明が可能となる[2]（山本，2013; Yamamoto, 2012。具体例を用いたより詳細な説明については山本，2015）。

4-4　文化の客観性

では以上のように文化の性格づけを行った場合，それを研究するという行為は一体どのような性質の行為ということになるだろうか。文化研究における著者問題（Geerz 1988）と自文化中心主義はどのように乗り越えられ，そして差の文化心理学の方法論の重要な特色である「対話実践的研究」ということがそこでどのような意味を有することになるだろうか。この問題は研究者という主体と研究という行為をどう理解するかという問題と切り離せない。特に文化を研究する主体が他者の文化に対して客観的でありうるかという問題は重要になる。この点を整理する上で，文化の客観性に関わるレヴィ＝ストロースの議論から考えることが分かりやすく思われる。

おこづかい現象も一種の贈与的関係の中にあるが，その贈与理論の嚆矢たる「贈与論」（Mauss, 1950）の中で，モースはお返しの義務を規定する現地の人々の「ハウ」概念に関する語りを重視し，それを彼らの「法体系」とも考えて贈与関係の成り立ちを説明した。これに対してレヴィ＝ストロース（Lévi-Strauss,

1950）は，贈与交換についてのハウによる主観的な意味づけではなく，そのような個々の意味づけの背後に，たとえば親族システムの中での女性の交換のように，当事者が意識しないまま成立している（という意味で客観的な）社会的に成立している変換構造こそが贈与関係を本質的に規定するものとする。

　研究者は当事者にも意識されないその変換構造を解明するという意味で，客観的な分析者としての位置を保つ。ただしここでレヴィ＝ストロースが，対象から超越してすべてをみそなわし，真実を明らかにできる特権者，「神のような客観」として対象に対して君臨しているとは考えられない。彼は分析主体としての自分自身と分析対象＝神話の関係について，たとえば次のように述べる。「こうした操作［引用注：神話の構造分析］は，あらかじめ考えられた計画どおりには運びません。私の仲介で，神話がそれ自体で再構成するからであって，私はただ神話群が通りすぎていく場であろうと努めるだけです」（Bellour, 1978 邦訳書 p. 14）

　研究主体が構造を押し付けるのではなく，対象が主体に対して構造を顕わにしていくのである。しかもそれは研究者の主観からまったく独立した客観対象があって，主観がそれを反映しているだけだ，というのでもない。「生のものと火にかけたもの」（Levi-Strauss, 1964）ではこのように述べられる。「本書において，南アメリカの先住民の思考法の輪郭がわたしの操作のもとで見えてくるのと，わたしの思考法の輪郭が南アメリカの先住民の思考操作のもとで見えてくるのとは，結局は同じことになる」（Levi-Strauss, 1964 邦訳書 p. 22）

　神話にせよ，その神話を語る先住民の思考にせよ，主体の「精神活動」という主観的な働きがなくては存在しない。そのような他者の精神の読み取りは，これも当然のことながら，その他者の精神的活動を理解する読み手の精神的な活動としてある。その意味では対象は読み手の視点から独立には成立しえない。ただしそれは読み手の恣意的な解釈によってどうとでもなるという意味で主観的なものなのではない。レヴィ＝ストロース自身はそこで「それ自体で再構成する……神話群が通り過ぎていく場」となるのであり，そこに姿を現す神話群の変換構造は主体に還元できるものではないし，個々の神話（または個々の神話の語り手の思考）という対象に還元できるものでもない。それはいわば両者の運動の結晶として現れ，それゆえどちらのものと言っても「究極的には同

267

じ」になる。

　以上をまとめて言えば，主体にも個々の神話という対象にも還元できない神話群の変換構造が，個々の神話を語り聞く個人の主観的な意識や主観的な意味づけでは見出せない無意識レベルの運動として主客の間に現れ，意識レベルの運動を真に規定している実体として，分析主体に現れてくる。それがレヴィ＝ストロースにとっての対象の客観性であり，またそれを分析する研究主体の持つ客観性の意味であろう。このように，素朴な主観客観の切り分けとは本質的に異なる主客理解の視点に立つとき，分析対象群が示す客観的構造として彼が示すものが，分析対象群の拡大と分析の進展と共に異なる姿を現し始め，その変容過程には終わりがなく，そしてそのことはむしろ対象の本質なのだという，一見矛盾するように見える議論[3]も，特に問題なく理解できる。

　レヴィ＝ストロースの客観性をこのように理解した上で，改めてその議論を研究というコミュニケーションと文化的実践の当事者性という問題から整理してみたい。

4-5　研究者の位置

　レヴィ＝ストロースは自らの研究の意義を，西洋近代的思考と「未開人」の思考に断絶と優劣関係を見る見方に対して，一見不合理にしか見えない「未開人」の思考にも明確な規則性があり，それがむしろ人類にとっての普遍性を有していることを明らかにすることに見ている（Levi-Strauss, 1970, 1965）。そこで問われているのは文化的差異を超えた人間としての理解可能性だ，とも言えるだろう。

　ではレヴィ＝ストロースはその普遍性をどのように表現し，誰と共有しようとしているのか。彼が選んだのは対象が示す運動を数学的な変換構造として明らかにし，個々の事例をその構造のバリエーションとして捉える道である。数学は文化差を超えて人類に共有される普遍的な思考ツールと見なされるから，多様な文化について同一の数学的な記述が可能となれば，個々の文化的意味に依存しない，普遍的な理解可能性が開かれる。

　そしてその数学的な普遍性が誰と共有されているか，ことばを換えれば誰とその普遍性について語り合い，合意を目指しているかと言えば，基本的には研

究者になる。すなわち，そこで問題になるのは文化を生きる当事者間での相互的な文化理解ではなく，当事者が意識できない文化的構造を，研究者コミュニティがまずは共有する道である。

　このような問題設定は，ヴィゴツキーが精神の本質的な歴史性，社会性を論ずるスタンスと通じるものがある。そこで問題になるのは，他の動物種とは区別される，人間精神に普遍的な媒介構造である。ヴィゴツキーはその媒介構造によって人間精神の普遍的な社会性を明らかにすることになり，またレヴィ＝ストロースは彼の数学的分析によって自然とは区別される文化の普遍的構造を明らかにしようとする[4]。

　差の文化心理学の場合，EMS は人間の社会文化的な行動やそこでの主体や対象の意味づけに一般的な構造として想定されるが，それは研究者が異なる文化間の異質なコミュニケーション構造を明らかにし，そのディスコミュニケーション事態を実践的に対象化するためのガイドとなる，概念的で実践的なツールであるに留まり，それ自体で何らかの普遍的実体性を持つものとは考えられない。文化が実体性を持って現れるのは，あくまでも当事者としての具体的な文化実践行為の内部である。

　差の文化心理学では，レヴィ＝ストロースのように，研究者という主体を，対象が通り過ぎそこで自らの構造を現す場として透明化することも不可能である。なぜなら，個別の文化がそのようなものとして現れるのは，あくまでも研究者が「異質な共同性（文化性）を生きる当事者」であり，彼／彼女の文化性の立ち現れの反響として，他者の文化性が立ち上がり，文化が機能的に実体化するという構造を離れて分析が成り立たないからである。そこで立ち現れる個々の文化は，共通性ではなく，差異として浮かび上がることになる。文化理解はそれ自体が文化的実践の一部であり，そのような理解が文化を生み出し，または変容させていく。理解と実践，そこで見出される対象は常にゲシュタルト的に一体のものであり，文化研究者もこの構造から独立に文化を語ることができない。

　このように認識対象と認識主体が実践の場でお互いにお互いを共同生成するような関係があるとき，そこに「客観性」は問題になりうるだろうか。当然，どの対象からも独立して神のようにそれをみそなわす研究者の客観が成立する

余地はない。しかし同時に差の文化心理学の議論が成り立つのは，異質な主観を持つ者同士の対話実践を通してでしかない。それは先にレヴィ＝ストロースにとっての客観を検討した際にも見い出されたように，他者の主観との関係で対象が立ち現れるような間主観的な関係構造の中では，対象には個々の主観の個別の恣意には還元されないという意味での客観性があらかじめ組み込まれていることになるからである（ただしすべての主観から独立性を想定された物理的客観性ではなく，共同主観的なものとしての客観性である。山本（2015）第一章の議論を参照されたい）。対話的研究実践の中では，そのようにして相手の主観を鏡としてお互いがお互いを相対化し，客体化するという契機が含みこまれ，主観的なまま客観的とでも言えるような構造が生まれる。

4-6 文化的実践行為としての文化研究と EMS

以上，レヴィ＝ストロースの議論との対比で私たちが差の文化心理学について考えてきた議論の特徴を指摘してきた。その差は EMS を用いて図式化すれば図 4，図 5 のようになる。図 4 では非参与的な研究実践の典型的な構図を示してある。ここで図 4 の規範的媒介項に神話がおかれているのは，レヴィストロースを例としており，生活者の神話的やりとりにとっての規範項であり，かつ研究者の分析対象に位置するからである。

研究者 α は生活者の生活実践空間に赴いて調査資料を得，あるいはそこから得られた文献資料を対象とし，それについて主張 α を行い，研究者 β（等）がそれについて主張 β を返し，それをめぐってある普遍的な解釈図式を成立させる規範的媒介項を構成しようとする。そこには研究者コミュニティ内部に成り立つ共同性があるが，それと生活実践者の生活実践との間には直接の関連が期待されているわけではない。その限りで研究者は生活実践の中に現れる文化に対しては外部の「客観的」な位置にある。

これに対して図 5 は差の文化心理学が理解する現実の文化研究の構造を示している。研究者 α は研究者として研究者 β と研究コミュニケーションを行うが，共同性の差の「発見」（図 3 参照）から文化が文化として立ち現れる仕組みを考える時，彼／彼女は同時にある共同性を持って他の生活実践者と関わる生活実践者の一人であることを逃れられない。同様にもう一人の研究者 β も

終章　おこづかい研究と差の文化心理学

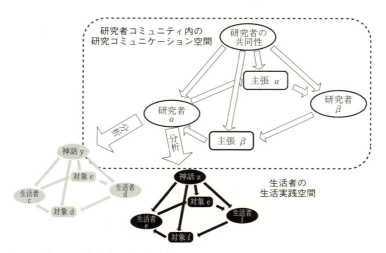

図4　非参与的な文化研究の構図

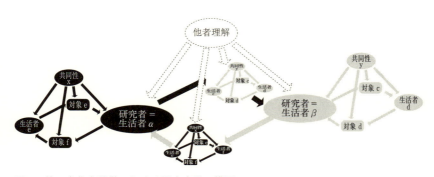

図5　差の文化心理学における研究実践の構図

同時に生活実践者βとしての共同性を持って他者と関わっており，研究対象をめぐる両者のやりとりはそれらの共同性に基づく対象理解のズレが駆動することになる。文化理解はそのような複数の研究者＝生活実践者間のコミュニケーションとして成り立ち，そこにその都度文化をある種の実践的な他者理解（同時にそれは自己理解でもある）として立ち上げていく。

我々の具体的な研究の中では，この展開は次のような現れ方をした。まず私たちはお互いの社会に暮らす人々を訪れ，そこでインフォーマントと対話した。

271

その際，インタビュアーは必ず異なる社会から来た研究者が担当し，質問内容は一応の概略を共有した上で，実際のインタビューの中でその研究者が興味を持った話をさらに自由に聞き取る形を採った。そこに研究者は自らの共同性の感覚で捉えがたい「異文化」を体験する（図3）。そしてさらにそのようにして「異文化を体験し，かつ各々が異文化的背景を持つ研究者」が集まって，それぞれに得られたデータの意味の読み取り方をめぐって対話を続けた（図5）。

そこでは一人の研究者の主観的見方は，他の異質な意味世界を持った研究者の主観的見方によって対象化され，相対化されざるをえない。そのような相互相対化によって，一人の研究者だけでは見えてこなかった新しい見えの世界が開かれていく。それは対話的に共同生成された新たな主観的な意味世界となる。主観は他者の主観との交わりによって相対化・更新され，その限りで客体化し，そして文化的な実践構造にも変化が生まれるが，そのことで主観性が失われることはない。それは新たな共同主観的な世界の生成である。また私たちがその過程で実際に経験したように，対話の結果お互いの意味理解のズレが完全に克服されることはなく，その意味でも個人の主観性が失われることはない。

当然のことながらそのようにして生み出される文化理解は，対象について唯一絶対の普遍性を明らかにするものではなく，あくまでも対話する主体同士の個別の文脈の中にその関係を成り立たせる個別の普遍性として共有されていく。したがって同じ対象も，それを語り合う主体が変化すれば，常に変容の可能性を持ち続ける。私たちは文化実践の当事者間の対話の積み重ねの中で，個別に自己の文化認識を相対化し，再構成し続けるという形でしか，「より普遍的な文化理解」にたどり着くことができない（具体的一般化）。

仮にそのように考えると，「文化の研究」の意義は，何か「客観的な文化」を報告することではない。異質な生き方をめぐる対話の過程，そこに現れ，繰り返しそれぞれの著者に個性的な形で更新されてきた主観に現れる「文化」を呈示することである。そしてそのような呈示を通して，読者の主観に対して対話的に働きかけ，その主観を更新する契機を提供することができれば，それがこの研究の意義と言える。

前項に述べたように，そもそも文化というものは，そのような主観同士の交わりの中にお互いに異なる「共同性」の間の「差」の発見として現れるもので

ある。そしてそのように現われる中でそれが相互の文化的実践を構造化し，文化を，機能的に実体化していく。それはそのようなコミュニケーション実践の進展と共に，常に更新され続けるものとなる。文化研究もこの構造を離れてそもそも成立しえず，したがってそれは文化研究が本質的に持っている対話実践的な性格の根拠なのである。文化研究者はそのような対話実践の渦中に投げ出された存在以外ではありえない。

あらゆる文化研究は，それ自体が文化的実践行為の一部以外ではありえない，ということを基本認識とするのが差の文化心理学なのである（山本，2015）。

5. 本書の各論文と EMS

5-1 研究の出発点

以上のような差の文化心理学の議論は，どのような調査研究と議論の中で培われてきたものか，以下に日中韓越の四つの社会を比較分析した第1章から第3章までの議論を取り上げながら，具体的に見てみたい。

この「子どもとお金」に関する共同研究には，二つの出発点がある。ひとつは高橋が知的障がい児やその親，施設の職員と発達相談をする中で，障がい児に対する金銭教育はどのように行われるべきか，という問題意識を持ったことである。たとえば子どもが適切にお買い物をできるようになるかどうか，ということについて考えた場合，旧来の子どものお金や経済関係の理解に関する研究は，知的な経済システムの理解については語れるが，社会的な実践行為としての具体的購買行動を理解し説明することは困難であり，障がい児に対する金銭教育をそれらの議論で考えることもできない。買い物という行為は，たとえ「お金」の交換の道具としての意味が全く分かっていない3歳児であっても，地域の人々や商店の人の支えがあれば成り立つ行為である（済州島の例）。お買い物はそういった対人関係の中に埋め込まれた何ごとかとして成立し，そしてその変化として子どもは道具としてのお金の意味を修得し，発達していく。障がい児の金銭行動を考える場合，このような視点は欠かせない。

もうひとつは山本の一連の所有研究で，子どもの所有物についてインタビュ

ーを行う中で見出された「おこづかい現象」の面白さである。おこづかいは親にもらった「自分のもの」なのに「自分の自由には使えない」という矛盾。近代的所有権概念に一見反するこのようなお金をめぐる所有の意識が，子どもにとってはごく自然に受け入れられていた。その所有関係はお金と子どもの二項の関係としては成立せず，大人を媒介とした関係として成り立っていることは明らかであった。さらに中国で片成男と出会い，共同研究の中でお金をめぐる対人関係の構造とその発達が，社会によってまったく異なることを見出したのである。

　ここで両者に共通していることは，「自分とは異質なお金との関係」を生きる人々との出会いである。それは発達という問題に絡み，障がい児や健常の子どものお金との関係が，大人である私たちの常識にはまったくなじまないことへの驚きであり，その不思議さへの研究者としての問いであった。また異文化の中の他者の現れ方も不思議に満ちた存在であり，研究意欲をかき立てずにはおれない現象であった。それらの「異質さ」を，お金をめぐる対人関係構造の問題として見ようとする姿勢でも私たちは一致していたのである。

　そして本書のすべての著者が，相互にお互いの国を訪問し，そして自分とは異なる社会に生きる子どもやその親たちにインタビューを行い，買い物場面を観察し，質問紙調査を行った。そこですべての研究者が自分とは異質な「生き方」に出会い，驚き，これは何なのだろうと考え込んだ。またお互いの理解を議論の中で交流し，そこでさらに同じデータにまったく異なる意味づけをする研究者たちに出会い，自分は自らの文化性を離れてデータを解釈することもできないという現実を体験した。本書の各章の内容は，そのような事態と問いを抱え込んだ研究者たちの，それぞれの視角からの葛藤の成果であり，そこに私たちの共同研究の歴史の中で積み重ねられてきた「異質な他者の声」がいたるところに響いている。

5-2　異質な共同性との出会い

　第1章「消費社会を生きる子どもたち」は，朝鮮族中国人の片によって執筆されている。ここでは日本，韓国，中国，ベトナムの順で進んだ社会の市場経済化をひとつの対比軸として想定しながら，それぞれの社会での子どもがどの

ように消費社会に参入していっているかを検討している。そこで見出されたことは、ひとつには家族関係の中でお金がどの程度子どもの自由になる形で提供されているか、またお金を使うことで得られる子ども自身の個人的な趣味の世界がどのように広がりを見せるかといった点について、市場経済化の浸透具合が大きな意味を持っていると考えられることである。だが同時に、そのお金を使ってどのように家族関係や友だち関係を構成しようとするか、という点についてのそれぞれの特徴は、市場経済化のレベルによっては説明できないことも見えてきている。

それぞれの社会に生きる人々は、自らが形成してきた文化性を持った対人関係（ないしEMS）をベースに、そこに市場経済システムを新たな要素として受け入れていること、したがってお金の使い方は、それまでそれぞれの人々が持っていた対人関係の構造を、お金という道具によって文化性を持って再生産する、という側面を強く持っていると考えられる。子どもはそのような形で文化性を持った「消費主体」となることを大人から方向づけられている。当然、世界が市場経済化されれば世界の人間関係やそれをめぐる価値観が均質化される、といった見方は説得力を持てない。

ではこのような片の結論は、どのように導き出されたのであろうか。もちろんインタビューや質問紙のデータを分析してのことであるが、問題はまずそのインタビューの内容や質問紙の質問項目それ自体にある。たとえばおこづかいの使い道として、学校納付金という項目が設定されているが、果たして日本の読者はこのような項目の設定を思いつくだろうか？　またおごり合いについては質問紙でもインタビューでも割合しつこく尋ねているが、なぜそういう調査になったのか。その理由は簡単で、今回の質問紙作成に当たってそのベースになったものは山本と片が1998年から翌年にかけて、中国吉林省延辺朝鮮族自治州（朝鮮族）、北京市（漢族）、上海市（漢族）で実施した質問紙調査で作成された。それはほぼ完全にオリジナルで作成されたものであったが、そこで選択された質問項目は、それ以前に山本や片が日本と中国で行ったインタビューで見出されてきた「興味深い回答」に基づいている。

そこでは山本が中国各地の子どもたちの答えに「驚く」。およそ自分の生きてきた生活世界の中では想像の範囲に入らない答えが、当たり前のように語ら

れるからである。その驚きを見て片が驚く。自分の生活世界の中では当たり前だった答えに驚かれるからである。「何故だろう？」という問いがそこに生まれ，次の質問を導く。山本と片という，およそ異質な共同性を持って生きてきた二人の研究者が，そこで何とか相手の共同性を理解しようとして議論を重ね，その積み重ねが1998年の質問紙になった。おごりをめぐる感覚の違いも，山本は中国で，片は日本で繰り返し体験していたものであり，それは二人にとってカルチャーショックの原因ともなった。なぜ「おごり」のような問題が，これほどまでに自分にショックを与え，異文化不適応と言えるような状態を作るのか。それは山本が中国で人間関係を作ろうとする時の深刻な実践的課題でもあった。そしてこの「おごり」の問題は，私たち共同研究者の中でも繰り返し議論を呼び，また各地の調査の中でも次々に興味深い考え方に出会うポイントのひとつとなったのである。

　ここでは私たちの調査が，そのような「異質な共同性との出会い」を契機に成立していることまでを確認して，次に進むことにしよう。

5-3　文化対比軸としての「集団主義 vs. 個人主義」の相対化

　第2章「大人になることの意味と親子関係の構造」は日本人研究者竹尾によって執筆されている。日本に生まれて日本で育ち，海外での長期滞在の経験もなかった竹尾は，この研究で初めてリアルに海外に住む文化的他者にその生活の中で出会うことになり，食が合わずに身体レベルでの「カルチャーショック」を受けることもあった。

　もともと子どもの自立過程の問題に深い関心を持っていた竹尾は，インタビューやデータから見えてくる親子関係の違いを「大人になること」の意味の違い，という視点から論じる。日本については「自己の領域の尊重，あるいは確立」と共に「他者の自己の領域を浸食しないという意味で，他者に迷惑をかけない，自分のことは自分でという意識を強めること」，ベトナムについては「家族のために在るようになれること」，韓国については「他者との緊密で率直なやりとりに基づく自他の信頼関係の構築」，そして中国については「他者からストレートな介入を受け止め受容し，自身の立場を明確にする，という形で他者関係を構築」という形で，それぞれの対人関係の作り方の差としてイメー

ジ化して特徴づけている。

　「自他領域の尊重，他者に迷惑をかけず自分のことは自分で」「家族のために」「他者との率直なやりとり」「他者からのストレートな介入を受け止め，自身の立場を明確に」といったキーワードは，それまでの私たちの議論の中でもしばしば対人関係の作り方の違いを考える上でのポイントとしてあげられていたものの一部である。竹尾は改めてインタビューのやりとりや，質問紙のデータから印象的な特徴を取り出し，それをこれらのキーワードを用いて解釈を試みた。

　そのような試みの中で，竹尾は従来の比較文化的な研究に対して，非常に重要な問題を投げかけたと言えるだろう。それは比較文化的な研究の中で今も大きな影響力を持っている個人主義対集団主義といった対比軸の設定に対する疑問である。少なくとも私たちのデータから見る限り，それぞれの社会を個人主義と集団主義の対比軸で単純に理解することは不可能である。実践的な有効性も疑問で，文化的摩擦も著しいこの多様な社会を，同じ「集団主義」に括ることに大きな意味があるとは考えられない。

　ここで竹尾は，日本とアメリカ，東洋と西洋，前近代と近代を集団主義的と個人主義的という性格付けで対比させるような議論に対し，高野（2008）が行ったような形でその仮定に反する実証データを呈示し，文化的ラベリングの「幻想」性を批判しているのではない。逆に竹尾は本来多様性に富んだ人々を国によって分けて，そこにデータやそれをめぐる研究者間の議論を通して竹尾自身の中に立ち現れる別のラベリングを行っている。そしてすでに本章で整理したことから明らかなように，竹尾のこの議論について，高野のような文化研究批判は有効ではない。

　それらの解釈は，これまでの私たちの間での議論を背景としつつも，とりあえず筆者である竹尾の視点からの解釈であり，それは異なる文化性を背負った他の研究者との対話に開かれていかなければならない，と竹尾が述べている通り，これらの性格づけは本質的に対話の一過程である。それがどこまで各地域の人々の持つ多様性までを捉えられるか，さらには当事者自身にどう受け止められるかはまた別途検討すべき問題になる。

　竹尾の議論が提起している問題は，集団主義対個人主義といった，心理学で

はトリアンディス（Triandis 1995, 2002）以降もてはやされてきた二項対立的議論が，まったく相対的なものであることである。差の文化心理学は文化を，具体的な比較対象軸の取り方によって異なる現れをするものと考える。そして竹尾もまた，東洋対西洋といった比較軸とは異なる，東アジア内部の相互比較の軸を取ることにより，これまでの議論では見えてこなかった東アジアの多様性と，また発達の多様な文化的意味づけの可能性を具体的に例示した。そのことによって，「大人になること」という，発達心理学にとっては極めて大きな問題の意味を，改めて異質な共同性を背負った者同士の対話の中で，多面的に柔軟に考え直す新たな契機のひとつが与えられる。

5-4 文化的ディスコミュニケーションに向き合う

第3章の「お金を媒介にする友だち関係の構造」は，韓国の済州島出身の呉が著者である。大学院以降日本で暮らし，日本で就職・子育てをして今に至る呉は，私たちの議論の中でのおごりをめぐる議論に最も真剣に参加したメンバーであった。彼女が共同研究に参加した頃は，すでに日本に10年余り暮らした後であり，すでに十分日本の感覚になれ，むしろ韓国に帰ると違和感を覚えることもある状態という。ところがその彼女がおごりの問題をめぐる日本人研究者の理解に驚き，一所懸命に韓国的なおごりのポジティヴな意味づけを説明し，それが日本人研究者になかなか伝わりにくいことに愕然とした面持ちであった。呉の論考には常にそのとき以来の驚きが響き続けている。

インタビュー場面にも見られる研究者の「異質な文化」への驚きは，研究者としての驚きというよりも，調査協力者とは異質な共同性を生きる生活者としての驚きである。両者の違いは単に「習慣の違い」といった表面的なことばで片付けられない，場合によって強い情動的な反応を引き起こすような質を持っている[5]。そこでは「おごり」という行為に対して，良いこととして積極的に奨励されるか，逆に悪いこととして抑制・禁止されるか，という「善悪」の軸が絡み，そのようなものとして子どもの行動が方向づけられていく。文化差の理解が主体の実践的活動の中に生まれることを，この現象はよく表している。

ある規範からの逸脱は，すべての社会で起こることであり，仮に逸脱事例に出会ったとしても，そのこと自体で研究者自身が自らの足場を崩されるような

驚きを体験することはあまりない。調査協力者もそれが逸脱行為であることを理解し，その理解の軸を共有していることが多いからである。ところがおごりの問題について研究者が出会ったのは，自分にとっての逸脱を，逆に積極的なものとして感じ取る人の存在であった。それを逸脱として感じる軸（規範的媒介項）そのものが共有されないのである。そこに生活者として同種の規範的媒介項を生成しつつ生きている研究者が，異質な生活者として他の規範的媒介項を生成しつつ生きている他の研究者と対話する契機が生まれる。

そこで他者の理解を試ようとすれば，自分の善悪基準を相対化するという困難な作業を行わなければならない。呉自身はさまざまな心理的葛藤経験を経て，そこでおごり行動の意味づけに違いがあっても，いずれの行動パターンも「友だちを大事にする」という地点まで一般化すれば，同一の意味を持つことを見出す。おごりに対する正反対の意味づけも，そのような形で相互に翻訳可能であることが発見される。そのような文化的意味づけの翻訳可能性が，現実の文化対立などの現場でどこまで見出されうるか，そのような翻訳可能性が見出された場合に，相互の対立的コミュニケーション構造にどのような変容が生まれうるか，という問題も，今後の重要な研究主題としてそこから浮かび上がることになろう。

差の文化心理学が非当事者としての客観的な分析ではなく，「当事者の主観的な見え」に足場を置くことを重視するのも，そのような生活実践者が生み出す文化間対立や異文化不適応といった問題圏を視野の中に置くからに他ならない[6]。日常の生活実践の中で不断に再生産される文化間のディスコミュニケーションと対立に，当事者の一人かつ研究者として実践的に向き合う時に，この翻訳可能性の問題はひとつの論点になるはずである。

6. まとめ

以上，おこづかい研究を通し，文化というものを研究者の外部に存在する客観的実在とすることもなく，また個人の頭の中にある主観的なものとすることもなく，人が他者と共に生きる日々の具体的で個別の生活実践の中で不断に生成・再生産され続けるものとして理解する視点を提起した。EMS概念を用い

て説明すれば，人は他者とのコミュニケーションを，ある規範性（規範的媒介項）を持って成り立たせているが，そこに当事者間でのズレが潜在する時，異質な共同性が相手の背後にそれを生み出している文化集団の存在を要請し，あたかも物理的な実体のようにそれを認識するものを制約し，ある種の主体であるかのように働きかけてくる（機能的実体化）。

そのように文化を位置づけることで，文化がその内包も外延も明確に定義できず，不定の，また多重の表れをする鵺のような存在でありながら，人の生活実践の中で強力な強制力さえ備えた実体として現れるという，矛盾する文化の存在性格が説明可能になる。

そのような文化の存在性格を考えれば，文化について認識を形成し，語ることは，それ自体が自他の行動を制約し，方向づけるひとつの文化実践としての意味を持つ。文化研究もまたその過程の外部に立つことはありえない。

文化はそれが誰とどのように語られるかによって，語られた文化の存在性格，あるいは機能を変える。差の文化心理学は，自らがその一員である生活実践者の見える世界に焦点を当て，異質な共同性を生きる者同士の対話的過程を意図的に作り出すことで，単純な意味での自文化中心主義を相対化し，硬直した関係にゆらぎをもたらし，新たな理解やそれに対応する関係構造をそこから生み出すきっかけを提供することを重視する。

人は資源という対象を，主体間で共同主観的に意味づけ，相互に奪い合い，共有し，あるいは交換して生きているが，どのような意味づけが相互作用の中で生み出されていくかは多様でありうる。そこに相互の共同性のズレとして文化が生まれ，資源は文化的なツールとして人々の間を行き来する。

おこづかいはそのような資源のひとつの形態である。子どもはそのような文化的ツールを習得する過程で，そこに結晶化された文化的対人関係パターンを同時に習得することになる（両者は同一事象の二側面に過ぎない）。おこづかいが優れて文化性を表す理由である。そのような文化的ツールを手に，子どもは周囲の人々との間に新たな生活世界を日々生成し，そこで文化的自己を展開させていく。

私たち研究者は上記のような文化の本質的な性格のゆえに，おこづかいの文化性をお互いに向き合い，相互に対象化し合って研究する必要がある。そこに

終章　おこづかい研究と差の文化心理学

どうしようもなく異質な者同士の理解に向けた，終わりのないコミュニケーションの場が成立する。そもそも理解とは何かの達成ではなく，関わり続けようとするプロセスそれ自体であり，そのプロセスは時折物象化されてある相対的に安定した形を現すことがあるが，それもまたひとつの過程に過ぎない。

本研究は人々が資源を奪い合い，分かち合い，交換して生きている，その文化的なあり方に迫るひとつの切り口を，子どものおこづかいという現象の中に提示しようとした。私たちがここでそれをどの程度うまく描き出せているかは別として，この小さな現象の背後には，現在深刻な文化間対立などを含む大きな問題が隠れていると私たちは考える。本書がその問題への取り組みにとって，基礎研究のひとつとしての意味を持つことを願いつつ，本稿を閉じたい[7]。

注

[1]「撫育草」童教訓二十八首のうち第六首「せぬがよし　喧嘩口論　石つぶて　角力あないち　むさし悪じゃれ」のあないち，むさしもそのような銭による遊びという。

[2] なお，このような論の展開の仕方は，さらに一般化すれば，廣松渉（1972）の四肢構造論や物象化論にもつながるように思われる

[3] たとえば「わたしは，分析がバラバラにした神話の素材が結晶して，どこから見ても安定し確定した構造というイメージを呈することを期待してはいない。神話の学は……最終段階に達することがあり得ないことも，わたしにはすでにわかっている」(Levi-Strauss, 1964, 邦訳書 p. 8)，「神話分析には真の意味での終わりがなく，分解の作業の終わりで捉えうる秘められた統一性も存在しない」(同 p. 11)，「しかしながら次のことを正直に申し上げたい。わたしは恐れるどころか，本書のもつこの奇妙な構想が，対象の根本的特性をたぶん捉えているしるしであると思っている」(同 p. 10) といった方法論的議論。対象の根本的特性を，その共同主観的な存在性格にあると理解すれば，これは当然の議論となる。

[4] ただしレヴィ＝ストロース自身は自らの文化理解の方法を，唯一絶対のものとは考えておらず，むしろ多様性に対して開かれる実践的な姿勢を強調する「私は，自分がこのように考えるからといって，人類とはそのように考えるものだという結論を下してよいなどとは少しも思っていません。私が信ずるのは，それぞれの学者，それぞれの作家にとっては，その人なりの考え方，書き方が，人類への新しい展望を開くのだということです。……それはすべて，等しく有効なのです。」(Levi-

Strauss, 1978, 邦訳書 p. 8)
［5］フィールドに入り込んでの文化研究における情動的葛藤の例として，マリノフスキーの日記（Marlinofsky, 1967）など。理論的には既述のように，差の文化心理学では通常研究の背後に隠されるそのような研究者自身の主観的葛藤を，むしろそれ自体文化現象の本質的構成要素として積極的に分析に取り込む姿勢を持つ。
［6］同質の対話的異文化理解の試みとしては，山本・伊藤（2005），伊藤・山本（2011），山本・姜（2011），山本・姜（2013），教育現場での実践記録としては姜・王・草野（2009），石下・水口・渡辺・楊（2012），呉・高木・伊藤・榊原・余語（2012），釜田・姜（2014），呉・崔・山本（2014），呉（2015），楊・渡辺・石下・水口（印刷中）などを参照のこと
［7］本稿を脱稿した本日 2015 年 2 月 1 日，戦いの終わりを願ったジャーナリスト後藤健二氏の殺害が報じられた。民族や宗教といった「文化」の対立の中で，また失われた一つの命に本章を捧げたい。憎しみのネットワーキングに向き合う道を模索するために。

引用文献

網野善彦．（2000）．「日本」とは何か．講談社．
あんびるえつこ．（2004）．9 歳からのマネープラン．主婦と生活社．
あんびるえつこ．（2008）．おこづかいの工夫．児童心理，2 月号，143-149．
麻生武．（1984）．ある健常児における自他の基本構造の成立．発達，5(20), 103-108，ミネルヴァ書房．
麻生武．（1988）．模倣と自己と他者の身体．岡本夏木．（編）．認識とことばの発達心理学（pp. 37-60）．ミネルヴァ書房．
麻生武．（2000）．1 歳から 2 歳．岡本夏木・麻生武．（編）．年齢の心理学．ミネルヴァ書房．
バフチン, M. M., 伊東一郎（訳）（1979）．小説の言葉（ミハイル・バフチン著作集 5）．新時代社．
Bellour, R. (1978). Bellour, R. : Le livre des autres, entretiens, collection 10/18, Union Générale d'Editions.
ベルール, R., 古田幸男・川中子弘．（訳）（1980）．構造主義との対話．日本ブリタニカ．
Campose, J., & Stenberg, R. (1981). Perception, appraisal and emotion: The onset of social referencing. In M. Lamb, & L. Sherrod (Eds.). *Infant social cognition: Empirical and theoretical considerations*, (pp. 273-314). Erlbaum.

Cole, M.（1998）. *Cultural Psychology: A Once and Future Discipline*. Belknap Press of Harvard University Press.（天野清（訳）(2002). 文化心理学――発達・認知・活動への文化-歴史的アプローチ. 新曜社.）

Duey, D., & Berry, R.（1996）. *The smart kids allowance*. Smart Kids Publishing, Inc; San Diego.

江戸教育事情研究会.（2004）. 寺子屋の「なるほど！」. YMM.

費孝通（編）.（1999）. 中華民族多元一体格局.（修訂本）. 北京：中央民族大学出版社（西澤治彦・塚田誠之・増土才・菊池秀明・吉開将人（訳）(2008). 中華民族の多元一体構造. 風響社.）

エンゲストローム Y., 百合草禎二・庄井良信・松下佳代・保坂裕子・手取義宏・高橋登・山住勝広（訳）(1999). 拡張による学習――活動理論からのアプローチ. 新曜社.

Geertz, C.（1988）. *Works and Lives: The Anthropologist as Author*. Stanford University Press.（森泉弘次（訳）（1996）. 文化の読み方／書き方. 岩波書店.）

浜田寿美男.（1983）. 解説. 浜田寿美男（編訳）. ワロン／身体・自我・社会――子どものうけとる世界と子どもの働きかける世界. ミネルヴァ書房.

浜田寿美男.（1984）. "自己と他者"の基本構造の成立. 発達, 5(20), 103-113.

浜田寿美男.（1988）. ことば・シンボル・自我――《私》という物語のはじまり. 岡本夏木（編）. 認識とことばの発達心理学,（pp. 3-36）, ミネルヴァ書房.

Helfman, G., Collette, B., & Facey, D.（1997）. *The Diversity of Fishes*. Blackwell Publishing.

廣松渉.（1972）. 世界の共同主観的存在構造. 勁草書房.

廣松渉.（1996）. 役割理論の再構築のために――表情現相・対人応答・役割行動（廣松渉著作集第5巻）. 岩波書店.

Howard, H. E.（1920）*Territory in bird life*. E. P. Dutton and Company.

井上秀雄（訳）.（1980）. 金富軾. 三国史記（上）. 東洋文庫 372. 平凡社.

石黒広昭.（2010）. 実践としての文化――文化に対する社会歴史的アプローチ. 石黒広昭・亀田達也（編）. 文化と実践――心の本質的社会性を問う,（pp. 107-158）. 新曜社.

石原道博（訳）.（1986）. 新訂 旧唐書倭国日本伝・宋史日本伝・元史日本伝―中国正史日本伝 2. 岩波書店.

石下景教・水口一久・渡辺忠温・楊傑川.（2012）. 対話型授業実践による日中集団間異文化理解の試み. 中国語教育学会 10 周年・高等学校中国語教育研究会 30 周年記念合同大会予稿集, 39-42.

伊谷純一郎．(1987)．霊長類社会の進化．平凡社．

伊藤哲司・山本登志哉．(2011)．日韓 傷ついた関係の修復――円卓シネマが紡ぎだす新しい対話の世界 2．北大路書房．

釜田聡・姜英敏．(2014)．日本・中国「異己」共同授業プロジェクトの概要．国際理解教育, 20, 96-100. (The Committee for International Activities and Exchange: China-Japan Collaborative Learning Project on 'IKO（Otherness)'.)

姜英敏・王燕玲・草野友子．(2009)．お返しをめぐる日中共同授業――価値基準の異なる他者理解の試み．国際理解教育, 15(6), 76-85.

川島武宜．(1949)．所有権法の理論．岩波書店．(著作集版第 7 巻, 1981)

キムソンヒ, 桑畑優香（訳）．(2004)．12 歳で 100 万円ためました！本当のお金持ちになった女の子のお話．インフォーバン．

金融広報中央委員会．(2013)．金融教育の手引き［http://www.shiruporuto.jp/teach/school/tebiki/pdf/tebiki.pdf］

喜多村信節．(1830=1932)．嬉遊笑覧上巻．成光館出版部．

鯨岡峻．(1970)．見ること．島根大学教育学部紀要 人文・社会科学, 4, 31-50.

鯨岡峻．(1979)．おとなからみた子ども．島根大学教育学部紀要人文・社会科学, 13, 41-63.

鯨岡峻．(1980)．おとなからみた子ども（Ⅱ）．島根大学教育学部紀要人文・社会科学, 15, 107-13.

Lave, J., & Wenger, E. (1991). *Situated learning: Legitimate peripheral participation*. Cambridge University Press.（佐伯胖（訳)(1993)．状況に埋め込まれた学習――正統的周辺参加．産業図書．)

Lévi-Strauss, Claude. (1950). *Introduction à l'oeuvre de Marcel Mauss* (in: Mauss. (1950)).

Lévi-Strauss, C. (1964). *Le cru et le cuit, mythologiques*. Paris: Plon.（早水洋太郎（訳)．(2006)．神話論理Ⅰ――生のものと火を通したもの．みすず書房．)

Lévi-Strauss, C. (1965). *Le totémisme aujourd'hui*. Paris: Press Universitaires de France.（仲沢紀雄（訳)．(1970)．今日のトーテミズム．みすず書房．)

Lévi-Strauss, C. (1978). *Myth and meaning: Five talks for radio by Claude Lévi-Strauss*. Toronto: University of Toronto Press.（大橋保夫（訳)(1996)．神話と意味．みすず書房．

Littledyke, M., & Cherrett, J. M. (1976). Direct ingestion of plant sap from cut leaves by the leafcutting ants *Atta cephalotes* (L.) and *Acromyrmex octospinosus*. *Bulletin of Entomological Research*, 66, 205-217.

Malinowski, B. (1967). *A diary in the strict sense of the term*. Harcourt, Brace & World, Inc. (谷口佳子（訳）(1987). マリノフスキー日記. 平凡社.)

Mauss, M. (1925). *Essais sur le don: Forme et raison de l déchange dans les sociétés archaiques*, Lés Année Sociologiques, nouvelle série, 1. (吉田禎吾・江川純一（訳）(2009). 贈与論. 筑摩書房.)

Mauss, M. (1950). *Sociologie et anthropologie*. Paris: Presse Universitaires de France. (清水・菅野（訳）(1974). マルセル・モースの業績解題. アルク誌（編）. マルセル・モースの世界. みすず書房.)

森山茂樹・中江和恵. (2002). 日本子ども史. 平凡社.

永井堂亀友. (1773). 小児養育気質. (中江和恵 (2003))

内藤勇次. (2000). 小学校生徒指導の実際——子どもの問題・課題からみる援助と指導. 学事出版.

中江和恵. (2003). 江戸の子育て. 文藝春秋.

中川清（編）. (1994). 明治東京下層生活誌. 岩波書店.

西田利貞（編）. (2001). ホミニゼーション. 京都大学学術出版会.

西村隆男. (1999). 子どもとマスターする 46 のお金の知識. 合同出版.

小原要逸・物集高量・三原新太郎・岸伸吉・木村俊秀. (1909). 実用家庭百科全書. 精美堂.

大澤真幸. (1990). 身体の比較社会学 1. 勁草書房.

大澤真幸. (1992). 身体の比較社会学 2. 勁草書房.

Omark, D. R., Strayer, F. F., & Freedman, D. G., (Eds.). (1980). *Dominance relations: An ethological view of human conflict and social interaction*. New York: Garland.

大藪泰. (2004). 共同注意——新生児から 2 歳 6 か月までの発達過程. 川島書店.

呉宣児. (2011). 対の関係.

呉宣児. (2015). 映画を用いた集団間文化理解：韓国と日本の大学生の交流. 日本発達心理学会第 26 回大会発表論文集.

呉宣児・高木光太郎・伊藤哲司・榊原知美・余語琢磨. (2012). 対話共同体への参加を通した集団間異文化理解の生成 (1) 日本・中国・韓国・ベトナムの大学を結ぶ対話型授業実践を通して. 日本発達心理学会第 23 回大会発表論文集, 20-21.

呉宣児・崔順子・山本登志哉. (2014). 集団間異文化理解への試み (1) ——日本と韓国の大学をつなぐ円卓シネマを通して. 共愛学園前橋国際大学論集, 14, 127-143. (http://www.kyoai.ac.jp/college/ronshuu/no-14/2014-oh.pdf)

Perrin, P. G. (1955). 'Pecking Order' 1927-54, *American Speech*, 30(4), 265-268.

ポランニー, K. 玉野井芳郎・栗本慎一郎（訳）. (1980). 人間の経済, 1, 2. 岩波書店.
斎藤裕. (1996). ダニ類の亜社会性. 親子関係の進化生態学（節足動物の社会）, (pp. 111-136), 北海道大学図書刊行会.
榊原節子. (2001). 金銭教育. 総合法令出版.
斯波義信. (1996). 中国における幣制の展開――宋・元・明時代を中心として. 金融研究, 15(3)（「わが邦幣制の変遷と対外関係――前近代を中心として」）.
司馬光（編）. (1084). 資治通鑑.
佚名 (2014). 圧歳銭的来歴. 人才資源開発, 24期.
施慧 (2010). 民間圧歳銭習俗小考. 神州民俗, 第2期, 8-10.
蘇秉琦, 張明声（訳）. (2004). 新探 中国文明の起源. 言叢社.（中国文明起源新探. 北京：人民出版社.）
Sorce, J. F., Emde, R. N., Campos, J., & Klinnert, M. D. (1985). Maternal emotional signaling: Its effect on the visual cliff behavior of 1-year-olds. *Developmental Psychology*, 21, 195-200.
Strayer, F. F., & Strayer, J. (1976). An ethological analysis of social agonism and dominance relations among preschool children. *Child Development*, 47, 980-989.
敦崇 (1906). 燕京歳時記――北京年中行事記（小野勝年（訳）(1967). 東洋文庫, 83. 平凡社）
張石川（監督）(1937). 圧歳銭.
高木光太郎. (2001). ヴィゴツキーの方法――崩れと振動の心理学（身体とシステム）. 金子書房.
高野陽太郎. (2008).「集団主義」という錯覚――日本人論の思い違いとその由来. 新曜社.
Triandis, H. C. (1995). *Individualism and Collectivism*. Westview Press.（神山貴弥・藤原武弘（編）. (2002). 個人主義と集団主義. 北大路書房.）
鳥山喜一. (1942). 支那・支那人. 岩波新書.
上笙一郎. (1991). 日本子育て物語. 筑摩書房.
山本登志哉. (1992). 小学生とお小遣い――「お金」「物霊」「僕のもの」. 発達, 51, 68-76.
宇治谷孟（訳）. (1988). 日本書紀. 講談社.
宇治谷孟（訳）. (1992). 続日本紀（上）. 講談社.
VISAインターナショナル. (2004). アメリカの女子に対する金銭調査.
Vygotsky, L. (1978). *Mind in society: The development of higher psychological process*. Harvard University Press.

ヴィゴツキー，L., 柴田義松・森岡修一・藤本卓（訳）（1987）．心理学の危機——歴史的意味と方法論の研究．明治図書出版．
ヴィゴツキー，L., 柳町裕子・高柳聡子（訳）（2006）．記号としての文化——発達心理学と芸術心理学．水声社．
脇坂義堂．（1803）．「撫育草」（山住正己・中江和恵（編）．子育ての書 2. 東洋文庫 293. 平凡社）
王瑛（1998）．加強対中小学生的金銭観教育．教育科学研究，01 期．
Wertsch, J. V.（1998）．*Mind as action.* Oxford University Press.（佐藤公治・田島信元・黒須俊夫・石橋由美・上村佳世子（訳）(2002)．行為としての心．北大路書房．）
山田洋子．（1977）．乳児の探索行動（3）——母への定位，母の表情などの分析．日本教育心理学会第 19 回総会発表論文集，178-179.
山田洋子．（1978）．言語発達を準備する一条件としての三項関係の成立（1）——指さし，Showing, Giving などの出現過程．日本心理学会第 42 回大会発表論文集，840-841.
山岸宏．（1995）．比較生殖学．東海大学出版会．
山本登志哉．（1990）．幼児のやりとりの変化をどう読むか——＜意図＞を鍵として．発達，43, 19-27.
山本登志哉．（1991a）．幼児期に於ける「先占の尊重」原則の形成とその機能——所有の個体発生をめぐって．教育心理学研究，39(2), 122-132.
山本登志哉．（1991b）．"処分権"に関する小学生の所有意識と心理的自立——日本の子どもはなぜ孔子に逆らうか．奈良女子大学文学部教育学科年報，9, 93-113.
山本登志哉．（1997）．嬰幼児"所有"行為与其認知結構的発達——日中跨文化比較研究．北京師範大学研究生院児童心理研究所．
山本登志哉．（1998）．ヒトの所有の生物学的普遍性と文化規定性——普遍性としての「日本発」をめぐって．発達，76, 23-26.
山本登志哉．（2000）．群れ始める子どもたち——自律的集団と三極構造．岡本夏木・麻生武（編）．年齢の心理学，(pp. 103-142)．ミネルヴァ書房．
山本登志哉．（2006）．中国の 1 歳児クラスにおける所有関係——ヒトの幼児集団は順位制に従うか．法と心理，5(1), 91-98.
山本登志哉．（2011）．ディスコミュニケーション分析の意味——拡張された媒介構造（EMS）の視点から．山本登志哉・高木光太郎（編）．ディスコミュニケーションの心理学——ズレを生きる私たち，(pp. 213-246)．東京大学出版会．
Yamamoto, T.（2012）．Genesis and intersubjectivity：Levels of mediation.

Integrative Psychological and Behavioral Science, **46**, 424-429（doi:10.1007/sl2124-012-9204-O）

山本登志哉．(2013)．文化の本質的な曖昧さと実体性について──差の文化心理学の視点から文化を規定する．質的心理学研究，**12**，44-63．

山本登志哉．(2015)．文化とは何かどこにあるのか──対立と共生をめぐる心理学．新曜社．

山本登志哉・片成男．(1996)．関于小学生"所有"意識発展的研究．心理発達与教育，**12**(1)，8-13．

山本登志哉・張日昇．(1997)．一歳半到二歳半嬰児交渉行為与交換性行為的形成──中日嬰幼児所有行為的結構及其発展研究之一．心理科学，**20**(4)，318-323．

山本登志哉・張日昇・片成男．(1999)．中日幼児"所有"関係的跨文化研究．心理学報，**31**(2)，200-208．

山本登志哉・片成男．(2000)．文化としてのおこづかい──または正しい魔法使いの育て方について．日本家政学会誌，**51**(12)，1169-1174．

山本登志哉・高橋登・安蒜悦子・辻井周子・濱中雅子・松嶋秀明．(2003)．お金をめぐる子どもの『逸脱』と金銭教育「正しい」社会的自我発達の仕組み．第45回日本教育心理学会総会発表論文集，S 92-93．

山本登志哉・伊藤哲司．(2005)．アジア映画をアジアの人々と愉しむ──円卓シネマが紡ぎだす新しい対話の世界．北大路書房．

山本登志哉・片成男・渡辺忠温．(2006)．中国の非儒教圏少数民族に於ける「早期教育」．平成14～16年度科学研究費補助金（基盤研究（B)(2)）「東アジア地域における「早期教育」の現状と課題に関する国際比較研究」最終報告書，日本学術振興会，127-144，総頁254．

Yamamoto, T., & Takahashi, N. (2007). Money as a cultural tool mediating personal relationships: Child development of exchange and possession, In Valsiner, J., & Rosa, A. (Eds.) *Cambridge handbook of sociocultural psychology*. Cambridge University Press, pp. 508-523.

山本登志哉・姜英敏．(2011)．ズレの展開としての文化間対話．山本登志哉・高木光太郎（編）．ディスコミュニケーションの心理学──ズレを生きる私たち，(pp. l7-48)．東京大学出版会．

山本登志哉・高木光太郎（編）．(2011)．ディスコミュニケーションの心理学──ズレを生きる私たち．東京大学出版会．

Yamamoto, T., Takahashi, N., Sato, T., Takeo, K., Oh, S., & Pian, C. (2012). How can we study interactions mediated by money as a cultural tool: From the perspectives of cultural psycology of differences as a dialogical methed in Valsiner, J. (Ed.), *The Oxford handbook of culture and psychology*, pp. 1056-1077, Oxford University Press.

山本登志哉・姜英敏. (2013). 読者参加型共同研究「日本，中国と韓国，何がどう違う？」Child Research Net (http://www.blog.crn.or.jp/lab/08/01/).

楊杰川・渡辺忠温・石下景教・水口一久. (印刷中). 基于対話式的跨文化教育実践——以中日高中生"集団間"的文化理解為例. 姜英敏（編），国際理解教育的理論与実践. 山西教育出版社.

楊長江 (1999). 中国孩子的金銭教育. 中央民族大学出版社.

周韵 (2011). 圧勝銭造型要素的現代解析与応用. 重慶大学碩士論文.

補章

調査の概要と結果の要約,そして伴走者によるコメント

渡辺忠温

1. はじめに

　本章は最後に位置する章ではあるが,2つの意味で本書の「始まり」の章である。

　まず,第10章までに見られたさまざまな問題について,おこづかい研究プロジェクトが対話的に議論・研究を積み重ねてきた「結果」を,主に理論的な面からまとめたのが終章だとすれば,本章は,あらゆる議論の「始まり」となったもの——各種調査とその結果——についてのまとめを行うものである。この補章の前半および付録では,おこづかい研究プロジェクトとして行われた各種調査(インタビュー調査・観察調査・質問紙調査)の概要と本書各章に対する補足的なデータをまとめる。本章を参照することで,おこづかい研究プロジェクトの議論の「始まり」となった調査の全体像が明らかになるだけではなく,各章の議論の,研究プロジェクト全体の中での位置づけもより明確なものとなる。なお,紙面上の制約から本書に掲載できなかったすべてのデータは,東京大学出版会のウェブサイトで公開されているので,そちらも合わせて参照していただきたい(http://www.utp.or.jp/bd/978-4-13-051334-0.html)。さらに,調査の単一性と各章の議論の多様性とを対比して眺めることで,同じ調査データから,視点の置き方によって多様な議論が生まれてくるという,おこづかい研

究プロジェクトに特徴的な議論の過程を追体験することもできるだろう。

また，補章の後半では，本書の多様な議論とデータをふまえて，そこから生ずる今後につながる新たな対話的議論の「始まり」の可能性について検討する。具体的には，本書においてこれまでデータ取りまとめ者の立場に徹してきた補章筆者（渡辺）が，その立場をいったん離れ，筆者なりの観点から，本書の議論から導き出せるいくつかの興味深い問題と，今後の研究の発展の方向性について考えてみたいと思う。

すなわち，この補章はこれまでの議論の「始まり」とこれからの議論の「始まり」をガイドする役割を持っている。本書の議論は本書のみの中に閉じられたものではなく，読者との対話を通じて新たな対話の可能性へと開かれたものである。その意味において，この「補章」が補っているのは，本書の議論に足りなかったものではなく，新たな対話の「始まり」のために足りないもの，と言えよう。

2. 調査の概要 [1]

2-1 インタビュー調査

調査時期・対象者

インタビュー調査は（以下，括弧内は調査年と子どもの調査対象者人数），日本では東京（2004年：33名），大阪（2004年：15名）の2都市，韓国では済州島（2002年：14名），ソウル（2002年：14名）の2都市，中国では延吉（2004年：6名），北京（2004年：6名）の2都市，ベトナムではハノイ（2003年：19名），計7都市で小学生から高校生までを対象として実施された[2]。また，調査では，子ども以外に，父母や祖父母に対しても調査を行っている。インタビュー調査対象者は，それぞれの都市において研究者の知人を通じて募集した。

実施方法

インタビューは，調査対象者の通う学校，もしくは調査対象者の家庭におい

て実施した。大阪（2004年）の調査では，1人のインタビュアーによってインタビューを実施し，その他の都市においては，通訳も含めて2〜4人程度の研究者がインタビュアーとして，1〜3人程度の調査対象者に対してインタビューを行った。複数のインタビュアーが調査を行う場合でも，インタビュアーのうち主に1人が中心となって，事前に設定した質問項目に沿ってインタビューを行い，他のインタビュアーは適宜質問を行った。各インタビューの所要時間は約30分〜2時間であった。

調査内容

事前にインタビュー調査の質問内容と記録用紙の内容について討議したうえで，半構造化面接法による調査を行った。調査時には，インタビューの目的，インタビュー内容は論文等で匿名で使用する可能性があること，個人情報については公開されないこと，不快に感じられる質問については答える必要がないこと，インタビューはいつでも中断可能なこと，などを説明し，インタビューへの参加について同意を得た後，インタビューを行った。また，インタビュー後にも，質問項目の中に不快に感じられるものがなかったかについて，再度確認した。インタビュー内容は，すべてインタビュー記録用紙に記録した。

事前に設定した子どもに対する基本的な質問項目は，(1) 氏名，学年，誕生日と年齢，学校名，家族構成（同居者の確認），親の職業といった「基本的な情報」，(2) 所持しているお金の金額（現在所持しているお金・家にあるお金・貯金）やお金の入手方法（おこづかい，お年玉，誕生祝い，アルバイトなどの頻度や金額など），手に入れる金額に対する満足度などといった「おこづかいの収入的側面に関することがら」，(3) お金の用途，自分のお金を使用する人物（他の人が自分のお金を使うことがあるか，など），他の人のために使用するお金についてなど「おこづかいの支出的側面に関することがら」，(4) おこづかいの使用に関して家族から言われることがらや，金銭使用の自由度など，「家族によるおこづかいの管理に関することがら」，(5) 金銭の入手や使用に関わる善悪意識，おこづかい使用に関する子どもの考えなど，「おこづかいをめぐる各種の認識」，(6) おごりの頻度，おこりについての考え方など，「おごりに関することがら」，(7) 物の売り買い経験の有無や，売り買いについて

の考え方など,「物の売り買いに関することがら」,(8) 学校生活や友だち関係の状況など,「その他のことがら」の主に8つのテーマに関するものから構成されていた。また,インタビュー時には,子どもだけではなく,父母や祖父母に対しても「子どもの頃のおこづかいに関する経験」(どのくらいの頻度でもらっていたか,誰からもらっていたか,おこづかいに関連した思い出のエピソードなど) や「おこづかいについての考え方」(おこづかいをあげている／あげていない理由,おこづかいに関する悩みなど) などについてインタビューを行った。

記録用紙には,上記の質問に対する回答内容以外に,実施日時,面接者,記録者,調査協力者の性別などについて記録した。

2-2 観察調査

調査の時期・対象者

子どもの買い物場面についての観察調査は (以下,括弧内は調査年と子どもの調査対象者人数[3]),日本では大阪 (2001年:第7章参照) と東京 (2004年:30人) の2都市,韓国では済州島 (2002年:33人) とソウル (2002年:58人) の2都市,中国では延吉 (2004年:19人) と上海 (2004年:20人) の2都市,ベトナムではハノイ (2003年:52人) という,計7都市で実施された。多くの場合,観察調査は上記のインタビュー調査実施時にそれと並行して実施された。

実施方法

観察調査は各都市の商店などにおいて,事前に調査の趣旨などについて説明し,商店の店主などの許可を得たうえで実施した。調査時には,数名の調査者でチームを組み,店内における子どもの購買行動の様子を観察した後,商店から出てきた子どもに対してインタビュー調査を行った。

店内での購買行動については,観察日時,場所,記録者とともに,購買行動中の各時点における行動,買い物の様子についてあらかじめ用意した記録用紙に記入していった。また,観察時に特に重視する行動のチェックリストも設定し,(1) 買う物をいろいろ迷っている (店内をうろうろしている),(2) だい

たい買う物を決めている，(3) 友達に買う物を相談している，(4) 買う物が決まった後でもいろいろ見ている，(5) 迷っていたが結局何も買わずに店を出る，といった「買う物の決め方に関わる行動」，(1) 合計金額を計算しながら考えて買い物している，(2) 支払い時に自分の買い物の合計金額を理解している，(3) 支払い時に店の人，または友達に助けを求める，といった「支払いに関わる行動」，およびその他特徴的な行動については重点的に記録していった。

買い物後インタビュー調査における質問内容

買い物後の子どもに対して実施したインタビュー調査の質問項目は，主に(1)購入物，購入の際の選択・判断方法など，観察時の「買い物の内容と方法に関することがら」，(2)所持金金額，おこづかいの入手方法など「金額・金銭の出所に関することがら」，(3)普段の買い物の頻度や一緒に買物に行く人物，おごりなど「買い物の頻度やその方法に関することがら」から構成されていた。インタビューの内容は専用の記録用紙に学年（年齢），性別とともに記入した。

2-3 質問紙調査

調査時期・対象者

質問紙調査は，大阪（2002年），ソウル（2003年），北京（2005年），ハノイとハイフォン（2004年）の5都市で，小学5年生，中学2年生，高校2年生を対象に行われた（表1）。調査は授業内で集団式・無記名式で実施された。

調査内容および得点化の方法

質問紙調査の調査内容は，主に「具体的なお金のやりとり」と，「お金のやりとりをめぐる価値規範意識」に大別される。「お金のやりとり」に関する質問項目では，親から子へ直接的に与えられるおこづかいに関するものが中心となるが，それ以外にも他者（主に友だち）との間を行き来するお金，労働の対価として得られるアルバイト収入や，種々の購買行動の対価として用いられるお金に関するやりとりも項目として含まれる。

「具体的なお金のやりとり」としては，「お金のもらい方」（もらうお金の額／入手形態／入手頻度），および「お金の使い方」（支出経験の有無と出資者）

第4部　おこづかい研究を振り返る視点

表1　質問紙調査　調査対象者人数内訳

	大阪			ソウル			北京			ハノイ・ハイフォン		
	男	女	合計	男	女	合計	男	女	合計	男	女	合計
小学5年生	149	143	292	119	107	226	126	124	250	88	109	197
中学2年生	122	125	247	131	123	254	101	138	239	100	99	199
高校2年生	66	108	174	136	126	262	63	139	202	190	198	388

表2　各質問項目の教示内容，回答方法，得点化の方法

	調査内容	教示内容	回答方法	得点化の方法
具体的なお金のやりとり	もらうお金の額	「平均するとあなたは一ヶ月にいくらくらいお金をもらっていることになりますか」という問いに回答するよう教示	「一ヶ月にだいたい〔　〕円くらい」の〔　〕内にあてはまる数字を記入	名義尺度
	入手形態	時期や金額が曖昧なおこづかいのもらい方(「不定期不定額」)と，時期や金額が予め決められているおこづかいのもらい方(「定期定額」)の二通りを提示し，自分のおこづかいのもらい方がこれらにあてはまるかを回答するよう教示	「あてはまる」「あてはまらない」の2件法	「あてはまる」「あてはまらない」の回答頻度
	入手頻度／入手経路別頻度	「お年玉としてもらうお金」「誕生日のお祝いとしてもらうお金」など，10項目の入手経路別のお金のもらい方についてその頻度を回答するよう教示	「1. もらったことがない」「2. もらったことはあるがあまりもらえない」「3. 何度ももらったことがある」の3件法	1-3点の得点化
	入手頻度／目的別頻度	「夕食や朝食を外で食べるためにもらうお金」「バスや電車で学校や塾へ行くためにもらう交通費」など，6項目の目的別のお金のもらい方についてその頻度を回答するよう教示	「1. もらったことがない」「2. もらったことはあるがあまりもらえない」「3. 何度ももらったことがある」の3件法	1-3点の得点化
	支出経験の有無と出資者	「文房具を買う」「おやつを友だちにおごる」などの購買行動に関する25項目について，購買経験の有無，および，誰が出資するかについて回答するよう教示	「1. そういうものにお金を使ったことがない」「2. 親が払ってくれる」「3. 親から特別にお金をもらう」「4. 自分のおこづかいやお年玉などで払う」のいずれかを選択(複数回答可)	各選択肢の選択頻度
お金のやりとりをめぐる価値規範意識	使用の善悪判断	「文房具を買う」「おやつを友だちにおごる」などの購買行動に関する25項目について，その善悪の判断をするよう教示	「1. よくない使い方だと思う」「2. どちらとも言えないと思う」「3. よい使い方だと思う」の3件法	1-3点の得点化
	使用の許容度判断	「文房具を買う」「おやつを友だちにおごる」などの購買行動に関する25項目について，それがどれほど許されるかを判断するよう教示	「1. そういう使い方は許されないと思う」「2. 自分のお金でも保護者の許可が必要と思う」「3. 自分のお金で自由に使えると思う」の3件法	1-3点の得点化
	お金をめぐる友だち関係	友だちとの金銭の貸し借りや友だち同士のおごり合いなど，友だちとのお金のやりとりを示す13項目についてその賛否を回答するよう教示	「1. まったく反対」から「5. まったく賛成」の5件法	1-5点の得点化
	お金をめぐる親子関係	親子間のお金のやりとりや貸し借りを示す7項目についてその賛否を回答するよう教示	「1. まったく反対」から「5. まったく賛成」の5件法	1-5点の得点化

を設定した。また「お金のやりとりをめぐる価値規範意識」としては,「お金をめぐる価値観」(使用の善悪判断／使用の許容度判断／お金をめぐる友だち関係／お金をめぐる親子関係)を設定した。各調査内容,教示内容,回答方法,得点化の方法は表2の通りである。いずれの質問項目も,日本および中国朝鮮族を対象とした質問紙調査(山本,1992;山本・片,2001)および上記の韓国済州島,ソウルにおけるインタビューや観察調査を踏まえ,日韓中越の小中高生の子どもたちが,親や友だちとのお金のやりとりや,購買行動において具体的に行っている事項を項目として設定した。項目設定においては,日韓中の研究者間で討議し,比較調査の実施を念頭に置きつつ作成した。

また,表2に見られる調査項目以外にも,調査協力者の基本的な情報として,日本については,年齢と性別,またその他の都市については,生年月日,学年,性別,民族,家族構成,父母の職業,海外での生活経験についても質問項目を設定した。

なお,調査時間の制約を考慮し,質問紙1と質問紙2という2タイプの質問紙を作成し,調査対象者を同数に分け,それぞれに,質問紙1,2のいずれかを実施した。表2における調査内容のうち,「もらうお金の額」「入手形態」「入手頻度／目的別頻度」「入手頻度／入手経路別頻度」「お金をめぐる友だち関係」「お金をめぐる親子関係」は両質問紙に共通のものであり,「支出経験の有無と出資者」は質問紙1のみに含まれ,「使用の善悪判断」「使用の許容度判断」は質問紙2のみに含まれる質問内容である。

3. 本書論文へのコメント

これまで,おこづかい研究プロジェクトの調査の概要についてまとめてきた。こうしたおこづかい研究プロジェクトの調査とその後の研究が進められた時期に,筆者(渡辺)は2005年から9年間中国の北京市の大学で過ごしていた(博士課程は北京師範大学発展心理研究所,博士後の時期は北京師範大学教育学部および中国人民大学教育学院)。留学当初,筆者は主に中国と日本の子どもたちの発達と教育についての研究,特に中国と日本の高校生の大学受験に対する考え方や親や教師など周囲の人々の関わり方について研究を行っていた

(渡辺，2009; 2013)。その後，関心は大学入試制度も含めた中国と日本の教育制度の比較（渡辺，2012）や日中間での相互理解（石下・水口・渡辺・楊，2012）などにまで広がったが，基本的には異なる文化間（主に日中間）での子どもの発達と教育，およびその理解というテーマについては関心を持ち続けてきた。

お金という価値をめぐる人間関係と学歴という価値をめぐる人間関係，研究者間の対話的異文化理解と日中の高校生間の異文化理解，という多少の違いこそあれ，筆者が関心を持ってきた研究テーマは本書の議論とも関連が深い。そうした筆者自身の関心から見て，おこづかい研究プロジェクトは魅力的なものであり，参加の機会を得たことは，貴重な経験であった。ただ，考えてみれば，このように本書のデータのまとめを行っている筆者自身は，おこづかい研究プロジェクトの調査実施段階ではほとんど参加してはいなかった。また本書の執筆以前には主におこづかい研究プロジェクトにおける中国データのとりまとめを行い（渡辺・片・高橋・周，2012），本書の執筆過程においてもこれまで4か国のデータの整理を中心に行ってきたのであり，本書各章の議論自体には特に関与してこなかった。いわば，おこづかい研究プロジェクトにとっては「伴走者」だったのである。

しかしながら，「伴走者」であり，他方では関連のあるテーマについて中国と日本の子どもたちの発達や教育を見てきたからこそ，筆者には，本書の議論の中に，子どもとお金の問題にとどまらない，中国と日本の子どもたち（おそらく，韓国やベトナムの子どもたちについても）の発達と教育全般について重要な示唆が多くちりばめられていることがわかる。同時に，これからの中国と日本の子どもたちの発達や教育について考えていくうえで，それらの議論が出発点であることがわかる。

以下では，筆者が本書を全体的に眺めたうえでポイントと思われる点をまとめ，コメントを行う。もちろん，以下のコメントは筆者自身の考えるポイントであり，読者によってほかにも多様な見方があって構わない。また，以下のコメントの中に現れるいくつかの論点は，本書の議論全体を通して眺めることによってはじめて気づくといった性質のものと言える。本書の個別の章の論者が見出し得ない新たな論点が存在する可能性も高い。その意味において，本書の読者にももう一度本書からどのような議論が引き出せるか，自分なりの視点で

考えてみていただければと思う。

3-1　子どものお金をめぐる行動の規範と逸脱

本書第１部（第１章から第３章）では，主に日韓中越の４か国の子どもたちのお金をめぐる行動と考え方の発達について，国間のデータを比較検討しながら，各国の子どもたちの特徴を明らかにしている。その中で，年齢の上昇に伴い子どものお金をめぐる行動および考え方が，親の影響を強く受けたものから，子ども独自のものへと変化していく傾向が４か国すべてに共通して見出されている。より具体的に言えば，①消費行動においてお金を支払う主体は親から子へと移行し，②子どもが自分の手持ちのお金で支払いを行う商品やサービスの項目数も年齢の上昇に伴って増加し，③金銭使用に関する善悪・許容度判断についても，年齢とともに肯定的な評価へと変化していた。こうした発達的変化の傾向を，第７章では，親の規範やコントロールからの「逸脱としての発達」という言葉でまとめている。

第２章（p. 49）で述べられているように，親の価値判断は教師や他の大人の価値判断と類似した傾向をとることが多く，したがって，ここで言う「親からの離脱」は，同時に「社会的規範からの逸脱」と近似したものと言えるだろう。思春期以降に子どもが親の世代の価値観や社会的規範に対して相対的な立場をとるようになり，次第に規範を遵守しなくなる傾向については，これまでの研究においてもたびたび指摘されてきた（e.g., 山岸, 2002）。また，子どもの発達に関する素朴な見方からも，第二次反抗期である思春期において，社会的規範や親の価値観などに対してより反抗的な態度をとるようになることは違和感がない。しかしながら本書が指摘する「逸脱としての発達」という子どもの金銭関連行動の発達についての理解のあり方は，そうした「反抗期を経ることによる発達」といった既存の研究の発達観とは異なる面を含んでいる。

まず確認しておかなければならないのは，「逸脱」という言葉が必ずしも否定的な意味合いを持っていないということである。発達心理学などにおいて子どもの道徳性の発達または規範意識の発達を扱う場合，社会規範や道徳は社会や集団の一員として遵守されるべきものとされ，子どもがそうした社会規範や道徳を理解し，遵守しようとする（あるいは遵守しようとしない）傾向の発達

的変化について検討されることが多い（e.g., 山田・小泉・中山・宮原, 2013）。したがって，そうした立場に立つ場合,「反抗」や「逸脱」は否定的な意味合いを持っている。それに対して，本書が「逸脱としての発達」という語を用いる場合には，単に「親が子どもに対して求める規範から逸脱している」ということを意味しているにすぎず，子どもたちの消費生活の範囲の拡大などによる親のコントロールからの離脱として，むしろ肯定的な意味合いさえ含んでいる。

　親のコントロールから離れて子どもの自立性が増すということは，第7章において指摘されているように，環境（具体的には，たとえば買い物の場所など）を子ども自らが選択し，商品を他者（友人など）との関係の中で選択するといった，買い物場面における選択を自ら柔軟に行う必要を生じさせることになる。また,「逸脱」に伴って必要となる柔軟さは，選択の問題に関連したものだけではない。たとえば，親が子どもに交通費として使うように言い聞かせて与えたおこづかいを，子どもが交通機関を使わずに歩いて学校などに通うことで貯めておき，自分の使いたい他の用途にお金を使うといった事例を，4か国のインタビューデータの中でしばしば見かける。こういった金銭使用の柔軟さも,「逸脱」に伴って習得していくべきことがらのひとつであろう。

　そもそも，特定の規範や手続きにのっとった行動をとりさえすれば，商品が必ず購入できると考えるのは幻想にすぎず，購買行動においてしばしば必要とされるのはそうした柔軟さの方なのかもしれない。たとえば10年ほど前，北京市にある大学に留学したばかりの頃，筆者は次のようなできごとを体験した。ある日，テレビとDVDプレーヤーをつなぐ特殊なケーブルを買いに家電量販店に行った。ショーケースの中にそれらしきものを見つけ，これが欲しい，と店員に告げたが，店員は「こんなものを買うのはお金の浪費だ。買わなくてもDVDに付属のケーブルで大丈夫だ」と言い，ショーケースから出そうともしない。しかし，そのケーブルがなければ，買ったばかりのDVDの音声は再生できず，また値段も店員が言うほどに高いものでもない。何とかしてそのケーブルを買って帰りたいのだが,「どうしてもそのケーブルが必要だ，買わせてくれ」と必死で懇願し，説得しようとする筆者に対して，店員はとうとう最後まで折れることはなかった。結局，筆者は店員の勧めで，価格の安い，しかし考えていたのとは違う，金属製のプラグのようなものを買うことになった。

この場面において，店員は客である筆者が損をしないように，おそらく中国的な文脈においては，非常に良心的な対応をとったのだと推測される。これも彼女なりの規範的な接客行動である。一方で，「お客様は神様」の国である日本で生活してきた筆者からすれば，お金も持っていて，欲しい商品がガラス1枚隔てた向こう側にすでにあり，その商品を買う意思もある，といった状況で，なぜ売るために商品を陳列しているはずの店の店員の抵抗にあって，その商品を買えないのか，合点がいかないのである。つまり，店員と筆者の間で正しいと考える規範にズレがあるような状況では，筆者は自らが正しいと考える規範に忠実でいるだけでは商品を購入することはできず，必要だったのは，店員を説得する技術であり，どうしても説得できないのであれば，別の店に行く，あるいは中国の友人を連れて別の日に来るなどの，状況に合わせた判断なのである。子どもの消費者としての発達についても同様であり，お金という道具の使用に習熟していくことは，「正しい」使い方や，規範を学んでいくことだけでなく，ある一定のルールが存在することを理解しつつ，時にはそれから逸脱しながら，状況に合わせてお金を柔軟に使うことができるようになるということも含まれると言える。

3-2 お金に関連した子どもたちの行動から見えてくるもの

筆者がそうした消費行動における「柔軟さ」に注目するのも，中国での生活の影響が大きい。第2章では「親からの一方的な要求にひたすら対峙しながら，それとなんとかして折り合いをつけ，自身のふるまいをコントロールする」中国の子どもたちの特徴が指摘されている。直接的にはお金をめぐる親子関係の中での子どもの特徴として指摘されたものであるが，「大人になることの意味」として指摘されたその特徴は，発達の過程の中で子どもによって習得されていくべき，中国社会における（親との関係に限らない）他者との関係のあるべき姿として想定されているものと考えてよいだろう。また，第3章では，インタビューにおける語りの中から，「大まかな」お金をめぐる中国の傾向として，中国の子どもたちが「必要に応じて」友だちとの間でおごりやお金の貸し借りを行っており，「自己限定」的なやりとりも「相互交換」的な規範意識もともに存在すると指摘している。第2章と第3章で指摘されたこれらの特徴を総合

的に考えれば，お金が関係する人間関係において，中国では固定したルールを厳格に遵守していくというよりも，状況に合わせた行動をとることが優先され，他者との間でお互いに要求を主張し合うことが必要だと考えられる。この点は特に他者との関係において比較的固定したルールを遵守する傾向のある日本との対比においてより明確になる特徴であり，また，中国で生活していた筆者の素朴な感覚からも頷ける部分が大きい。

　お金に関するものに限らず，また子どもに限らず，中国の人間関係において，原則的な規範は存在するものの，実際の交流場面においては，そうした原則的な規範を遵守することよりもその場の状況や人間関係の親密さなどの状況要因の方が優先されることが多い。また，規範自体が，固定したものと言うよりも話し合いややりとりを通じて状況に合わせて形成・調整されることも多い（e.g., 金, 2014）。柔軟性・融通性に富むこうした中国的な規範のあり方は，同時に，放っておけば規範自体が無意味になる可能性も持っている。第5章で中国の子どもに対する金銭教育について論じられる中で，（日本人である筆者の感覚からすれば）「管理」の側面が比較的強調されているのも，子どもにある程度の額のお金を与えた場合に，放っておけば自由にお金を使いすぎてしまう可能性がある（もしくはその可能性を親が心配している）ことの裏返しと言えよう。

　本書は主に4か国の子どもたちのお金をめぐる行動や考え方について検討するものである。ただし，上記の中国における規範のあり方の例にも見られるように，そこで見出された特徴は，子どもたちに限定されない，お金に関わる領域に限定されない，その国の人間関係全般における文化的特徴と類似，あるいは対応することも多い。実際，第1章において「お金を媒介にすることで，対人関係の文化的特徴がもっと見えやすくなる」とされ，第2章において親子関係についての議論から「大人になることの意味」が論じられていることからもわかるように，本書の執筆者たち自身が，子どもたちのお金をめぐる行動や考え方の中に現れるその国の人間関係の文化的特徴までを射程に入れて議論を行っていることは明らかである。さらに，終章で展開されたEMSのモデルに基づいて，理論的な面から考えても，特定の社会・文化的集団の中で歴史的に形成されてきた比較的安定した超越的な第三項との関係によって，それがお金に

関係する行動であれ，それ以外の領域における行動であれ，一定程度類似した行動になる可能性は大きい。比較的具体的なレベルの子どもたちの行動を丹念に検討していくことから，より一般的な文化的特徴を明らかにしていくという本書の研究上のスタンスは，心理学における文化研究として考えた場合に，独特なものであるが，その一方で，あえて今後の検討課題を挙げれば，本書においてお金をめぐる各国の対人関係などの文化的特徴として提示されたさまざまな知見が，どの程度までお金と関連する領域での行動に限定されたものなのか，あるいは領域に縛られず一般化可能なものなのか，といった点についてさらに検討していく必要性も感じた。

3-3 対話を通した比較文化的研究と文化を語ること

　本書第2部（第4章から第7章まで）では，第1部における大阪，ソウル，北京，ハノイ，ハイフォンの調査データとは異なるデータも援用しながら，日中韓越それぞれの国の論者独自の視点から子どもたちの金銭をめぐる行動や考え方の特徴について述べられている。

　一見したところ，第1部と第2部では同じ「お金をめぐる子どもたちの発達」というテーマについて調査結果がまとめられているにもかかわらず，議論やデータに対する解釈には統一性がない。たとえば，中国（北京）在住の研究者である片（第1章）によって描かれた消費者としての中国の子どもたちのあり方は，同じ中国在住（上海）の研究者である周（第5章）によって親の社会階層などの面から検討しなおされている。また韓国出身の研究者である呉（第3章）によって「相互交換的」なものとして描かれた韓国の子どもたちの友人間でのお金のやりとりは，韓国在住の研究者である崔と金（第4章）によって「相互互恵的」なものとして別のイメージが提示されている。その結果として，本書全体を通して，4つの国の子どもたちのお金をめぐる「生活世界」のあり方は，ひとつの収束的な結論や解釈を与えられることなく，それぞれのデータおよび論者の視点の違いから生じる多様性が展開されたままで終わっている。

　同様に，子どもたちにアプローチしていくための調査方法と，それを通して得られる調査方法ごとに異なる結果も本書を通じて完全に収束に向かうことはない。より正確に言えば，第1部の各章では，主に国あるいは地域間の質問紙

調査に基づいたマクロな比較を中心にしながら，そこにインタビュー調査のデータも引用することによって，子どもたちのお金をめぐる行動の違いとそれぞれの国の子どもたちの全体的な特徴を描き出しているが，第1部でいったん収束的解釈に向かった質問紙調査とインタビュー調査は，第7章における買い物場面の観察データに基づいたミクロな視点からの記述によって「切れ目」を入れられる。実際，第7章の論者自身が述べるように，主に質問紙調査に基づいた第1部の結果から受ける日本の子どもたちの印象と，観察データとの間にはギャップがある。

通常，比較文化的研究において，こうした多声的（マルチボイス）な議論と多様な方法（マルチメソッド）が使われる目的は，さまざまな角度から物事をとらえることによって，正確な文化の様相を示すためである。そして，もし本書の目的が4か国の子どもたちのお金をめぐる発達の様相について，正確に調査・記述することにあるのであれば，上記のように統一性がなく，収束していかない結果や議論の提示は，一種の研究の「失敗」あるいは「破綻」のようにも見える。

しかしながら，終章で述べられているように，そもそも本書の執筆者たちにとって，国際的研究を通じて探求されるべきものは，固定された唯一の正しい「日本文化」の中での子どもたちの行動や「中国文化」の中での子どもたちの行動ではない。日韓中越それぞれの国で暮らす人々と対話することによって感じる自らの生活習慣との差異や，あるいは4か国において収集されたデータを比較する中で見出される差異，研究者同士の対話の中で感じられる差異や共通性などが契機となって，対話当事者にとってのお互いの（あるいは相手の）国における生活の文化的特徴や子どもたちのお金をめぐる行動や考え方の特徴が立ち現れるのである。当然，そのような過程を経て主観的に立ち現れた解釈や理解は，対話当事者である研究者ごとに独自の，お互いに微妙なズレを含んだものとなる。

差異の中から主観的に立ち上がったこれらの多様な理解・解釈は，文化間での相互理解を得るためのプロセスとして，引き続き対話の中で調整が行われていくことになるが，第10章において詳細に語られているように，多様性を維持しながら対話を継続することは実際には非常に困難を伴う過程となる。特に

自らのコアな価値観に触れることがらについて，文化的背景を異にし，自国の子どもたちの生活に触れたことない相手（研究者）から異なる価値観や解釈を示され，それに対して自らの考えを説明し続けることは，非常な忍耐を要するはずである。

　筆者も中国で日本について説明を求められた経験があるが，自国の事情を説明する際に，明快さと詳細さの間でのジレンマに陥ることがしばしばある。つまり，文化的背景が異なり，自国の事情についてあまり詳しくない他者に対して説明を行う場合，相手に理解してもらうためには，より単純化した表現（たとえば「日本人はおごりは行わない」）を選択した方がわかりやすいが，他方では，多数の例外も含めて自国の事情を説明したほうが（たとえば「日本人の中にはおごりを行う人もいれば，常に割り勘を行う人もいる。また他の状況のもとではおごりも割り勘も両方行う可能性がある」といった可能性のある多様な行為をすべて説明する場合），より正確に相手には伝わる。本書における研究は，マルチボイスとマルチメソッドという2つの多様性を生み出す方法を併用することで，一方では複数の人間がそれぞれ自国の子どもたちの様子を語り，またさまざまなタイプのデータの共有を通して，それぞれの国の中にある子どもたちの行動などのバリエーションを示す。それにより，こうしたジレンマが生じることを避け，多様性を残したままで対話的相互理解を継続していくことを実現しているように感じた。

　こうした多様性を残した対話的研究には，本来明確な終わりはないものである。また，本書の中でもたびたび指摘されているように，時間的経過に伴って，各国における子どもとお金をめぐる状況も変化していくはずであり，そうした変化も，新たな対話の必要性を生み出す。したがって，本書は，最後の1ページに至るまで，ある特定の結論に収束することなく終わっているが，本書の中で展開された議論自体は，単なる相対的な異文化理解のままで終わってしまったわけではなく，むしろ本書を手に取った読者との間で現在も対話は続けられており，おそらくこれからも議論は続いていくと考えるべきであろう。

3-4 本書の議論から実践的な教育場面への応用

　議論の内容や方法のうえで多様性が存在するだけではなく，そもそも子ど

とお金をめぐる本書の研究が持つ意味自体も，おそらく本書の各論者間で異なっている。特に興味深いのは，韓国（第4章），中国（第5章），ベトナム（第6章）の論者がすべて，各章のまとめにおいて「お金に関する教育」の問題に触れており，同時にその内容が異なる点である。いずれも，現在の自国の子どもたちのお金の使用状況・管理状況について，少なくとも一部の側面に対して否定的な見解が述べられており，それに対して教育の重要性が述べられているのだが，そうした自国の子どもたちの現状に対する否定的な見解には，実はそれぞれの国の特徴や論者の持つ視点の特徴が反映されている。

たとえば，韓国（第4章）については，「現在，韓国の社会の価値，親の価値が物質主義的であること」に対して「残念」とされているのであるが，このことは，人間関係の中でお金が金額・回数の上で比較的多くやりとりされる韓国の特徴と関係している。さらにこうした特徴は，別の面では「子どもにより自由にお金を使わせ，また一人でも店に行くようにする」ことを通じて子どもの自立を図り，お金の使い方を学ばせていく，韓国的な（親による）金銭教育の特徴にも反映されている。また，第5章（中国）は本書の中でも特に金銭教育の必要性について重ねて述べられている章と言える。教育の必要性の指摘は子どもだけではなく，親の観念にまで及んでおり，また合理的，あるいは道徳的な消費行動とその教育が必要であることだけではなく，「理財」という言葉にも表現されているように，いかに富を合理的に蓄え，活用していくか，という側面も持っている。それに対して，ベトナム（第6章）については，論者自身が「ベトナムの子どもたちも消費社会に参加しているが，それは限定された範囲においてである」と述べているように，これからの金銭教育において重要だと考えられているのは，主にお金を使うスキルである。

一方で日本在住の論者たちの本書における関心は，教育というよりも主に子どもたちのお金をめぐる生活世界の特徴を描くこと，およびその理論化に向けられている。このようなお金に関する教育についての各章のスタンスの違いは，おそらく，それぞれの国の論者にとっての本書の持つ意味の違いや各論者が置かれている研究上の文脈や研究に対して社会的に要求されるものの違いからくるものと思われる。それぞれの国や社会の文脈の中で，本書の成果をどのように子どものお金についての教育や異文化理解教育といった実践的な教育の場面

に生かしていくのか，という点は今後さらに検討していく必要があるだろう。

注

[1] 補章および付録において，「調査の概要」と付録部分では，調査が各都市を単位に実施されたことを考慮し，「都市」または「地域」単位で表記し，「本書論文へのコメント」部分では，他章と同様に「国」を単位として表記し，議論することとする。

[2] 本研究プロジェクトの先行研究として，本書の執筆者である山本と片が，1991年から1999年にかけて，日本の奈良と中国の北京，上海，延吉の小・中・高校生を対象にインタビュー調査と質問紙調査を行っている（調査の詳細は，山本，1992; 山本・片，2000; 山本・片，2001を参照）。また，複数の言語でのインタビューを行っており，分析や解釈を行う上で，分析者の言語能力の問題などが存在するため，調査対象者の人数と実際に分析に用いた対象者の人数が一致しない場合もある。

[3] 観察によるデータの中には，店舗内での買い物行動の一部についてのみ観察したもの，買い物後のインタビューを行わなかったもの，観察・インタビュー時間がごく短時間に終わったものなども含まれるため，正確な観察対象者人数を算出しにくい。ここではあくまで概算の人数として示す。

引用文献

石下景教・水口一久・渡辺忠温・楊傑川．(2012)．対話型授業実践による日中集団間異文化理解の試み．中国語教育学会10周年・高等学校中国語教育研究会30周年記念合同大会予稿集，39-42．

金愛慶（2014）．家族機能から見た大学生の家族意識――日本・韓国・中国における国際比較．名古屋学院大学論集，社会科学篇，51(1), 81-92．

渡辺忠温．(2009)．中日青年関於高考認知的跨文化比較研究．北京師範大学提出博士学位論文．

渡辺忠温．(2012)．多様化的日本大学入学考試制度，福建教育：中学版，2012年第1期，51-52．

渡辺忠温．(2013)．中日高中生対学歴的看法．中国人民大学教育学刊，12(4), 69-78．

渡辺忠温・片成男・高橋登・周念麗．(2012)．中小学生的消費生活与金銭支付方式比較研究――以北京，上海，山東，延辺四地区為例．鄭州師範教育，1(3), 13-22．

山田洋平・小泉令三・中山和彦・宮原紀子．(2013)．小中学生用規範行動自己評定尺

度の開発と規範行動の発達的変化．教育心理学研究，61(4), 387-397.
山岸明子．(2002)．現代青年の規範意識の稀薄性の発達的意味．順天堂医療短期大学紀要，13, 49-58.
山本登志哉．(1992)．小学生とお小遣い――「お金」「物霊」「僕のもの」．発達，51, 68-76.
山本登志哉・片成男．(2000)．文化としてのお小遣い――または正しい魔法使いの育て方について．日本家政学会誌，51(12), 1169-1174.
山本登志哉・片成男．(2001)．お小遣いを通してみた子どもの生活世界と対人関係構造の民族・地域比較研究――吉林省朝鮮族・吉林省漢族・上海市漢族・奈良市日本民族の比較から．平成10～12年度科学研究費補助金（基盤研究（A）(2)（海外）研究成果報告書「文化特異的養育行動と子どもの感情制御行動の発達――その日中比較」，79-103.

付 録

質問紙調査結果

渡辺忠温

(1) 入手頻度
　　付録表1　入手頻度　各項目　各都市各学校段階別平均・標準偏差
　　　　　　　　　　　　　　　⇒関連：第1章（p. 29 図1）・第2章（p. 53 図3）
　　付録表2　入手頻度　探索的因子分析結果（主因子法，バリマックス回転）
　　　　　　　　　　　　　　　　　　　　　　　⇒関連：第2章（p. 62）
　　付録表2（参考）　入手経路　探索的因子分析結果（主因子法，バリマックス回転）
　　　　　　　　　　　　　　　⇒関連：第1章（p. 30 図2; p. 47 注[1]）

(2) 子どもの買いたいもの
　　付録表3　子どもの買いたいもの：各都市別項目と割合
　　　　　　　　　　　　　　　　　　　　　　　⇒関連：第1章（p. 35）

(3) 善悪の認識・許容度の認識
　　付録表4　善悪の認識　探索的因子分析結果（主因子法，バリマックス回転）
　　　　　　　　　　　　　　　⇒関連：第1章（p. 44）・第2章（p. 59, p. 65）
　　付録表5　許容度の認識　探索的因子分析結果（主因子法，バリマックス回転）
　　　　　　　　　　　　　　　⇒関連：第1章（p. 43）・第2章（p. 59）
　　付録表6　善悪の認識／許容度の認識　探索的因子分析結果まとめ
　　　　　　　　　　　　　　　　　　　　　⇒関連：第2章（p. 59, p. 65）

(4) 支出経験と支出者
　　付録表7　支出経験なし　各都市各学校段階別割合（友だち関連項目のみ）
　　　　　　　　　　　　　　　　　　　　　　　⇒関連：第1章（p. 41）
　　付録表8　クラスター分析　各都市・各学校段階別各クラスターの割合
　　　　　　　　　　　　　　　　　　　⇒関連：第1章（p. 36；p. 37 表2）

(5) 親子関係
　　付録表9　親子関係尺度　探索的因子分析結果（主因子法，バリマックス回転）
　　　　　　　　　　　　　　　　　　　　　　　⇒関連：第2章（p. 51）

※ 本書に掲載したもの以外のデータについては，http://www.utp.or.jp/bd/978-4-13-051334-0.htm を参照。

付録　質問紙調査結果

(1) 入手頻度

付録表1　入手頻度　各項目　各都市各学校段階別平均・標準偏差

項目		大阪				ソウル				北京				ハノイ・ハイフォン			
		小学	中学	高校	合計	小学	中学	高校	合計	小学	中学	高校	合計	小学	中学	高校	合計
買いたいものができたときに，自分から要求して特別にもらうお金	平均	1.89	2.12	2.21	2.06	2.16	2.29	2.42	2.30	1.67	2.01	2.23	1.96	2.12	2.19	2.32	2.24
	標準偏差	0.71	0.73	0.68	0.72	0.68	0.64	0.56	0.64	0.66	0.77	0.66	0.73	0.56	0.59	0.59	0.59
家で手伝いをして褒美にもらうお金	平均	1.98	1.71	1.65	1.80	2.10	1.85	1.60	1.84	1.53	1.45	1.30	1.44	1.21	1.28	1.23	1.24
	標準偏差	0.81	0.73	0.66	0.76	0.79	0.76	0.63	0.75	0.72	0.66	0.59	0.67	0.44	0.57	0.50	0.50
買い物などお使いに行っておつりが出たときにもらうお金	平均	1.98	1.95	2.05	1.99	2.20	2.18	2.03	2.13	1.49	1.88	1.91	1.75	1.44	1.49	1.73	1.60
	標準偏差	0.75	0.77	0.75	0.76	0.76	0.75	0.73	0.75	0.67	0.79	0.80	0.78	0.67	0.65	0.68	0.68
お年玉としてもらうお金	平均	2.82	2.78	2.81	2.80	2.76	2.82	2.83	2.80	2.34	2.48	2.58	2.46	2.53	2.44	2.65	2.56
	標準偏差	0.49	0.54	0.50	0.51	0.52	0.48	0.45	0.48	0.82	0.75	0.66	0.75	0.60	0.77	0.59	0.65
誕生日のお祝いとしてもらうお金	平均	1.96	2.32	2.27	2.16	1.66	2.12	2.23	2.02	1.53	1.62	1.80	1.64	1.63	1.84	1.79	1.76
	標準偏差	0.85	0.85	0.85	0.87	0.81	0.81	0.76	0.83	0.75	0.78	0.82	0.79	0.68	0.79	0.77	0.76
勉強などで優秀な成績をおさめ，ご褒美にもらうお金	平均	1.50	1.48	1.32	1.44	1.89	1.75	1.69	1.77	1.47	1.48	1.47	1.48	1.55	1.68	1.61	1.61
	標準偏差	0.69	0.70	0.59	0.67	0.83	0.77	0.75	0.79	0.73	0.75	0.71	0.73	0.70	0.72	0.66	0.68
アルバイトをしてもらうお金	平均	1.21	1.31	2.60	1.64	1.27	1.36	1.37	1.34	1.16	1.14	1.23	1.17	1.06	1.19	1.49	1.31
	標準偏差	0.55	0.66	0.73	0.88	0.61	0.67	0.64	0.64	0.48	0.44	0.54	0.49	0.27	0.54	0.75	0.64
親戚がたずねてきたときにくれるお金	平均	2.01	2.20	2.13	2.11	2.37	2.50	2.45	2.44	1.66	1.62	1.91	1.72	1.76	1.70	1.57	1.65
	標準偏差	0.78	0.74	0.70	0.75	0.69	0.64	0.58	0.64	0.68	0.73	0.75	0.76	0.76	0.52	0.63	0.61	0.60
お父さんの友だちやお母さんの友だちなど，ほかの大人がくれるお金	平均	1.75	1.75	1.76	1.75	2.31	2.36	2.20	2.29	1.65	1.59	1.74	1.66	1.58	1.57	1.46	1.52
	標準偏差	0.77	0.77	0.71	0.75	0.70	0.64	0.66	0.67	0.74	0.75	0.75	0.75	0.53	0.63	0.57	0.58
友だちからもらうお金	平均	1.21	1.20	1.19	1.20	1.43	1.34	1.23	1.33	1.24	1.11	1.16	1.17	1.24	1.33	1.38	1.33
	標準偏差	0.50	0.51	0.48	0.50	0.63	0.61	0.53	0.60	0.52	0.35	0.49	0.46	0.45	0.60	0.56	0.55
欲しいものができたけど，おこづかいが足りないので特別にもらうお金（ほしいもの）	平均	1.72	1.85	2.08	1.86	1.81	2.08	2.18	2.03	1.56	1.78	2.02	1.77	1.56	1.75	1.97	1.81
	標準偏差	0.74	0.79	0.71	0.76	0.74	0.71	0.67	0.72	0.62	0.73	0.69	0.71	0.62	0.65	0.64	0.66
夕食や朝食を外で食べるためにもらうお金（外食）	平均	1.62	2.37	2.53	2.12	1.46	2.21	2.41	2.05	1.28	1.78	1.94	1.65	2.11	1.91	1.84	1.93
	標準偏差	0.80	0.73	0.63	0.84	0.68	0.73	0.69	0.81	0.57	0.79	0.82	0.78	0.80	0.80	0.75	0.78
バスや電車で学校や塾へ行くためにもらう交通費（通学費）	平均	1.82	2.25	2.67	2.20	1.82	2.55	2.55	2.32	1.48	2.16	2.13	1.91	1.04	1.59	1.45	1.38
	標準偏差	0.91	0.91	0.66	0.91	0.86	0.70	0.72	0.83	0.71	0.82	0.81	0.84	0.23	0.80	0.70	0.68
友だちと遊園地などどこかに遊びに行くために特別にもらうお金（遊園地）	平均	1.80	2.24	2.02	2.01	2.14	2.44	2.46	2.35	1.37	1.73	2.09	1.71	1.52	1.70	1.82	1.71
	標準偏差	0.84	0.80	0.79	0.83	0.80	0.75	0.62	0.65	0.78	0.78	0.79	0.63	0.65	0.62	0.64
友だちにご飯や軽食をおごってあげるために特別にもらうお金（友だちをおごる）	平均	1.20	1.29	1.14	1.22	1.56	1.70	1.73	1.67	1.23	1.33	1.55	1.36	1.09	1.23	1.41	1.28
	標準偏差	0.49	0.59	0.41	0.51	0.66	0.70	0.65	0.67	0.52	0.61	0.68	0.62	0.30	0.52	0.58	0.52
その他，特別な目的のためにもらうお金（その他）	平均	1.41	1.51	1.58	1.49	1.57	1.60	1.64	1.60	1.34	1.38	1.49	1.40	1.61	1.65	1.79	1.71
	標準偏差	0.74	0.80	0.86	0.80	0.79	0.81	0.83	0.81	0.64	0.70	0.73	0.69	0.68	0.72	0.68	0.70

注1：3件法（1＝もらったことがない〜3＝何度ももらったことがある）による測定結果。
注2：項目列括弧内の表記は，「入手目的」について第1章図1（p. 29）中の表記に対応するもの。

付録　質問紙調査結果

付録表2　入手頻度　探索的因子分析結果（主因子法，バリマックス回転）

項目	自ら要求してもらうお金	親の人間関係経由のお金	共通性
欲しいものができたけど，おこづかいが足りないので特別にもらうお金	0.62	0.17	0.41
買いたいものができたときに，自分から要求して特別にもらうお金	0.62	0.12	0.40
友だちと遊園地などどこかに遊びに行くために特別にもらうお金	0.60	0.31	0.45
夕食や朝食を外で食べるためにもらうお金	0.52	0.14	0.29
友だちにご飯や軽食をおごってあげるために特別にもらうお金	0.38	0.27	0.22
バスや電車で学校や塾へ行くためにもらう交通費	0.31	0.28	0.17
その他，特別な目的のためにもらうお金	0.29	0.14	0.11
親戚がたずねてきたときにくれるお金	0.17	0.66	0.46
お父さんの友だちやお母さんの友だちなど，ほかの大人がくれるお金	0.13	0.65	0.44
家で手伝いをしてご褒美にもらうお金	0.10	0.43	0.20
買い物などお使いに行っておつりが出たときにもらうお金	0.27	0.39	0.23
誕生日のお祝いとしてもらうお金	0.29	0.37	0.22
勉強などで優秀な成績をおさめ，ご褒美にもらうお金	0.13	0.32	0.12
お年玉としてもらうお金	0.17	0.27	0.10
アルバイトをしてもらうお金	0.13	0.22	0.06
友だちからもらうお金	0.09	0.21	0.05
固有値	2.00	1.93	

参考　入手経路　探索的因子分析結果（主因子法，バリマックス回転）

項目	知人からもらうお金	特別な場合にもらうお金	報酬としてもらうお金	共通性
お父さんの友だちやお母さんの友だちなど，ほかの大人がくれるお金	0.72	0.18	0.27	0.62
親戚がたずねてきたときにくれるお金	0.61	0.37	0.16	0.53
お年玉としてもらうお金	0.13	0.55	−0.07	0.32
誕生日のお祝いとしてもらうお金	0.16	0.39	0.25	0.24
買い物などお使いに行っておつりが出たときにもらうお金	0.12	0.38	0.33	0.26
買いたいものができたときに，自分から要求して特別にもらうお金	0.11	0.32	0.15	0.14
家で手伝いをしてご褒美にもらうお金	0.14	0.26	0.39	0.23
友だちからもらうお金	0.12	−0.05	0.37	0.16
アルバイトをしてもらうお金	0.04	0.09	0.31	0.11
勉強などで優秀な成績をおさめ，ご褒美にもらうお金	0.15	0.21	0.30	0.16
固有値	2.69	1.13	0.95	

注：付録表1・表2における「入手頻度」に関する項目（入手目的と入手経路を含む）のうち，「入手経路」についてのみ別に因子分析を行った結果。

付録　質問紙調査結果

(2) 子どもの買いたいもの

付録表3　子どもの買いたいもの：各都市別項目と割合

順番	大阪		ソウル		北京		ハノイ・ハイフォン	
	項目	割合（%）	項目	割合（%）	項目	割合（%）	項目	割合（%）
1	衣類	28.30	衣類	21.30	本	17.70	本	16.50
2	ゲーム	12.50	音楽映像	11.50	コンピュータ	9.20	文房具	11.60
3	なし	7.00	携帯電話	7.90	音楽映像	7.10	衣類	10.40
4	家	5.70	コンピュータ	7.80	父母へのプレゼント	6.40	自転車	9.00
5	音楽映像	5.60	靴	6.20	ゲーム	4.60	コンピュータ	8.40
6	携帯電話	4.40	ゲーム	5.00	文房具	4.30	玩具	7.90
7	スポーツ用具	4.00	なし	3.70	車	3.40	参考書	4.80
8	コンピュータ	3.80	本	3.50	玩具	2.80	漫画	3.70
9	ペット	2.80	ペット	3.00	衣類	2.70	カバン	2.70
10	バイク	2.80	家	3.00	漫画	2.50	バイク	2.00
11	車	2.60	車	2.50	スポーツ用具	2.20	ゲーム	1.80
12	玩具	2.30	スポーツ用具	2.30	なし	2.00	車	1.60
13	本	1.70	カバン	2.30	食べ物	1.60	靴	1.60
14	靴	1.70	カメラ	1.50	携帯電話	1.30	家	1.30
15	漫画	1.40	玩具	1.10	勉強道具	1.20		
16	色々	1.40	漫画	1.10	ペット	1.20		
17	TV	1.40						

(3) 善悪の認識・許容度の認識

付録表4 善悪の認識　探索的因子分析結果（主因子法，バリマックス回転）

項目	遊び	生活	友だち	共通性
カラオケに行く	0.65	−0.11	0.28	0.51
流行歌などのCDを買う	0.64	−0.03	0.13	0.43
アクセサリーを買う	0.62	−0.04	0.13	0.40
ゲームセンターに行く	0.59	−0.19	0.01	0.38
おもちゃを買う	0.57	−0.05	−0.05	0.33
映画をみる	0.56	0.16	0.24	0.40
まんがを買う	0.51	−0.03	−0.18	0.30
おかしや飲み物を買う	0.51	0.00	0.18	0.29
遊園地に行く	0.50	0.24	0.16	0.34
外食をする	0.49	0.01	0.28	0.32
自分の服を買う	0.42	0.33	0.10	0.29
家で使う日用品を買う	−0.02	0.66	0.05	0.44
参考書・問題集を買う	−0.07	0.63	0.07	0.40
家のおかずの食材などを買う	−0.11	0.62	0.06	0.40
給食費や学費など学校納付金を払う	−0.28	0.52	0.14	0.37
困っている人のために学校や教会や街などで寄付する	−0.03	0.52	0.03	0.27
文房具を買う	0.09	0.50	−0.05	0.26
通学の交通費を払う	−0.04	0.46	0.28	0.29
家族にプレゼントを買ってあげる	0.24	0.44	0.01	0.25
貯金をする	0.07	0.35	−0.10	0.14
友だちにプレゼントを買ってあげる	0.30	0.31	0.13	0.20
友だちとかけごとをする	0.17	−0.20	0.16	0.09
おやつを友だちにおごる	0.22	−0.06	0.70	0.55
友だちにご飯をおごる	0.22	0.10	0.64	0.47
友だちにお金を貸す	0.07	0.11	0.55	0.31
固有値	3.77	2.94	1.72	

付録　質問紙調査結果

付録表5　許容度の認識　探索的因子分析結果（主因子法，バリマックス回転）

項目	遊び	生活	友だち	共通性
ゲームセンターに行く	0.76	−0.04	0.17	0.61
カラオケに行く	0.75	0.09	0.33	0.68
流行歌などのCDを買う	0.74	0.15	0.22	0.62
アクセサリーを買う	0.73	0.16	0.18	0.60
映画をみる	0.68	0.23	0.28	0.60
まんがを買う	0.68	0.07	0.01	0.47
おもちゃを買う	0.67	0.14	0.07	0.47
遊園地に行く	0.61	0.31	0.20	0.51
外食をする	0.52	0.25	0.33	0.44
おかしや飲み物を買う	0.50	0.23	0.26	0.37
自分の服を買う	0.49	0.37	0.10	0.39
友だちとかけごとをする	0.38	−0.05	0.35	0.27
家で使う日用品を買う	0.13	0.62	0.05	0.40
参考書・問題集を買う	0.11	0.60	0.12	0.39
通学の交通費を払う	0.03	0.57	0.34	0.44
家のおかずの食材などを買う	0.07	0.56	0.07	0.33
文房具を買う	0.22	0.50	0.09	0.30
給食費や学費など学校納付金を払う	−0.14	0.49	0.10	0.27
困っている人のために学校や教会や街などで寄付する	0.13	0.48	0.11	0.26
家族にプレゼントを買ってあげる	0.30	0.42	0.11	0.28
友だちにプレゼントを買ってあげる	0.37	0.38	0.33	0.39
貯金をする	0.13	0.36	0.00	0.15
友だちにお金を貸す	0.20	0.21	0.71	0.60
友だちにご飯をおごる	0.33	0.28	0.70	0.68
おやつを友だちにおごる	0.41	0.21	0.65	0.64
固有値	5.58	3.20	2.38	

314

付録表6 善悪の認識／許容度の認識　探索的因子分析結果まとめ

因子	項目	善悪	許容度
遊び	カラオケに行く	0.65	0.75
	流行歌などのCDを買う	0.64	0.74
	アクセサリーを買う	0.62	0.73
	ゲームセンターに行く	0.59	0.76
	おもちゃを買う	0.57	0.67
	映画をみる	0.56	0.68
	まんがを買う	0.51	0.68
	おかしや飲み物を買う	0.51	0.52
	遊園地に行く	0.50	0.50
	外食をする	0.49	0.61
	自分の服を買う	0.42	0.49
生活	家で使う日用品を買う	0.66	0.62
	参考書・問題集を買う	0.63	0.60
	家のおかずの食材などを買う	0.62	0.56
	給食費や学費など学校納付金を払う	0.52	0.49
	困っている人のために学校や教会や街などで寄付する	0.52	0.48
	文房具を買う	0.50	0.50
	通学の交通費を払う	0.46	0.57
	家族にプレゼントを買ってあげる	0.44	0.42
友だち	おやつを友だちにおごる	0.70	0.65
	友だちにご飯をおごる	0.64	0.70
	友だちにお金を貸す	0.55	0.71

注：表中数値は因子負荷量を表す。付録表4および付録表5も参照。

(4) 支出経験と支出者

付録表 7　支出経験なし　各都市各学校段階別割合（友だち関連項目のみ）

項目	都市	小学生 (%)	順位	中学生 (%)	順位	高校生 (%)	順位	合計 (%)	順位
おやつを友だちにおごる	大阪	58.28	5	50.00	3	22.64	5	45.86	4
	ソウル	36.75	8	24.03	7	4.48	17	21.05	9
	北京	69.11	4	39.83	8	19.54	11	45.43	5
	ハノイ・ハイフォン	73.00	4	59.00	5	38.54	8	52.10	5
友だちにご飯をおごる	大阪	84.77	2	79.43	1	41.51	3	71.36	2
	ソウル	78.63	1	39.53	4	7.46	12	40.26	4
	北京	78.23	2	56.78	4	13.95	16	53.66	4
	ハノイ・ハイフォン	92.00	3	79.00	3	50.24	5	67.65	3
友だちにお金を貸す	大阪	77.48	3	43.66	4	17.92	6	49.62	3
	ソウル	39.32	6	13.95	15	5.22	15	18.68	12
	北京	65.32	5	33.05	11	18.60	12	41.46	9
	ハノイ・ハイフォン	22.00	15	35.00	9	17.07	16	22.72	15
友だちとかけごとをする	大阪	85.43	1	77.14	2	54.29	1	74.24	1
	ソウル	71.79	2	48.84	1	41.04	3	53.16	1
	北京	92.74	1	94.92	1	87.06	1	92.05	1
	ハノイ・ハイフォン	94.00	2	90.00	2	66.83	2	79.26	2
友だちにプレゼントを買ってあげる	大阪	17.88	16	14.69	17	4.72	20	13.25	18
	ソウル	7.69	23	7.75	21	2.99	21	6.05	22
	北京	22.58	20	11.86	21	8.14	19	14.94	21
	ハノイ・ハイフォン	14.00	20	8.00	20	4.88	20	7.90	19

注1：表中「順位」は各都市内での順位を表す。
注2：「支出経験なし」の割合とは，各項目に対して「そういうものにお金を使ったことがない」と回答した者の割合。

付録　質問紙調査結果

付録表8　クラスター分析　各都市・各学校段階別各クラスターの割合（％）

クラスター	項目	大阪				ソウル				北京				ハノイ・ハイフォン			
		小学	中学	高校	合計	小学	中学	高校	合計	小学	中学	高校	合計	小学	中学	高校	合計
クラスター1	子支出	40.70	62.67	80.93	59.20	45.17	62.79	71.87	60.57	17.50	21.80	35.01	23.67	32.80	42.10	51.41	44.52
	親支出	27.06	9.79	3.43	14.64	23.08	13.66	10.45	15.43	56.70	56.77	39.87	52.28	15.80	15.80	9.80	12.77
	親特別に	9.29	17.32	4.23	10.76	13.81	14.97	15.38	14.76	8.13	13.70	21.23	13.58	25.70	19.50	21.27	21.93
	非支出	34.09	25.01	15.23	25.83	25.25	14.91	8.32	15.77	24.70	16.76	11.12	18.27	32.10	24.90	22.34	25.38
クラスター2	子支出	11.57	21.98	62.86	28.88	4.84	5.17	5.47	5.18	19.44	32.51	56.01	33.75	8.43	7.71	22.16	15.20
	親支出	75.29	46.24	20.29	50.35	71.23	74.16	74.88	73.51	21.26	13.28	8.89	15.15	56.29	56.29	27.53	41.73
	親特別に	9.96	31.75	25.97	21.97	11.40	6.98	9.20	9.12	4.75	5.28	7.74	5.72	33.43	31.00	48.57	40.49
	非支出	13.41	10.46	4.73	10.06	16.52	15.25	14.18	15.26	59.20	52.87	30.72	49.43	13.47	7.57	10.24	10.38
クラスター3	子支出	2.27	7.71	12.94	7.05	13.33	17.36	19.70	16.95	55.80	64.55	67.96	62.10	10.40	10.40	24.12	17.34
	親支出	68.13	67.33	67.48	67.66	53.68	51.47	43.73	49.42	22.90	13.93	9.08	16.09	41.00	39.80	14.63	27.36
	親特別に	4.82	8.58	17.87	9.62	15.73	26.51	39.10	27.63	8.63	8.87	9.12	8.85	14.80	13.00	21.07	17.53
	非支出	28.23	19.75	8.93	20.10	22.05	12.56	6.57	13.37	19.30	18.57	14.72	17.85	39.20	39.20	44.68	41.98
クラスター4	子支出	8.61	18.17	51.63	23.43	20.73	43.80	56.16	41.05	4.84	1.69	10.59	5.20	3.00	9.00	29.92	18.11
	親支出	6.62	2.13	0.47	3.40	15.60	6.40	3.36	8.16	2.42	3.39	3.53	3.06	2.33	1.67	2.76	2.39
	親特別に	1.32	1.42	0.95	1.26	7.48	7.36	9.89	8.29	0.81	1.69	0.00	0.92	1.33	2.00	4.88	3.29
	非支出	85.10	78.29	47.90	72.80	57.69	45.93	34.14	45.39	92.74	94.92	87.06	92.05	93.33	88.00	64.07	77.20

注1：各クラスターの内容については，第1章表2（p.37）を参照。

注2：表中「子支出」は「自分のおこづかいやお年玉などで支払う」，「親支出」は「親が払ってくれる」，「親特別に」は「親から特別にお金をもらう」，「非支出」は「そういうものにお金を使ったことがない」という質問項目に対する回答であることを示す。

(5) 親子関係

付録表9　親子関係尺度　探索的因子分析結果（主因子法，バリマックス回転）

項目	"子どものお金"意識希薄	親約束厳守	共通性
親は私から借りたお金を返さなくてもいい。	**0.69**	0.00	0.48
もし私に臨時にたくさんのお金ができたら，その月のおこづかいを減らされてもいい。	**0.65**	−0.05	0.43
おこづかいをくれたのは親なので，おこづかいは私のお金ではなく親のお金である。	**0.48**	0.01	0.23
親の代わりに，私が自分のおこづかいで細かいお金などを払うのはいいことである。	**0.42**	0.04	0.18
親が細かいお金がないからといって私からお金を借りるのはよくない。	−0.24	0.13	0.07
親が私におこづかいをくれることを約束したら，どんなことがあってもその約束は守るべきである。	−0.34	**0.64**	0.52
何かほしい物を買う時，自分のおこづかいで足りないと私は親に足りない分を要求することができる。	0.09	0.20	0.05
固有値	2.17	1.09	

執筆者紹介（執筆順）

高橋　登（たかはし・のぼる）［編者，序章，第7章］大阪教育大学教育学部教授．『障害児の発達と学校の役割』（編著，ミネルヴァ書房，2011），『少子化時代の「良妻賢母」』（ハロウェイ著，共訳，新曜社，2014），『新・発達心理学ハンドブック』（分担執筆，福村出版，2016）

片　成男（ペン・チェンナン）［第1章，第8章］中国政法大学社会学院副教授．『自白的心理学』（翻訳，中国軽工業出版社，2006），『証言的心理学』（翻訳，中国政法大学出版社，2013），『日中法と心理学の課題と共同可能性』（共編著，北大路書房，2014）

竹尾和子（たけお・かずこ）［第2章］東京理科大学教育支援機構教職教育センター准教授．『発達心理学事典』（分担執筆，丸善，2013），*The Oxford handbook of culture and psychology*（分担執筆，Oxford University Press, 2012），「PTAの現状に関する学術的可視化の試み」『東京理科大学紀要（教養篇）』47（共著，2016）

呉　宣児（オ・ソンア）［第3章，第10章］共愛学園前橋国際大学教授．『語りから見る原風景』（萌文社，2001），『ディスコミュニケーションの心理学』（分担執筆，東京大学出版会，2011），『「大人になること」のレッスン』（共著，共愛学園前橋国際大学ブックレット5，上毛新聞社事業局出版部，2013）

崔　順子（チェ・スンジャ）［第4章］韓国・国際児童発達教育院院長，大眞大学外来教授．『0～7歳のシュタイナー教育』，『発達心理学者の立場で考える早期教育』（いずれも翻訳，韓国語），『多文化に生きる子どもたち』（共著，明石書店，2006）

金　順子（キム・スンジャ）［第4章］韓国・大眞大学校児童学科名誉教授．『統合中心幼児教育課程　上巻』『統合中心　幼児教育課程　下巻』『未来児童の世界』（いずれも韓国語）

周　念麗（ジョウ・ニエンリ）［第5章］中国・華東師範大学就学前教育学部心理研究室主任，教授．『自閉症児の社会認知』『就学前の子どもの発達心理学』『就学前のインクルーシブ教育についての比較と実証研究』（いずれも中国語）

ファン・ティ・マイ・フォン（Phan Thi Mai Huong）［第6章］ベトナム社会科学アカデミー心理学研究所准教授・実験心理学部門主任．『青年を対象とする情動知能の心理測定論上の諸特性』『若者のお金の認識』『若者のお金獲得・使用の文化』（いずれもベトナム語）

グエン・ティ・ホア（Nguyen Thi Hoa）［第6章］ベトナム社会科学アカデミー心理学研究所准教授・応用心理学部門主任．『今日のベトナム青年の家族に対する価値の階層構造』『心理学的な観点から見た学生のアルバイトの特徴』『ベトナム人の都市生活を構築する』（いずれもベトナム語）

サトウタツヤ（佐藤達哉）［第9章］立命館大学総合心理学部教授．『TEMではじめる

質的研究』(編著, 誠信書房, 2009), 『TEA 理論編／実践編』(共編著, 新曜社, 2015), 『心理学の名著 30』(ちくま新書, 2015)

山本登志哉（やまもと・としや）［編者, 終章］一般財団法人 発達支援研究所所長, 中国政法大学犯罪心理学研究所特聘研究員. 『文化とは何か, どこにあるのか』(新曜社, 2015), 『ディスコミュニケーションの心理学』(共編著, 東京大学出版会, 2011), 『生み出された物語』(編著, 北大路書房, 2003)

渡 辺 忠 温（わたなべ・ただはる）［補章・付録］東京理科大学理学部第一部非常勤講師. 『アジア映画をアジアの人と愉しむ』(分担執筆, 北大路書房, 2005), 『日中法と心理学の課題と共同可能性』(4, 6, 8 章翻訳, 北大路書房, 2014)

索　引

あ 行

遊び（遊ぶためのお金）　29, 43, 44, 45, 59, 108, 119, 123, 126, 138
アルバイト　30, 33, 191, 193, 209
　韓国の——　33, 105, 106, 107
　中国の——　127
　日本の——　33, 53, 54, 156
　ベトナムの——　137
EMS　→拡張された媒介構造
生きられた時間　206
逸脱としての発達　156, 299, 300
異文化理解　6, 7, 17, 93, 196, 258, 298
意味生成　16, 174
インタビュー（という方法）　194, 225, 226
ヴァルシナー（Valsiner, J.）　200, 202, 203, 204, 205, 210, 211, 212, 243
ヴィゴツキー（Vygotsky, L. S.）　200, 255, 256, 263, 269
エンゲストローム（Engeström, Y.）　263
大型スーパーマーケット　6, 15, 159, 160, 161, 162, 163, 164, 166, 170
お菓子（おやつ）　2, 3, 10, 28, 41, 54, 57, 76, 82, 86, 87, 89, 104, 105, 111, 112, 121, 142, 143, 153, 156, 164, 166, 172, 187
お金
　——の貸し借り　9, 10, 40, 41, 45, 52, 74, 76, 77, 84, 86, 110, 126, 147, 149, 150, 157, 193
　——の使用の抑制　41, 42
　——の正しい使い方　41
　学校関連の——　29, 34, 92, 107, 139, 140, 143, 187
　特別なときにもらう——　28, 29, 30
　非常用の——　185
　必要なときにもらう——　28, 29, 109
　お金の使い方
　——の価値判断（中国）　117, 118, 119
　——の許容度（判断）　6, 57, 59, 65, 68
　——の善悪（判断）　6, 45, 50, 57, 65, 67, 293
　——を学ぶ　2, 4
　よくない——　44, 45
おこづかい　2, 5, 16, 25, 26, 33, 49, 52, 53, 115, 243, 244, 247
　親のお金としての——　64, 65, 144, 146, 179, 180, 181, 185, 186, 190, 193
　子どもの（私の）お金としての——　178, 179, 180, 181, 183, 184, 185, 186, 189, 190, 193, 194, 195
　定期定額制——　33, 34, 35, 50, 51, 52, 54, 62, 63, 135, 203, 206, 208, 209, 210
　不定期不定額制——　33, 34, 50, 62, 109, 135, 136
　——入手頻度　62, 63
　——の歴史　247–250
おこづかい研究　5, 6, 16, 17, 133, 199–212, 291
おごり　2, 3, 4, 14, 28, 73, 74, 79, 87, 91, 183, 187, 216, 217, 218, 219, 220, 221, 222, 223, 224, 232, 234, 279, 293, 305
　韓国の——　2, 3, 4, 10, 11, 14, 79–82, 91, 92, 110, 112, 227, 228, 229, 264, 278
　中国の——　83, 84, 92, 93, 118
　日本の——　2, 4, 10, 11, 14, 15, 82, 90, 92, 156, 157, 166, 172, 229, 230, 231
　ベトナムの——　85, 86, 91, 92, 93, 138, 140, 151
おごり合い　3, 4, 9, 38, 39, 45, 74, 92, 216
おごり・割り勘のパターン　88–89, 228
お手伝い　5, 30, 32, 191, 192, 254
　韓国の——　105, 110
　中国の——　32, 120, 126
　ベトナムの——　32, 60, 61, 137

321

索　引

お年玉　　27, 30, 31, 32, 182, 248
　　韓国の――　31, 104, 107, 180
　　中国の――　115, 120, 177, 180, 187, 196, 197
　　日本の――　32, 34, 179, 180
　　ベトナムの――　31, 137, 138, 180, 248, 254
「大人になることの意味」　49-71, 276, 278, 302
　　韓国における――　62-64
　　中国における――　64-69
　　日本における――　54, 55
　　ベトナムにおける――　55-61
おもちゃ（玩具）　118, 121, 128, 137, 142, 143, 166, 187
　　――屋　158, 160
親子インタビュー　6, 16, 79
親子関係　5, 6, 13, 14, 34, 49-71, 190, 192, 245
　　韓国の――　62, 63, 108, 109
　　包含関係（韓国の――）　108
　　ベトナムの――　144-147
　　共生関係（ベトナムの――）　146
　　「――を超える」　193
親の支出　36, 37, 38, 39, 40, 68, 107, 143
親のお金（としてのおこづかい）　64, 65, 144, 146, 179, 180, 181, 185, 186, 190, 193
親の抑制（許可・管理）　42, 43, 61, 119, 143, 147, 153, 191, 300

か　行

階層（格差）　15, 123, 303
買いたいもの　35
開放システム　204
買い物　15, 294
拡張された媒介構造（EMS）　17, 244, 246, 247, 258, 259, 260, 262, 263, 264, 269, 270, 279, 302
拡張された三角形　263
家計　46
賭け事　38, 41, 119, 120, 139, 140, 143, 155, 153, 156
家族（共同体）　14, 60, 61, 63, 67, 93, 254

学校納付金　39, 59, 68
カラオケ　38, 39, 107, 118, 119, 139, 140, 155, 156
カルチャーショック　276
関係調整（文化的）　258
韓国　3, 13, 15, 36, 38, 39, 44, 45, 46, 91, 99-114, 206, 208, 217, 218, 220, 221, 222, 223, 224, 225, 226, 227, 231, 236, 237, 260, 303, 306
　　――のアルバイト　33, 105, 106, 107
　　――のおごり（合い）　2, 3, 4, 10, 11, 14, 79-82, 91, 92, 110, 112, 227, 228, 229, 264, 278
　　――のお手伝い　105, 110
　　――のお年玉　31, 104, 107, 180
　　――の「大人になることの意味」　62-64
　　――の親子関係　62, 63, 108, 109
　　――の相互互恵的友だち関係　110, 112, 303
　　――の割り勘　93
済州島　15, 27, 73, 101, 110, 201, 273, 278, 292
ソウル　9, 15, 31, 34, 102, 103, 106, 185, 192, 264, 292, 294, 295, 303
間主観　261, 263
環世界　171
記号（としてのお金）　2, 3, 255
機能的実体化　258, 263, 264, 280
規範的媒介項　17
寄付　127, 140
共食　91, 231, 237
共同主観性　266, 270
共同性　16, 17, 231, 247, 264-266, 269, 270, 272, 274, 276, 278, 280
共同注意　256
金銭教育　113, 116, 129, 191, 306
鯨岡峻　184
経済的道具（としてのお金）　245, 255
経済的知能　129, 130
ゲームセンター　54, 119
研究者　9, 10, 11, 15, 16, 70, 186, 194, 214, 217, 218, 221, 225, 232, 246, 268, 270, 272
　　――コミュニティ　216, 217, 269, 270

322

交換（贈与交換・交換価値・交換可能性）
　　1, 2, 5, 6, 26, 31, 34, 49, 112, 167, 168, 187, 229, 230, 231, 245-249, 251-255, 257, 258, 263, 267, 273, 280
交通費　28, 36, 92, 104, 105, 106, 118, 138, 139, 142
構築的理解（文化の）　8
コール（Cole, M.）　182
声　183, 192, 193, 256, 257
子どもの（私の）お金（としてのおこづかい）　178, 179, 180, 181, 183, 184, 185, 186, 189, 190, 193, 194, 195
「子どもの領域」　52
　　日本における――　54, 55

さ　行

差の文化心理学　8, 9, 12, 13, 15, 17, 199, 244, 245, 261, 262, 263, 266, 269, 270, 278, 279
三極構造　257, 259, 262
三項関係　256
サンプリング　261
自己感（相互独立的・相互協調的）　7
自己の発達　14
社会的参照行動　256
市場経済（社会）　1, 2, 3, 5, 6, 46, 49, 54, 102, 113, 116, 126, 138, 139, 190, 197, 245, 254, 260, 274, 275
ジャンクフード　140, 142
集団主義―個人主義（の二分法）　6, 7, 55, 69, 70, 277
主体　13, 17, 157, 255, 258, 264, 267, 268
趣味　108, 156
消費項目（と支払い方）　36, 37, 38
消費者　13, 25, 139, 303
消費社会　13, 15, 25-48, 92, 149, 155, 157, 172, 174
消費主体　13, 25, 27, 34, 34, 107, 113, 157, 275
消費世界（子どもの）　46, 92
食事（食事代，たべもの）　41, 73, 76, 87, 104, 105, 106, 107, 111, 142, 151, 156, 165, 166

食品スーパー（小型）　159
所有権　144, 147, 262, 274
自立　34, 34, 55, 69, 99, 107, 191, 219, 220, 235, 245
ジンバブエ　8
生活（支出先として）　43, 45, 59
生活実践　8
贈与（的関係）　253, 266, 267

た　行

対話実践的研究　266
駄菓子屋　6, 15, 158, 160, 161, 162, 163, 164, 165, 170
他者・他者性　12, 16, 17, 169, 171, 188, 222, 226, 232, 257, 264, 272
多声性　17, 70, 216, 217, 232, 236, 237, 304
中国　13, 15, 31, 38, 39, 44, 46, 54, 100, 115-132, 223, 247, 260, 298, 301, 302, 303, 306
　　――のアルバイト　127
　　――のおごり（合い）　83, 84, 92, 93, 118
　　――のお金の使い方の価値判断　117, 118, 119
　　――のおこづかい金額　122
　　――のおこづかいの入手経路　120, 122
　　――のお手伝い　32, 120, 126
　　――のお年玉　115, 120, 177, 180, 187, 196, 197
　　――の「大人になることの意味」　64-69
　　――の割り勘　83
「財産と富についての知恵」　116, 117
重点校（中国都市部）　116, 119, 123, 125, 126
普通校（中国都市部）　116, 123
民工学校（中国都市部）　116, 119, 123, 125, 126, 127
中国朝鮮族　180, 186, 188, 193, 195
延吉・延辺　27, 32, 92, 187, 275, 292, 294
湖南省　121
上海　115, 116, 117, 118, 119, 122, 127, 275, 294
北京　115, 196, 197, 275, 292, 295, 303
貯金　41, 140
対の構造（自己と他者の）　16, 17, 216, 222,

323

226, 232, 236, 237
TEA　→複線径路等至性アプローチ
TEM　→複線径路等至モデル
等至性　204, 205, 209
友だち（支出先としての）　43, 44, 45, 46, 59
友だち関係　5, 6, 9, 13, 50, 52, 73-96, 219, 245
　自己限定型の──（割り勘する──）　77, 79, 82, 84, 89, 90, 91, 93, 157, 173, 220, 301
　相互互恵的──（韓国）　110, 112, 303
　相互交換型の──（おごる──）　77, 79, 80, 84, 86, 90, 91, 93, 112, 157, 173, 220, 301, 303
　ベトナムの──（友人関係）　147-152

な 行

日用品　65, 118, 125, 126
日本　9, 10, 13, 38, 39, 46, 52, 53, 90, 112, 178, 179, 186, 187, 191, 217, 218, 222, 223, 224, 225, 234, 235, 236, 237, 248, 249, 260, 292, 306
　──のアルバイト　33, 53, 54, 156
　──のおごり（合い）　2, 4, 10, 11, 14, 15, 82, 90, 92, 156, 157, 166, 172, 229, 230, 231
　──のお年玉　32, 34, 179, 180
　──の「大人になることの意味」　54, 55
　──の子どもの買い物　158-174
　──の「子どもの領域」　54, 55
　──の割り勘　81, 93
　大阪　9, 33, 158, 172, 292, 294, 295, 303
　東京　292, 294
能動と受動　256

は 行

媒介　5, 6, 16, 17, 26, 47, 49, 69, 74, 91, 182, 183, 252, 253, 256, 257, 302
　拡張された媒介構造（EMS）　17, 244, 246, 247, 258, 259, 260, 262, 263, 264, 269, 270, 279, 302
　規範的媒介項　259, 262
　二重媒介的行動　257

発達の最近接領域　256
バフチン（Bakhtin, M.）　216, 256
浜田寿美男　188
ピアジェ（Piaget, J.）　256
フィールド観察　6
複線径路等至性アプローチ（TEA）　16, 199-212, 243, 244
複線径路等至性モデル（TEM）　199, 211
ブルーナー（Bruner, J. S.）　195, 196
プレゼント（贈り物，誕生日プレゼント）　28, 29, 30, 40, 41, 104, 105, 111, 118, 120, 136, 137, 140, 143, 187
文化化　256
文化差　7, 8, 12, 16, 213-240, 260, 261
文化心理学　8
「差の──」　8, 9, 12, 13, 15, 17, 199, 244, 245, 261, 262, 263, 266, 269, 270, 278, 279
文化的実践　9, 12, 200
文化的道具（としてのお金）　2, 3, 9, 12, 182, 244, 255
文化の立ち現われ　264
（文化理解の）本質主義　8
文具店　6, 158, 160, 162, 164
文房具　35, 36, 92, 118, 139, 140, 143, 168
ベトナム　14, 15, 27, 31, 38, 39, 41, 44, 45, 46, 55, 65, 67, 91, 92, 100, 133-154, 186, 191, 247, 260, 306
　──の「大人になることの意味」　55-61
　──のアルバイト　137
　──のおこづかい金額　134
　──のおごり（合い）　85, 86, 91, 92, 93, 138, 140, 151
　──のおつり（釣り銭）　138, 139
　──のお手伝い　32, 60, 61, 137
　──のお年玉　31, 137, 138, 180, 248, 254
　──の親子関係　144-147
　──の割り勘　86
　──の「要求─付与」の原則　142, 145, 146
　タイゲン　15, 134
　ハイフォン　15, 34, 134, 295, 303
　バクニン　15, 134
　ハノイ　3, 15, 34, 134, 292, 294, 295, 303

ベルタランフィ（Bertalanffy, L. v.） 205
報酬　30, 60, 61, 137
本源的共同性　188
香港　9
本屋　6, 158, 160, 164

ま行

マッキンタイア（MacIntyre, A.） 207
箕浦康子　202, 203
無駄づかい　41, 90
物の売買（友だちとの）　40

や行

ヤホダ（Jahoda）　8
やまだようこ　202, 203, 236
ヨーロッパ（欧米）　8, 55

ら行

利己的（行為）　2, 80, 218, 219, 220

両義性（関係の，主体の，おこづかいの）
　　16, 184, 186, 196
レヴィ＝ストロース（Levy-Strauss, C.）
　　266, 267, 268, 269, 270
労働の対価　5
ロゴフ（Rogoff）　182

わ行

ワーチ（Wertsch, J. V.）　182, 183, 256
割り勘　11, 14, 74, 81, 87, 91, 216, 218, 222,
　　223, 224, 226, 231, 236, 237, 305
　韓国の——　93
　中国の——　83
　日本の——　81, 93
　ベトナムの——　86

子どもとお金
おこづかいの文化発達心理学

2016年9月30日　初　版

［検印廃止］

編　者　高橋　登・山本登志哉
　　　　たかはし のぼる　やまもと と し や

発行所　一般財団法人　東京大学出版会

代表者　古田元夫
153-0041 東京都目黒区駒場4-5-29
http://www.utp.or.jp/
電話 03-6407-1069　Fax 03-6407-1991
振替 00160-6-59964

印刷所　株式会社理想社
製本所　牧製本印刷株式会社

Ⓒ 2016 N. Takahashi & T. Yamamoto, Editors
ISBN 978-4-13-051334-0　Printed in Japan

JCOPY〈(社)出版者著作権管理機構　委託出版物〉
本書の無断複写は著作権法上での例外を除き禁じられています．複写される場合は，そのつど事前に，(社)出版者著作権管理機構（電話 03-3513-6969，FAX 03-3513-6979, e-mail: info@jcopy.or.jp）の許諾を得てください．

ディスコミュニケーションの心理学——ズレを生きる私たち

山本登志哉・高木光太郎［編］　A5判・296頁・4800円

従来の心理学から視点を「ズレ」へとずらすと，生きられた問いにあふれる私たちの生の現場が見えてくる．日中韓の文化の間で，世代の間で，研究者と対象の間で，また，学校や法廷などの場で，気鋭の心理学者たちが挑戦する．

質的心理学講座3　社会と場所の経験

サトウタツヤ・南博文［編］　A5判・304頁・3500円

商店街，祭礼から介護施設，そして政治の場，震災後の都市へ．生きる場をみつめ，語りのポリティクスを見すえ，場と生と記憶のかかわりを実践する知としての質的心理学のひろがりを表現する．

子どもと食——食育を超える

根ヶ山光一・外山紀子・河原紀子［編］　A5判・314頁・3500円

本当に「朝食＝高学力」なのか，ヒトと動物の食行動を分けるものとは，「キャラ弁」と「孤食」に分化する現代家族の食の現在とは……．食育の前提を，人間の進化から社会文化の問題にいたるまで再考し，「食発達」の総合学を提案する．

幼児教育へのいざない——円熟した保育者になるために

佐伯胖　四六判・240頁・2200円

［増補改訂版］子どもと「ともに生きる」保育者とは何かを問いかけた初版に，心の理論研究の最前線からみた子どもの学び論を増補改訂．レッジョ・エミリアの保育を題材に「アート的思考」の学びに今後の展開を見る新章も補った決定版．

発達科学入門2　胎児期〜児童期

高橋惠子・湯川良三・安藤寿康・秋山弘子［編］　A5判・308頁・3400円

胎児期・幼児期・児童期の，発達上の問題（在胎中のリスク，虐待，発達障害など），社会・教育上の課題（保育環境の質，貧困，いじめなど）にふれながら，生涯発達における位置づけをとらえ直す．

ここに表示された価格は本体価格です．ご購入の際には消費税が加算されますのでご了承ください．